Anonymous

Antonii Dandini Alteserrae Notae et observationes in Anastasium

De vitis Romanorum Pontificum

Anonymous

Antonii Dandini Alteserrae Notae et observationes in Anastasium De vitis Romanorum Pontificum

ISBN/EAN: 9783337713713

Printed in Europe, USA, Canada, Australia, Japan

Cover: Foto ©ninafisch / pixelio.de

More available books at **www.hansebooks.com**

ANTONII 2
DADINI ALTESERRÆ
NOTÆ ET OBSERVATIONES
IN
ANASTASIUM
De Vitis Romanorum Pontificum.

PARISIIS,
Apud LUDOVICUM BILLAINE, in Palatio
Regio.

M. DC. LXXX.
CUM PRIVILEGIO REGIS.

ILLUSTRISSIMO VIRO DOMINO
DOMINO
MICHAELI
LE TELLIER,
GALLIARUM CANCELLARIO.

*ANCELLARIE ILLU-*
STRISSIME,

Notas & Observationes in Anasta-
sium de Vitis Romanorum Pontificum,
ã ij

EPISTOLA.

non uno titulo tibi offero. Scio quâ reverentiâ & religione spectes Romanam Ecclesiam, Sedemque Apostolicam, & omnia quæ ad eam colendam pertinent, benevolè & devotè legas & audias. Italiam à Longobardorum jugo armis Pipini Regis & Caroli M. ereptam, simul & Patrimonium D. Petri, Regum nostrorum beneficium veriùs quàm Constantini esse, non sine suavi animi sensu leges. Fidei Gallicanæ vestigia à primis clara temporibus, sacra & prophana antiquitatis quæ ibi occurrunt, monumenta observare non pigebit. Moveor etiam, CANCELLARIE ILLUSTRISSIME, *singulari studio, quo restituendo Iuri Civili das operam, & Christianissimo Regi, postquam Gallias bello restituit, de restituendis pacis dotibus laboranti fidus consiliorum particeps, ac executor existis.*

EPISTOLA.

Nec est quòd miremur Te belli & pacis consilia pari robore pertractare: jam diutinis rerum experimentis didicimus quantum in rebus domi & foris agendis valeas. Per omnes dignitatum gradus, in singulis optimè meritus ad honorum fastigium pervenisti. Totus Reipublicæ natus non solùm per Te, summa cum laude functus es, majoribus Regni muniis, sed & in liberis traduce virtutis femine, maximas Ecclesiæ & Reipublicæ partes feliciter geris. Ne quid omittam, rerum Romanarum maximè sacrarum investigatio, non indignus visus est locus, referendæ tibi gratiæ modò accepti beneficii in probatione meorum Operum, & judicio de his. Nonne par erat Tibi offerri partum, qui Te auctore prodit in lucem? Quid convenientius quàm Tibi dicari Opus merè Romanum & Ponti-

EPISTOLA.
ficium. Has igitur Observatiunculas,
CANCELLARIE ILLUSTRISSIME,
singularis in Te obsrvantiæ, & grati animi argumentum suscipe; & à Romanis neglecta, ab Aquitano vindicari æqui bonique consule.

TUÆ AMPLITUDINI

Addictissimus & devotissimus ANT.
DADINUS ALTESERRA,
U. J. Professor, & Decanus
Universitatis Tolosanæ.

Lutetiæ Parisiorum die
1. Mart. 1679.

INDICULUS
ROMANORUM PONTIFICUM
quorum Vitæ in hoc Opere illuſtrantur.

A

Adeodatus.	70	Cornelius.	12
Adrianus I.	114	**D**	
Agapitus I.	53	Damaſus I.	34
Agatho.	72	Deuſdedit.	60
Alexander I.	4	Dionyſius.	15
Anacletus.	3	Donus I.	71
Anaſtaſius I.	36	**E**	
Anicetus.	8	Evariſtus.	4
B		Eugenius I.	67
Benedictus I.	58	Eugenius II.	138
Benedictus II.	77	Euſebius.	19
Benedictus III.	153	Eutychianus.	16
Bonifacius I.	38	**F**	
Bonifacius II.	51	Fabianus.	12
Bonifacius III.	59	Felix I.	15
Bonifacius IV.	ibid.	Felix III.	45
Bonifacius V.	60	**G**	
C		Gelaſius I.	45
Caius.	17	Gregorius II.	91
Calixtus I.	10	Gregorius III.	94
Celeſtinus I.	38	Gregorius IV.	138
Clemens I.	2	**H**	
Conon.	80	Hilarus.	40
Conſtantinus.	87	Honorius I.	61

Hormisda.		49 Pius I.		9
Hyginus.		8	S	
I			Sergius I.	80
Innocentius I.		37	Sergius II.	144
Joannes II.		52	Severinus.	62
Joannes III.		57	Silverius.	53
Joannes V.		79	Simplicius.	45
Joannes VI.		85	Siricius.	35
Joannes VII.		86	Sisinnius.	87
Julius I.		34	Sixtus I.	6
L			Sixtus II.	14
Leo I.		40	Sixtus III.	39
Leo II.		75	Soter.	9
Leo III.		125	Stephanus I.	14
Leo IV.		145	Stephanus III.	104
Liberius.		33	Stephanus IV.	108
Linus.		1	Stephanus V.	135
Lucius I.		14	Sylvester I.	19
M			Symmachus.	46
Marcus.		31	**T**	
Marcellinus.		18	Telesphorus.	6
Marcellus I.		19	Theodorus I.	63
Martinus I.		65	**V**	
Melchiades.		19	Vigilius.	55
N			Vitalianus.	68
Nicolaus I.		157	Urbanus I.	11
P				
Paschalis I.		136	Zacharias.	100
Paulus I.		108	Zepherinus.	9
Pelagius I.		57	Zozymus.	38
Pelagius II.		58		

ANTONII DADINI ALTESERRÆ
NOTÆ ET OBSERVATIONES
IN
ANASTASIUM
De Vitis Romanorum Pontificum.

IN LINO.

IC *ex præcepto beati Petri constituit, ut mulier in Ecclesiam velato capite introiret.* A Petro memoratur hic inſtitutum, ut mulieres velato capite ſint in Eccleſia, quò pudori ſexûs conſulatur. Idem à Paulo præceptum, 1. Corinth. 11. ut mulier oret velato capite, quaſi monente natura, quæ capillos dedit mulieri ἀντὶ ἐκςβολαίν, *pro velamine.* Apoſtolicæ inſtitutionis fuit, ut mulieribus locus tabulato diſtinctus à viris eſſet in Eccleſia. Jo. Chryſoſtom. in Matth. Homil. 74. ἐχρῆν μὲν ἄν ἐῖ-δοι ἔχειν τὸ μέσος τὸ διαῖρον ὑμᾶς τῶν γυναικῶν. *Oportebat quidem interiore pariete à mulieribus ſeparari.* Auguſtin. de Civ. Dei libr. 22. cap. 8. *Admonetur in ſomnis appropinquante Paſcha, ut in parte fœminarum obſervanti ad baptiſterinm, quæcumque illi baptizata pri-*

A

NOTÆ ET OBSERVATIONES

mitus occurriſſet, ſignaret ei locum ſigno crucis Chriſti. Anaſtaſ. in
Sergio: *Hic fecit imaginem Beati Petri Apoſtoli, quæ eſt in parte
mulierum.* Idem in Gregorio III. *Hic fecit oratorium intra eandem
baſilicam, juxta arcum principalem parte virorum.* Idem in Adriano I. *Et rugas in Presbyterio à parte virorum & mulierum ex argento puriſſimo.* Idem in Leone III. *Simulque ut columnas tornatiles
tam in ingreſſu corporis dextra lævaque ex parte virorum ac mulierum.*
Dicatis etiam virginibus proprius locus erat in Eccleſia. Ambroſ.
ad Virgin. lapſam cap. 6. *Nonne vel illum ſacrum tabulis ſeparatum, in
quo in Eccleſia ſtabas, recordari debuiſti, ad quem religioſæ matronæ &
nobiles certatim currebant tua oſcula petentes, quæ ſanctiores & meliores te erant?*

IN CLEMENTE.

HIC fecit ſeptem regiones dividi notariis fidelibus Eccleſiæ, qui
geſta martyrum ſollicitè & curiosè unuſquiſque per regionem
ſuam diligenter perquirerent. A Clemente Pontifice notarii per
ſeptem regiones Urbis diſpoſiti, qui geſta martyrum ſcriberent,
& in acta Eccleſiæ referrent. Notarii erant ſcriptores qui celerrimè per notas ſcribebant. De quibus Martialis libr. 14. Epigr.
208.

Currant verba licèt, manus eſt velocior illis:
Nondum lingua ſuum, dextra peregit opus.

Inde dicti notarii, quòd per notas quæ σιγλαι dicuntur, celeritatis causâ ſcriberent. Auguſtin. de Doctrin. Chriſtiana libr. 2. cap.
26. *Ex eo genere ſunt etiam notæ, quas qui didicerunt, propriè jam
notarii appellantur.* Hoc genere ſcriptorum paſſim uſi ſunt veteres. Hieronym. in Eſaiam cap. 13. in Prolog. *Dictamus hæc, non
ſcribimus, currente notariorum manu currit oratio.* Idem ad Alipium
& Auguſtin. *Si autem Dominus vitam tribuerit, & notariorum habuerimus copiam, paucis lucubrationibus reſpondebimus.* Idem ad Auguſtin. *Grandem Latini ſermonis in iſta provincia notariorum patimur penuriam.* Id. genus ſcriptorum majori ſumptu conducebatur.
Idem adverſ. Vigilantium: *Parce ſaltem nummis tuis, quibus notarios librarioſque conducens, eiſdem & ſcriptoribus uteris, & fautoribus.*
Eccleſia Romana ſuos habuit notarios, qui geſta martyrum exciperent. Præter hunc locum Anaſtaſius in Antero: *Hic geſta martyrum diligenter à notariis exquiſivit, & in Eccleſia recondidit.* Eorumdem munus fuit notitiam Eccleſiæ, id eſt, omnia geſta Eccleſiæ

IN ANASTASIUM.

conficere, putà donationes, permutationes rerum Ecclesiæ, manumiſſiones ſervorum Ecclesiæ, & cætera. Anaſtaſ. in Julio: *Hic conſtitutum fecit, ut notitia, quæ omnibus pro fide Eccleſiaſtica eſt, per notarios colligeretur, & omnia monumenta in Eccleſiam per primicerium notariorum confecta celebrarentur, &c.* Erant quatuordecim regiones Urbis, quæ à Clemente in ſeptem contractæ, & ſingulis impoſiti notarii, qui martyrum geſta exciperent. Inde dicti ſunt notarii regionarii. Anaſtaſ. in Adriano: *Dominus Paulus Papa eum clericari juſſit, quem notarium regionarium in Eccleſia conſtituens, poſtmodum eum Subdiaconum fecit.*

Sepultus eſt in Græcia. Clemens Romanus Pontifex in Græcia ſepultus, hac occaſione, quòd in perſecutione Trajani in Cherſoneſſum relegatus, anchorâ collo illigatâ, in mare præceps miſſus, inde corpus ejus Romam tranſlatum Nicolao I. Pontifice, de quo Martyrolog. Rom. Nov. 23. Gregor. Tur. de Glor. Martyr. cap. 35 36.

IN ANACLETO.

HIC *memoriam Beati Petri conſtruxit & compoſuit.* Anacletus furente ipſa perſecutione memoriam, id eſt, ædem ſacram dicavit B. Petro. Memoriæ Apoſtolorum & martyrum dictæ ædiculæ ſacræ, quæ tempore perſecutionis ædificatæ ſunt in ipſorum memoriam, quòd eorum memoria ibi celebraretur. Optatus Milevit. lib. 2. *Denique ſi Macrobio dicatur, ubi illic ſedeat; numquid poteſt dicere, In cathedra Petri, quam neſcio ſi vel oculis novit, & ad cujus memoriam non accedit quaſi ſchiſmaticus?* Et mox: *Ecce præſentes ſunt ibi duorum memoria Apoſtolorum.* Et infrà: *Si neſas tibi videtur, aut reatum putas, memoriis Apoſtolorum & Sanctorum omnium communicaſſe.* Auguſtin. in Pſalm. 44. *Oſtendatur mihi Roma in honore tanto templum Romuli, in quanto ibi oſtendo memoriam Petri.* Idem in Pſalm. 65. *Melius eſt ut Romam cùm venerit Imperator, depoſito diademate ploret ad memoriam Piſcatoris, quàm ut Piſcator ploret ad memoriam Imperatoris.* Idem in Pſalm. 140. *Imperator venit Romam, quò feſtinat ad templum Imperatoris, an ad memoriam Piſcatoris.* Idem de Civit. Dei lib. 22. cap. 10. *Nos autem martyribus noſtris non templa ſicut diis, ſed memorias ſicut hominibus mortuis, quorum apud Deum vivus ſpiritus, fabricamus.*

A ij

NOTÆ ET OBSERVATIONES
IN EVARISTO.

HIC *titulos in urbe Roma divisit Presbyteris.* Evaristus in Urbe titulos divisit Presbyteris : id est, singulis Ecclesiis imposuit Presbyteros, in eis ordinatos sub earum titulo. Ecclesiæ dicebantur tituli, quia cùm Presbyteri ordinabantur, ordinatio fiebat sub earum titulo. Ordinatio non fiebat sine titulo, id est, adscriptione certæ Ecclesiæ, in qua ordinatus titulatus dicebatur, can. *Neminem.* can. *Sanctorum.* 70. dist. Augustin. de Bon. conjugal. cap. 24. *Quemadmodum si fiat ordinatio Cleri ad plebem congregandam, etiam si plebis congregatio non subsequatur, manet tamen in illis ordinandis sacramentum ordinationis.* Hinc ordinandus in Episcopum, nondum Presbyter, priùs ordinabatur in Presbyterum sub titulo certæ Ecclesiæ. Regin. 2. Chronic. *Porro Colonia Agripina Rex Hilduinum Abbatem præponere tentavit in Pontificali cathedra, fecitque à Francone Episcopo Tungrensis Diæcesis in Aquis-Palatio Presbyterum ordinari ad titulum sancti Petri prædicta Metropolis.* Tituli quos Evaristus instituit, sunt tituli Cardinales, id est, Ecclesiæ adscriptæPresbyteris Cardinalibus, quarum numerus per tempora adauctus est. Anastas. in Marcello: *Et viginti quinque titulos in urbe Roma constituit quasi Diæceses, propter baptismum & pœnitentiam multorum, qui convertebantur ex paganis, & propter sepulturas martyrum.*

Et septem Diaconos constituit, qui custodirent Episcopum prædicantem, propter stylum veritatis. Ex constitutione Evaristi septem Diaconi debent adstare Episcopo prædicanti, ut custodes habeat adversus insidiantes, & testes veritatis prædicatæ adversus detractores, can. *Diaconi.* 93. dist. Ex Synodo Romana habita sub Gregorio Episcopus debet habere Clericos in privato famulatu, ut testes habeat conversationis, can. *Cura Pastoris.* 2. qu. 7. Imò ex constitutione Lucii Episcopus in omni loco circa se debet habere duos Presbyteros & tres Diaconos propter testimonium Ecclesiasticum, can. *Jubemus. de consecr.* dist. 1. de quo & Anastas. in Lucio.

IN ALEXANDRO.

HIC *Passionem Domini miscuit in precationem Sacerdotum, quando missæ celebrantur.* Constitutum de memoria Passionis Christi in missæ sacrificio celebranda, non est proprium Alexan-

IN ANASTASIUM.

dri, sed potius ipsius Christi, cùm præcepit Apostolis, ut quotiescumque facerent, hoc est, sacrificarent, in ejus memoriam agerent. *Hoc facite in meam commemorationem*, Luc. 22. Quæ verba secutus Paulus 2. Cor. 1. *Quotiescumque*, inquit, *manducabitis panem hunc, & calicem bibetis, mortem Domini annunciabitis, donec veniat.* Memoria Passionis Christi quotidie celebratur in sacrificio missæ. Olim lectio Passionis Christi fiebat semel in anno. Augustinus de Tempore serm. 144. *Passio autem, quia uno die legitur, non solet legi, nisi secundùm Matth.um. Volueram aliquando ut per singulos annos secundum omnes Evangelistas etiam Passio legeretur. Factum est; non audierunt homines quæ consueverunt, & perturbati sunt.*

Hic constituit aquam aspersionis cum sale benedici in habitaculis hominum. Ex constitutione Alexandri aqua sale benedicta non modò in Ecclesia, sed & in ædibus privatorum haberi debet, can. *Aquam. de consecrat.* dist. 3. Usum aquæ lustralis seu benedictæ in Ecclesia, Apostolicæ institutionis esse tradit Auctor Constit. Apostolic. lib. 7. cap. 44. Eandem etiam in ædibus singulorum haberi statuit Alexander, non abs causa, quia sparsio aquæ benedictæ valet ad arcendos dæmones, avertendas calamitates frugum & segetum, & vitandos nocturnos terrores. Marcellus Episcopus Apamæensis in Syria sparsâ aquâ benedictâ fugavit dæmonem, qui fani Jovis eversionem impediebat. Theodorit. lib. 5. cap. 21. ἀπιδραμὼν ὁ δαίμων, ἐκ ἐνεγκών τὴν τῷ ὕδατος προσβολήν. *Aufugit dæmon, non ferens vim aquæ aspersæ.* Dæmones qui ægre insultabant, sparsione aquæ benedictæ pulsos narrat Petrus Cluniacensis de Miracul. lib. 1. cap. 7. *Unde alta voce socium Olivum, ut surgeret, inclamans, vas quod fortè cum aqua benedicta in proximo dependebat, fide plenus arripit, & sanctificatum elementum huc illucque confidenter aspergens, omnia illius habitaculi loca infundit. Et infrà: Quibus penitus agro qui hoc solus cernebat testificante exclusis, & ille à dæmonum infestatione liberatus est, & quantùm ad similia valeat salutaris aquæ cum fide aspersio, demonstratum est.* Cladem locustarum vastantium segetes aquâ benedictâ per agros sparsâ avertit Stephanus VI. Pontifex. Anastas. in ejus vit. *Surrexit, & aquam propriis manibus benedicens, mansionariis præcepit dicens: Tollite, & singulis distribuite, monentes ut in nomine Domini agros suos circumeant, & hanc aquam spargant per sata & vineas, petentes divinum sibi suffragium & subsidium.* Quid, Anselmus Abbas in Cantuariensem Archiepiscopum electus, & ad Ecclesiam raptus, electionis impatientiâ penè exanimis, aquâ benedictâ aspersâ & potâ statim ad

A iij

NOTÆ ET OBSERVATIONES

animum rediit. Testis ipse lib. 3. epist. 1. ad Fratres Beccenses: *De longè audientes accurrerunt, & videntes me aut animam, aut sensum amissurum, timuerunt, & hoc timore aquâ benedictâ me aspergentes, eam mihi potandam porrexerunt.* Aqua benedicta etiam prodest ad curandas febres & alios morbos. Gregor. Turon. de Glor. Confess. cap. 24. *Quartanariis quoque & gulam dolentibus data benedicta aqua sæpius medebatur.*

IN SIXTO.

H*IC constituit ut ministeria sacra non tangerentur, nisi à ministris.* Decretum Sixti est, ne vasa sacra ab aliis quàm à sacris ministris contrectentur, can. *In sancta. de confecr.* dist. 1. Ex Conc. Laodicensi can. 21. non licet Subdiaconis, quorum nondum sacer erat ordo, sacra vasa contrectare. Ex Conc. Bracar. I. can. 28. idem interdictum est Lectoribus. Can. *Non oportet.* can. *Non licet.* 23. dist. ministeria sunt vasa sacra. Anastas. in Gregor. II. *Ambonem etiam marmoreum in eadem Ecclesia fecit, eamque diversis ditavit linteis, atque ministeriis.* Idem in Urbano: *Hic fecit ministeria sacrata omnia argentea.*

Hic constituit, ut quicumque Episcoporum evocatus fuisset ad Sedem Apostolicam, & rediens ad Parochiam suam, non susciperetur, nisi cum literis Patriarchæ salutationis plebi, quæ est Formata. Sixti alterum decretum est, ne Episcopus evocatus ad Sedem Apostolicam, inde rediens in sua Ecclesia admittatur sine formatis, ut liqueat an habeat communionem Sedis Apostolicæ. Formatæ erant literæ quibus significabatur, portitores literarum habere communionem Sedis Apostolicæ. Optat. lib. 2. post editam seriem Romanorum Pontificum à Petro usque ad Siricium: *Cum quo nobis totus orbis commercio formatarum, in una communionis societate concordat.* Et Augustin. epist. 163. *Hic primò asserere conatus est, ubique terrarum esse communionem suam. Quærebam utrum epistolas communicatorias, quas Formatas dicimus, posset quò vellem dare.*

IN TELESPHORO.

H*IC constituit ut septem hebdomadas ante Pascha jejunium celebraretur.* Jejunium Quadragesimæ non est primitus institutum à Telesphoro: id enim institutionis Apostolicæ esse jam observatum ex can. 69. Apostolorum; sed Pontificia lege sancitum,

IN ANASTASIUM.

can. *Statuimus.* dist. 4 Jejunium enim Quadragesimæ à Domino institutum agnovere Patres. Hinc illud fidei nostræ opus vocitat Ambros. serm. 35. *Diximus superiore Dominica hoc esse fidei nostræ opus primum, ut horum quadraginta dierum curriculo devotissimè jejunemus.* Et illud jejunium à quibusdam infringi contra præceptum Domini conqueritur idem serm. 35. *Qualis autem Christianus es, cùm, Domino jejunante, tu prandes? Dicite enim mihi, interrogo vos, qui in Quadragesima prandetis, si non in conscientiis vestris rei estis, quòd abstinente toto populo, vos soli contra præceptum Domini devoratis.* Jejunium Quadragesimæ ad exemplum jejunii Christi institutum. Hieronym. in Jonam cap. 3. *Ipse quoque Dominus verus Iona missus ad prædicationem mundi jejunavit quadraginta dies, & hæreditatem nobis jejunii derelinquens, ad esum corporis sui sub hoc numero nostras animas præparat.* Jejunium Quadragesimæ constituitur septem hebdomadis. Hinc Gregorius Homil. 16. in Evangel. in Dominica 1. Quadragesim. *A præsenti etenim die usque ad Paschalis solennitatis gaudia, sex hebdomadæ veniunt, quarum vifelicet dies quadraginta duo fiunt, ex quibus dum sex dominici abstinentiæ subtrahuntur, non plus in abstinentia, quàm triginta & sex dies remanent.*

Et natali Domini noctu missæ celebrarentur, cùm omni tempore ante horæ tertiæ cursum nullus præsumeret missam celebrare, qua horâ Dominus noster ascendit crucem. Telesphori constitutum est, ut in nocte nativitatis Dominicæ missæ celebrentur, cum extra hunc diem missæ non celebrarentur ante horam tertiam, qua Christus crucifixus est, can. *Nocte sanctâ.* de consecr. dist. 1. In natali Domini missa celebratur de nocte in galli cantu. Abbas Urspergens. *Centius quidam civis Romanus, ex fautoribus Henrici IV. in nativitate Domini Gregorium Papam* (is est Gregor. VII.) *in galli cantu missam celebrantem, de altari graviter vulneratum rapuit, & in turre sua in custodiam misit.* In die natali Domini in missa quæ celebratur in galli cantu, Evangelium altâ voce legit Carolus IV. Imp. de quo Albert. Argentinens. in Chronic. *In die quoque sancto nativitatis Domini Rex communicatus fuit, legitque in missa galli cantu altâ voce, habens in manu evaginatum gladium, Evangelium Exiit edictum à Cæsare Augusto.* Mediam noctem signat galli cantus, quo Christiani surgebant ad orandum. Augustin. in Psalm. 118. *Post galli cantum consuevit esse tempus orandi.* In honorem nativitatis Domini multa singularia introducta sunt. Primum, quòd missa celebratur de nocte. Secundum, quòd eodem die tres missæ celebrantur; prior media nocte, qua horâ natus est Christus; secunda di-

NOTÆ ET OBSERVATIONES
luculo, id est, sub lucem ; tertia, horâ tertiâ qua solent celebrari
missæ publicæ. Gloss. in d. can. *Nocte.* cap. *Consuluisti. de celebrar.
missar.* Tertium, quòd si natalis Domini incidat in feriam sextam, licet vesci carne ex consuetudine generali cap. ult. de observ. jejun. de quo Matth. Paris ad ann. 1255. *Erat autem illo anno dies natalis Domini feriâ sextâ, & comederunt aliqui carnes, ob reverentiam Christi, quia Verbum caro factum, ea die prodiit in lucem sæculi, unde quidam admirative ait: O carni concessus honor!* Missæ
publicæ celebrantur horâ tertiâ, can. *Et hoc. de confecr.* dist. 1.
Conc. Emeritens. can. 19. Aurelianens. III. can. 14. de quo dixi
Dissert. lib. 6. cap. 2.

Et ante sacrificium hymnus diceretur angelicus, hoc est, Gloria in excelsis Deo. Postrema pars decreti Telesphori est, ut initio sacrificii missæ caneretur hymnus angelicus, hoc est, *Gloria in excelsis Deo.* Primum hoc institutum à Telesphoro, ut hymnus angelicus caneretur in missa in natali Domini, d. can. *Nocte sancta.*
Deinde usu receptum, ut idem hymnus decantetur semper in
missis solennibus, etiam in Cœna Domini, can. *Porro. de confecr.*
dist. 1. Symmacho hoc tribuit Anastas. in ejus vit.

IN HYGINO.

HIC *Clerum composuit, & distribuit gradus.* Ordines Ecclesiastici distincti erant jam à tempore Apostolorum, & gradus cujusque compositus : verum aliquid additum priori distinctioni & gradui ordinum ab Hygino credendum est.

IN ANICETO.

HIC *constituit ut Clerus comam non nutriret, secundùm præceptum Apostoli.* Aniceti decretum est, ne Clerici comam nutriant, sed desuper caput in modum sphæræ radant, can. *Prohibere.* 23. dist. Ex antiqua consuetudine Ecclesiæ Clerici fuere tonsi in coronam. Beda Hist. Anglic. lib. 4. cap. 1. de Theodoro, qui à Vitaliano Papa ordinatus, & in Britanniam missus Evangelii prædicandi causâ : *Qui Subdiaconus ordinatus, quatuor expectavit menses, donec illi corona cresceret, quò in coronam tonderi posset: habuerat enim tonsuram more orientalium sancti Pauli Apostoli.* Nativam coronam capillorum ordine suo in orbem surgente habuisse memoratur Nicetius Trevirensis Episcopus. Gregorius Turon. de Vit. Patr.
cap.

IN ANASTASIUM.

Cap. 17. *Igitur sanctus Nicetius Episcopus, ab ipso ortus sui tempore Clericus designatus est: nam cùm partu fuisset effusus, omne caput ejus, ut est consuetudo nascentium infantium, à capillis nudum quidem cernebatur; in circuitu verò modicorum pilorum ordo apparuit, ut putares ab eisdem coronam Clerici fuisse signatam.*

IN PIO.

UT *sanctum Pascha die Dominico celebraretur.* Tempore Pii statutum, ut Pascha semper die Dominico celebraretur. Hoc tribuitur Pio, can. *Nosse. de consecr.* dist. 3. Tempore Victoris Papæ vehemens orta est controversia de die Paschatis, Ecclesiis Asiæ diem. Pascha celebrantibus 14. die Lunæ, exemplo Judæorum, cæteris Ecclesiis semper Pascha celebrantibus die Dominica, etiam si non incideret in eum diem: cujus dissidii causâ Victor Ecclesias Asiæ submovit à communione. Euseb. lib. 5. cap. 23. 24. Et à Victore decretum, ut Pascha semper celebraretur die Dominico, can. *Celebritatem. de consecr.* dist. 3. de quo Anastas. in Victore: *Hic constituit ut sanctum Pascha die Dominico celebraretur.*

IN SOTERE.

HIC *constituit ut nulla monacha pallam sacratam contingeret, nec incensum poneret in sancta Ecclesia.* Soteris decretum est, ne sanctimonialis sacra vasa, vel sacram pallam altaris contingat, vel incensum adoleat circa altaria, can. *Sacratas.* 23. dist. Idem decretum repetitum à Bonifacio I. ex Anastas. in ejus vita.

IN ZEPHERINO.

HIC *constituit ut in præsentia omnium Clericorum, & laicorum fidelium, sive Levita, sive Sacerdos ordinaretur.* Zepherini decretum est, ut ordinationes Presbyterorum & Diaconorum fiant in præsentia Cleri & plebis, ut fiant consilio Cleri, assensu & testimonio plebis. Idem tribuitur Anacleto, can *Reliqui.* 67. dist. Idem Conc. Carth. IV. can. 22. *Episcopus sine concilio Clericorum suorum Clericos non ordinet, ita ut civium conniventiam & testimonium quærat.* can. *Episcopus.* 24. dist. In ordinandis Clericis hanc legem sibi imposuit Cyprianus epist. 33. ad Presbyteros & Diaconos:

B

NOTÆ ET OBSERVATIONES

De ordinationibus Clericorum, P. C. *solemus vos antè consulere, & mores ac merita singulorum communi consilio ponderare.* Novati ordinationem, quòd Presbyter ordinatus esset reluctante Clero & plebe, nullam & irritam fuisse tradit Euseb. lib. 6. cap. 35. Ordinationem Osberni Presbyteri ad Ecclesiam de Trichestana in Anglia nullam esse intendebat Jordanus Prior Acreusiæ, quòd sine ipsius assensu, invitis & reclamantibus Parochianis, Ecclesiam ingressus esset. Jo. Sarisber. epist. 119. *Adversus Osbertum Presbyterum super Ecclesia de Trichestana, Jord. Prior Acreusiæ instituit controversiam, dicens eum præfatam Ecclesiam possidere, quam sine Prioris assensu, & alterius Advocati, citra solennem ordinem juris, & regni consuetudinem, invitis & reclamantibus Parochianis ingressus fuerat.*

Et sic missa celebrarentur, excepto quòd jus Episcopi interesset, ut tantùm Clerus sustineret omnibus præsentibus ex ea consecratione de manu Episcopi jam coronam consecratam, & acciperet Presbyter tradendam populo. Ex constitutione Zepherini, ubi Episcopus missam celebrabat, ipse coronam consecratam, id est, sacram Eucharistiam distribuebat Clericis, & reliquas partes tradebat Presbytero, per eum distribuendas plebi. Officium Presbyteri est tradere sacram Eucharistiam plebi. Presbyteri ruris in Ecclesia civitatis, præsente Episcopo vel Presbyteris ipsius urbis, non possunt offerre, id est, missam celebrare, nec Eucharistiam dare, ex Conc. Neocæsar. can. 13. can. *Presbyteri.* 95. dist. Tamen etiam præsente Presbytero Diaconus, si necessitas urgeat, potest erogare Eucharistiam, ex Conc. Carth. IV. can. 38. can. *Præsente.* 93. dist. Et hæc fuit antiquior consuetudo Ecclesiæ. Cyprian. de Lapsis: *Ubi verò solennibus adimpletis calicem Diaconus offerre præsentibus cœpit, &c.* Idem Justin. Martyr Apolog. 2. Εὐχαριστήσαντος δὲ τοῦ προεστῶτος δι᾽ ἐπιφημήσαντες παντὸς τοῦ λαοῦ, οἱ καλούμενοι παρ᾽ ἡμῖν διάκονοι διδόασιν ἑκάστῳ τῶν παρόντων, μεταλαβεῖν ἀπὸ τοῦ εὐχαριστηθέντος ἄρτου, οἴνου, καὶ ὕδατος, καὶ τοῖς οὐ παροῦσιν ἀποφέρουσι. *Præsidens verò postquam gratiarum actionem perfecit, & populus universus fausta acclamatione eam comprobavit, Diaconi distribuunt unicuique præsentium, ut participet eum, in quo gratia acta sunt, panem, vinum & aquam, & absentibus perferunt.*

IN CALIXTO.

HIC *constituit jejunium die sabati, frumenti, vini, & olei gratiâ.* Calixtus dicitur auctor jejunii sabati: tamen ex Apo-

IN ANASTASIUM.

stolica inftitutione, & primæva Ecclefiæ confuetudine, in memoriam Chrifti quiefcentis in fepulcro, id repetendum effe verius eft. Auguftin. epift. 86. *Sequitur fabbatum, quo die caro Chrifti in monumento requievit. Hinc exorta eft ifta in regia illa urbe varietas, ut alii, ficut maximè populi Orientis, propter requiem fignificandam, mallent relaxare jejunium ; alii propter humilitatem mortis Domini jejunare, ficut Romana & nonnulla Occidentis Ecclefia.* Ambrof. in epift. ad Roman. cap. 14. *Nam funt quidem qui quartâ feriâ carnem non edendam ftatuerunt, funt qui fabatis, funt iterum qui à Pafcha ufque ad Pentecoftem edant.* In jejunio fabati variæ fuere confuetudines Ecclefiarum : Romana Ecclefia jejunium fabati fervabat, Mediolanenfis Ecclefia contrà ; & in hac re confuetudines Ecclefiarum fervandas effe, confulto B. Ambrofio, fcripfit Auguftin. epift. 118. *Mater mea Mediolanum me confecuta, invenit Ecclefiam fabbato non jejunantem : cœperat perturbari, & fluctuari, quid ageret, cùm ego talia non curabam; fed propter ipfam confului de hac re beatiffima memoria virum Ambrofium. Refpondit fe nihil docere me poffe, nifi quod ipfe faceret : quia fi melius noffet, id potiùs obfervaret. Cumque ego putaffem, nulla reddita ratione, auctoritate fola fua nos voluiffe admonere, ne fabbato jejunaremus; fubfecutus eft, & ait mihi: Cùm Romam venio, jejuno fabbato; cùm hic fum, non jejuno : fic etiam tu ad quam fortè Ecclefiam veneris, ejus morem ferva, fi cuiquam non vis effe fcandalo, nec quemquam tibi.* Jejunium fabati etiam ab Innocentio I. comprobatum. Anaftaf. in Innocentio. *Hic conftituit fabbato jejunium celebrari, quia fabbato Dominus in fepulcro pofitus eft, & difcipuli ejus jejunaverunt.* De jejunio fabati etiam Hieronym. apud Auguftin. epift. 19. & Caffian. de Inftit. Cœnobitar. lib. 3. cap. 10. Socrat. lib. 5. cap. 21. Niceph. Callift. lib. 12. cap. 34.

IN URBANO.

HIC fecit minifteria facrata omnia argentea. Minifteria, id eft, vafa facra Ecclefiæ argentea effe, decretum ab Urbano. Singulare eft quod narratur de Exuperio Tolofano Epifcopo, eum facrificaffe in vitro, id eft, calice vitreo. Hieronym. ad Rufticum : *Nihil illo ditius qui corpus Domini caniftro vimineo, fanguinem portat in vitro.* Eâ tamen ætate paffim vafa facra erant ex auro vel argento. Auguftin. in Pfalm. 113. *Simulacra gentium argentum & aurum. Sedenim & nos pleraque inftrumenta & vafa ex hujufce-*

modi materia vel metallo habemus, in usum celebrandorum sacramentorum, quæ ipso ministerio consecrata sancta dicuntur.

IN FABIANO.

H*IC regiones divisit Diaconibus.* Jam à Clemente urbs Roma, quæ divisa erat in quatuordecim regiones, redacta erat in septem, & singulis regionibus impositi notarii qui erant ex ordine lectorum, qui martyrum gesta exciperent: tum à Fabiano Diaconi divisi per septem regiones Urbis, ut martyribus in custodia alimoniam ministrarent, & eos docerent de his quæ pertinebant ad fidem. Hoc enim erat munus Diaconorum martyres in carcere visitare, eis alimenta erogare, & eos instruere. Cyprian. epist. 11. *Et credideram quidem Presbyteros & Diaconos, qui illic præsentes sunt, monere nos & instruere plenissimè circa Evangelii legem, sicut in præteritum semper sub antecessoribus nostris factum est, ut Diaconi ad carcerem commeantes, martyrum desideria consiliis suis & Scripturarum præceptis gubernarent.* Augustin. in Brevicul. Collat. *Et recitatum est à Donatistis Concilium ferme septuaginta Episcoporum contra Cæcilianum apud Carthaginem factum, ubi eum absentem damnaverunt, quòd ad eos venire noluerit tamquam à traditoribus ordinatus, & quia, cùm esset Diaconus, victum afferre martyribus in custodia constitutis prohibuisse dicebatur.*

Et fecit septem Subdiaconos, qui septem notariis imminerent. Ut gesta martyrum in integro colligerent, Clemens instituit singulos notarios per septem regiones Urbis, qui martyrum gesta exciperent. Fabianus ne notarii sine teste essent, eis apposuit totidem Subdiaconos qui eis imminerent, id est, eos observarent, quò gesta martyrum in integro, id est, integra fide colligerentur. Hinc dicti Subdiaconi Regionarii. Anastas. in Vigilio. Imminere est aliquem observare. Gregor. lib. 8. epist. 29. *Ut fratri & Coepiscopo nostro Decio studeat imminere.* Q. Curt. lib. 6. *Sic ego imperio quod dedignor, immineo.* Ambros. de Offic. lib. 2. cap. 27. *Agens in rebus imminebat.*

IN CORNELIO.

C*ORPORA Apostolorum Petri & Pauli de Catacumbis levavit noctu.* Legendum, *Catatumbas.* Hic est locus secundo ab Urbe milliario, ubi in cryptis condebantur corpora martyrum. De quo & Anastasius in Damaso: *Hic fecit basilicas duas, unam juxta Theatrum sancto-*

IN ANASTASIUM.

Laurentio, & aliam via Ardeatina, ubi requiescit in Catatumbis. Idem in Adriano: *Verùm etiam & Ecclesiam Apostolorum, foris portam Appiam milliario tertio, in loco qui appellatur Catatumbas, ubi corpus beati Sebastiani martyris cum aliis quiescit.* Et Gregorius lib 3. epist. 3. *Ad secundum Urbis milliarium in loco qui dicitur Catatumbas.* Ubi dixi.

In Tellude noctu ante templum Palladis. Cornelius Pontifex Centumcellis ubi exulabat, per Præfectum Urbi Decio præsentatus noctu in Tellude ante templum Martyris. Malè vulgò in interludo.

Ego de corona Domini literas accepi. Cornelius interrogatus à Decio de literis acceptis contra Rempublicam, respondit se literas accepisse à corona Domini. Corona Domini est ordo Clericorum. Auctor Constitution. Apostolic. lib.1. cap.28. de Presbyteris: αἱ συμβουλοι τῦ ἐπισκόπῦ, κ̄ τῆς ἐκκλησίας τάξεις, εἰσὶ ́ συνέδριον, κ̄ βουλὴ τ͂ ἐκκλησίας. Imitatus Paulum, Philipp. 4. *Fratres mei carissimi, gaudium meum & corona mea, sic state in Domino.*

Tunc Decius iracundiâ plenus, jussit os beati Cornelii cum plumbatis cædi. Plumbatæ genus flagelli plumbeis glandibus in capite instructi, quo cædebantur martyres, de quo Martyrolog. Rom. 6. Jun. & ibi Baron.

Cujus corpus noctu collegit beata Lucina cum Clericis, & sepelivit in crypta. Tempore persecutionis corpora martyrum noctu condebantur in cryptis. Hieronym. in Ezechiel. lib. 12. cap. 40. *Dum essem Romæ puer, & liberalibus studiis erudirer, solebam cum cæteris ejusdem ætatis & propositi diebus Dominicis sepulcra Apostolorum & martyrum circuire, crebroque cryptas ingredi, quæ in terrarum profunda defossæ ex utraque parte ingredientium per parietes habent corpora sepultorum.* B. Laurentium sepultum in crypta cum aliis multis martyribus refert Anastas. in Xisto II. Ferreolus & Ferrucius sepulti in crypta apud Vesontionem. Gregor. Tur. de Mirac. Martyr. cap. 71. *Hic in abdito crypta, duo, ut passio declarat, martyres Ferreolus atque Ferrucio sunt sepulti.*

Græci quoque condebant corpora in hypogæis, id est, locis subterraneis. Petron. in Satyric. *Hæc ergo cùm virum extulisset, non contenta vulgari more, funus passis prosequi crinibus, aut nudatum pectus in conspectu frequentiæ plangere, in conditorium etiam prosequuta est defunctum, positumque in hypogæo Græco more corpus custodire, ac flere totis noctibus diebusque cæpit.* Christiani quoque fugientes martyrium latebant in cryptis. Anastas. in Caio: *Hic fugiens persecutionem Diocletiani, in cryptis habitando, martyrio coronatur.*

NOTÆ ET OBSERVATIONES

IN LUCIO.

HIC *poteſtatem dedit omnis Ecclesiæ Stephano Archidiacono suo.* Lucius ad martyrium pergens Stephano Archidiacono suo dedit poteſtatem omnium rerum Eccleſiæ. Archidiaconus erat cuſtos & adminiſtrator rerum Eccleſiæ. Hinc in Archidiacono induſtriam requirit Hieronym. ad Evagrium: *Diaconi eligant de ſe, quem induſtrium noverint, & Archidiaconum vocent.* Et eum imitatus Sidon. lib. 4. epiſt. 25. *Lector hic primùm, poſt laborum temporumque proceſſu Archidiaconus, in quo gradu ſeu miniſterio multùm retentus propter induſtriam.* Sic & Stephanus proximus ſucceſſor Lucii ante martyrium omnia vaſa Eccleſiæ & arcam pecuniæ Eccleſiaſticæ, Xiſto Archidiacono suo in poteſtatem dedit, de quo Anaſtaſ. in Stephano: *Omnia vaſa Ecclesiæ Archidiacono ſuo Xiſto in poteſtatem dedit & arcam pecuniæ.* Idem antè præſtitit Cornelius, de quo Anaſtaſ. *Iam ante paſſionem ſuam omnia bona Eccleſiæ tradidit Stephano Archidiacono ſuo.* Xiſtus II. Laurentium habuit Archidiaconum suum, & martyrii æmulum. Hinc ille Xiſto ad martyrium properanti, apud Ambroſ. 1. Offic. 41. *Quò, Sacerdos ſancte, ſine Diacono properas?*

IN STEPHANO.

HIC *conſtituit Sacerdotes & Levitas veſtes ſacratas in uſu cotidiano non uti, niſi in Eccleſia tantùm.* Ne Presbyteri & Diaconi ſacris veſtibus uterentur in uſu quotidiano, vetuit Stephanus. Eo nomine notantur Vandali, quòd de ſacris pallis & veſtibus veſtes ſibi facerent. Sigebert. ad ann. 451. *In Africa exardeſcentibus Wandalis, cùm ita divinos libros exurerent, & de ſacris palliis ac veſtibus veſtes ſibi facerent.* Proculum Miſſum Genſerici Regis Vandalorum arguit Victor Uticenſ. de Perſecut. Vandal. quòd de pallis altaris camiſias ſibi & femoralia faceret.

IN XISTO II.

ET *poſt paſſionem beati Xiſti poſt tertia die paſſus eſt & beatus Laurentius ejus Archidiaconus.* B. Laurentius fuit Archidiaconus Xiſti, quem ad martyrium properantem & ipſe ad martyrium anhelans his verbis affatus, quæ retulit Ambroſ. de Offic.

IN ANASTASIUM.
lib. 1. cap. 41. *Quò, Sacerdos sanĉte, sine Diacono properas ? &c.* Voti compos sex pòst diebus martyrium passus est.

IN DIONYSIO.

H*IC Presbyteris Ecclesias divisit, & cœmiteria, & Parochias, Diœceses instituit.* Evaristus primus titulos, id est, Ecclesias in Urbe divisit, auctore ipso Anastasio; postea clade variarum persecutionum, & diutina vacatione Ecclesiarum perturbato statu Ecclesiarum, tandem à Gallieno reddita pace Ecclesiæ, rursus à Dionysio divisæ Parochiæ, aut veriùs restitutæ, primùm in Urbe, tum in Provinciis, ut patet ex integra epist. Dionysii ad Severum Cordubensem Episcopum, cujus pars extat in can. *Ecclesias.* 13. qu. 1. & in cap. *Pastoralis. de his quæ fiunt à Præs. sine cons. Cap.* de quo fusiùs dixi Diss. lib. 5. cap. 4.

IN FELICE.

H*IC constituit supra sepulcra martyrum missas celebrari.* Oratoria seu altaria extruebantur super sepulcra martyrum in eorum memoriam. Augustin. contra Faust. lib. 20. cap. 21. *Populus autem Christianus memorias martyrum religiosâ solennitate concelebrat, & ad excitandam imitationem, & ut meritis eorum consocietur, atque orationibus adjuvetur; ita tamen ut nulli martyrum, sed ipsi Deo martyrum, quamvis in memoriis martyrum, constituamus altaria, &c.* Et hæc dicebantur martyria. Synod. Chalced. can. 8. οἱ κληρικοὶ τῶν πτωχείων, κỳ μοναςηρείων, κỳ μαρτυρείων, ὑπὸ τὴν ἐξυσίαν τῶν ἐν ἱκάςη πόλει ἐπισκόπων, διαμδυίτωσαν. *Clerici ptochotrophiorum, monasteriorum, & martyriorum sub potestate Episcoporum permaneant.* Pallad. Hist. Lausiac. cap. 103. de Innocentio Abbate: εἰσῆλθεν εἰς τὸ μαρτύριον ἑαυτῦ ὁ ὠκοδόμηκει αὐτὸς, ἐν ᾧ κατέκειτο λείψανα τῦ θείυ Ἰωάννυ τῦ βαπτιςῦ. *Ingressus est in suum martyrium, quod ipse ædificarat, in quo sita sunt reliquiæ sancti Joannis Baptistæ.* Hieronym. in vita Hilarionis: *Causam occultandi juxta præceptum Antonii fuisse referentes, ne Pergamius qui in illis locis ditissimus erat, sublato ad villam suam Sancti corpore, martyrium fabricaretur.* Constitutione Theodosii permissum est, quo in loco Sanctorum aliquis est conditus, pro ejus veneratione martyrium, quod vocant, condere, L. 7. C. Th. *de sepulcr. violat.* Hinc Martyra-

16 NOTÆ ET OBSERVATIONES.
rii dicti Presbyteri constituti in oratoriis martyrum, cultûs martyrum causâ. Conc. Aurelian. II. can. 13. *Abbates Martyrarii Reclusi vel Presbyteri, epistolia dare non præsumant.* Gregor. Tur. de Mirac. martyr. lib. 2. cap. 46. *Eo tempore cùm post obitum Proserii Martyrarii Urbanus Diaconus hujus basilicæ ordinatur ædituus.* Et quòd constitutione Felicis permissum est missas celebrari super sepulcris martyrum, intelligendum est de missis quæ celebrarentur in oratoriis extructis in memoriam martyrum, in quibus conditæ erant eorum reliquiæ, vel integra corpora.

IN EUTYCHIANO.

HIC *constituit ut fruges super altare tantùm fabæ & uvæ benedicerentur.* Instituti Apostolici fuit, ut novæ fruges & uvæ recentes super altare offerrentur velut primitiæ frugum, & à Sacerdotibus benedicerentur, neve mel aut lac vel aliud quicquam offeratur, præter uvas & fruges recentes, ex can. 3. Apost. Syn. Carth. can. 40. Syn. VI. in Trull. can. 28. 57. can. *Didicimus.* de consecr. dist. 1. & Constit. Apostol. lib. 8. cap. 46. Inde manavit ritus apud Græcos, ut fruges & uvæ recentes benedicantur à Patriarcha CP. in festo Assumptionis B. Mariæ, in sacra æde Blachernarum, teste Balsamon. ad d. can. 3. Apost. & apud Latinos, ut uvæ benedicantur in festo D. Sixti, Gloss. in d. can. *Didicimus.* Itaque Eutychianus non est dicendus auctor ejus instituti, sed potiùs instaurator. Ac valde probabilis est conjectura Baronii, hoc institutum repetitum ab Eutychiano, ut opponeretur errori Manichæorum, qui putabant vinum esse fel principum tenebrarum, & quibus vinum gustare sacrilegium erat, ut testatur Augustin. de Morib. Manichæor. cap. 16. Idem contra Faust. lib. 20. cap. 12.

Constituit ut quicumque fidelium martyrem sepeliret, sine dalmatica, aut colobio purpurato, nulla ratione sepeliret. Eutychianus statuit ne martyr sine dalmatica vel colobio purpurato sepeliretur. Hoc constitutum est ad cultum martyrum, quia dalmatica erat vestis communis Episcoporum & Diaconorum. Augustin. Quæst. veter. Test. cap. 46. *Quasi non hodie Diaconi dalmaticis induantur sicut Episcopi.* Et Pontius Diaconus in vit. S. Cypriani apud Surium Sept. 14. *Et cùm se dalmaticâ expoliasset, & Diaconibus tradidisset, in lineâ stetit.* Pascasii Diaconi feretro ejus dalmatica imposita statim claruit miraculis. Gregor. Dialog. lib. 4. cap. 40. *Hic itaque cùm*
temporibus

IN ANASTASIUM. 17
temporibus Symmachi Apostolicæ Sedis Præsulis esset defunctus, ejus dalmaticam feretro superpositam, dæmoniacus tetigit, statimque sanatus est. Martyres sepulti cum dalmatica vel colobio purpureo. Colobium erat tunica sine manicis, instar dalmaticæ, habens plagulam purpuræ assutam, quod est signum militiæ Christi, Doroth. Doctrin. 1. ἐχί δὲ τὸ κολέβιον ἡμῖν ἐν σημεῖον τι ποτὲ πρφυρὺν· τὸ δηλᾶ τὸ σημεῖον τὸ πορφυρῦν; ἕκασος ςρατιυόμ‍ϕῳ τῳ βασιλεῖ, πορφύρἀν ἔχει εἰς τὶ χλαμίδιον αὑτᾷ. *Habet & tunica signum purpureum: quid vult signum purpureum? unusquisque Regi militans habet purpuram in chlamyde sua.* Cucullas Tabennensibus Fratribus imposuit Pachomius Abbas, insignes signo crucis purpureæ. Pallad. Hist. Lausiac. cap. 38. ηπαι σαυρῦ δηπορρυεὶν ἐκίλδυσι τότοις ἐιπιτρέψαι. *Cucullas jussit eis imponi, habentes crucem purpuream.*

IN CAIO.

HIC *constituit, ut ordinationes omnes in Ecclesia sic ascenderent, si quis Episcopus esse mereretur, ut esset Ostiarius, Lector, Exorcista, sequens Subdiaconus, Diaconus, Presbyter, & exinde Episcopus ordinaretur.* Constitutione Caii ordinationes Episcoporum per saltum vetitæ: id est, ne quis ordinetur Episcopus, nisi prius susceptis singulis ordinibus, can. *Illud.* 77. dist. Adeoque ex Constitutionibus Sylvestri, Zozimi & Syricii prohibetur, ne quis perveniat ad Episcopatum, nisi in singulis ordinibus per certa tempora immoratus sit, ex Anastasio in Sylvestro, Sigeberto ad ann. 387. can. *In singulis.* can. *Quicumque.* ead. dist. can. *Monachos.* 16. qu. .1. His gradibus Joannem pervenisse ad Cabillonensem Episcopatum, testis est Sidon. lib. 4. epist. 15. *Lector hic primùm, sic minister altaris, idque ab infantia, post laborum temporumque processu Archidiaconus, in quo seu gradu seu ministerio multùm retentus propter industriam, diu dignitate non potuit augeri, ne potestate posset absolvi: attamen hunc jam secundi ordinis Sacerdotem collegam sibi consecravere.* Hinc Cato Presbyter post Gallum electus ad Episcopatum Arvernensem, gloriabatur se per omnes gradus ad Episcopatum pervenisse. Apud Gregor. Tur. lib. 4. Histor. Fr. cap. 6. *Nam & ipsos clericatus gradûs canonica sum semper institutione sortitus. Lector decem annis fui, Subdiaconatûs officium quinque annis, Diaconatûs verò quindecim annis mancipatus fui; Presbyterii autem jam honore viginti annis potior: quid enim mihi nunc restat, nisi ut Episcopatum, quem fidelis servitus promereretur, accipiam?* Hinc repen-

C

rinas ordinationes Episcoporum, quæ fiebant apud hæreticos, damnat Tertull. de Præscript. adv. hæretic. *Ordinationes eorum temerariæ, leves, inconstantes, nunc neophytos conlocant, nunc sæculo obstrictos, nunc apostatas vestros, ut gloriâ eos obligent, quia veritate non possunt. Nusquam facilius proficitur quàm in castris rebellium, ubi ipsum esse, illic promereri est. Itaque alius hodie Episcopus, cras alius; hodie Diaconus, qui cras Lector; hodie Presbyter, qui cras laïcus: nam & laïcis sacerdotalia munera injungunt.*

· IN MARCELLINO. ·

ET post hoc factum jacuerunt corpora sancta in platea, ad exemplum Christianorum; diebus triginta sex, ex jussu Diocletiani. Corpora martyrum insepulta jacuerunt in foro, ad exemplum Christianorum: id est, ut hoc spectacula Christiani moverentur ad defectionem, ex jussu Diocletiani, pœnæ ad exemplum. Anastas. in Theodoro: *Videns autem Isacius caput Mauritii, gavisus est, & fecit ad exemplum multorum in circo Ravennate in stipitem poni.* Eodem tempore in persecutione Maximiani corpora martyrum insepulta feris & alitibus exposita, & ne sepelirentur, custodes adhibiti. Euseb. lib. 8. cap. 19. Apud Græcos damnatorum corpora insepulta manebant. Q. Curt. lib. 8. cap. 2. *Jure interfectum Clytum Macedones decernunt, sepultura quoque prohibituri, ni Rex humari jussisset.* Apud Romanos idem moris fuit etiam in animadversione militum. Tacit. 1. Annal. *Corpora extra vallum abjecta ostentui.* Tamen constitutione Diocletiani damnatos sepulturæ tradi non vetatur, L. Obnoxios. C. de Relig. & sumpt. fun. Constantinopoli erat locus, cui nomen erat Polagium, destinatus sepulturæ damnatorum, cujus meminit Cedren. in Constantino Copronymo: τάφος καταδίκων. Et temporibus ipsis Decii corpora martyrum sepulturæ tradi vetitum non fuit; & penes copiatas seu laborantes, fuit cura sepulturæ corporum martyrum. Cyprian. epist. 3. *Et quod maximum est, corpora martyrum, aut cæterorum, si non sepeliantur, grande periculum imminet eis, quibus incumbit hoc opus.* Cloacas urbis cùm Tarquinius Priscus plebis operâ faceret, & tædio operis cives mortem sibi consciscerent, novo pœnæ genere eos compescuit à propriâ nece, defunctorum corpora figens crucibus spectanda civibus, simul & feris alitibusque laceranda. Plin. lib. 36. cap. 15.

IN MARCELLO.

D*AMNATUS est in catabulum.* Marcellus à Maxentio damnatus est in catabulum. Catabulum in urbe erat stabulum jumentorum, quæ usui erant ad vehenda onera publica. De quo Anastas. infr. tribus locis : *Cùm multis diebus servires in catabulo.* Et paulò pòst : *Emerunt eum de catabulo.* Et rursus : *Et jussit in eadem Ecclesia iterum plancas exsterni, ut ibidem animalia catabuli congregata starent.* Et Papias : *Catabulum, clausura animalium, ubi desuper aliquid jacitur.* Inde Catabulenses dicti, qui pœnæ causâ inserviebant catabulo. De quibus L. 9. C. Th. *de Pistorib. & Catabulens.* Et Cassiodor. 3. Var. 16. & lib. 4. epist. 47. Catabulum est equile regium, ad quod martyres damnari solebant. Euseb. lib. 8. cap. 22. ὅπως τι βασιλικῶν ἵππων ἐπόχες ὀψασαται κατάδικα-σιν. *Regiorum equorum curæ obnoxios judicavit.* Cedren. in Nicephoro : ὑπὸ γαρκᾶν, ἢ ἀπελθεῖν ἐν τῇ καταβολίῳ. Ineptè Platina cacabulum vocat. Cujac. 16. obs. 5.

IN EUSEBIO.

H*IC hæreticos invenit in urbe Roma, quos verè ad manus impositionem reconciliavit.* Reconciliatio publicorum pœnitentium, & conversorum hæreticorum, pertinet ad Episcopum, sitque per manuum impositionem, can. *In cap.* 50. dist. can. *Quamvis.* 68. dist. can. *Si jubet.* 26. qu. 6. Anastas. in Silvestro : *Et constituit ut Presbyterum Arrianum resipiscentem non susciperet, nisi Episcopus loci designati.* Idem statutum à Siricio. Anastas. in ipsius vit. Sigebert. ad ann. 387.

IN MELCHIADE.

H*IC fecit ut oblationes consecratæ per Ecclesias ex consecratu Episcopi dirigerentur, quod declaratur fermentum.* A Melchiade decretum ut fermentum, id est, panis fermentatus benedictus ab Episcopo vice eulogiæ mitteretur per Ecclesias in symbolum communionis. De quo Anastas. infr. in Siricio.

IN SYLVESTRO.

H*IC in exilio fuit in montem Soractem.* Sylvester latuit in monte Soracte, fugiens persecutionem Constantini. Soracte mons vicinus Urbi. Plin. lib. 2. cap. 93. *Et Soracte vicino Vrbi tra-*

C ij

NOTÆ ET OBSERVATIONES

cta. Idem libr. 7. cap. 1. *Haud procul urbe Roma in Faliscorum agro familiæ sunt paucæ, quæ vocantur Hirpiæ, sacrificio annuo, quod fit ad montem Soractem Apollini, super ambustam ligni ambulantes, non aduruntur.*

Hic fecit in urbe Roma Ecclesiam in prædio cujusdam Presbyteri sui, qui cognominabatur Equitius, quem titulum Romanum constituit juxta Thermas Domitianas, qui usque in hodiernum diem appellatur titulus Equitii. Evaristus primus in Urbe divisit titulos, id est, Ecclesias parœciales Presbyteris. Excrescente multitudine fidelium, Marcellus 25. titulos in Urbe constituit. Reddita pace Ecclesiæ Pontifices per tempora auxere titulos Urbis. Sylvester constituit titulum Equitii, cui nomen ab Equitio Presbytero, in cujus fundo positus est.

Amas argenteas duas pensantes singulæ libras denas. Hamæ sunt vasa, è quibus acetum vel aqua funditur ad extinguenda incendia, L. 5. §. *Sciendum.* ff. *De offic. Præfect. vigil.* L. *Quæsitum.* §. *Acetum. de instruct. legat.* Plin. lib. 3. epist. 33. Amæ in usu Ecclesiastico, sunt vasa, è quibus vinum vel aqua funditur in calicem propter sacrificium missæ. Anastas. in Benedict. III. *Amam unam ex argento purissimo, pensantem libras decem.* Ordo Romanus: *Amas argenteas, cantatorium, & cætera vasa aurea & argentea.* Inde amulæ diminutivum. Anastas. in Gregor. III. *In oratorio amulas super auratas paria duo.* Idem in Adriano I. *Amulam offertoriam unam pensantem libras sexaginta & septem.* Hamatum & hamularum usum apertè indicat Ordo Romanus: *Amulæ argenteæ ad vina fundenda paratæ.*

Patenam argenteam chrismalem auro clusam, pensantem libras quinque. Patena chrismatis, est patena in qua chrisma deponebatur, paratum ad ordinationes, vel baptismum. Auro clusa dicitur, quia includebatur aureâ thecâ custodiæ causâ. Patena est vas patens, in quo reponitur sacrum corpus Christi. Anastas. in Nicolao I. *Patenam ex auro purissimo misit Michaël Imperator, cum diversis lapidibus pretiosis albis, prasinis & hyacinthinis.* Hinc patena calici adjungitur. Ditmarus lib. 6. *Et magnum calicem ex eodem metallo cum patena simul & fistula dedit.*

Pharum coronatam decem pensantes sing. libras octonas. Pharus est majus lychni seu candelabri vel lucernæ genus translatitiè à Pharo Alexandrina, quæ de nocte navigantibus adlucebat. Anastas. infr. hoc loco: *Pharum ex auro purissimo, item pharum cantharum ex auro purissimo ante altare, in quo ardet oleum nardicum pisticum.* Et rursus: *Pharum cantharum argenteum cum delphinis centum & viginti.* Idem

IN ANASTASIUM.

in Adriano : *Fecit & farum majorem in eadem beati Petri Ecclesia in typum crucis, qui pendet ante presbyterium, habentem candelas 1365.* Idem in Benedict. III. *Pharum cantharum argenteum sedentem in pedibus quatuor, in quo lucerna simul & cerei ponebantur juxta lectorium, miro opere fecit.* Leo Ostiensis Chronic. Cass. lib. 3. cap. 31. *Fecit & pharum cum 12. extrinsecus pertinentibus turribus sex, & triginta lampadibus ex ea pendentibus.* Walafridus Strabo Vit. S. Galli lib. 2. cap. 34. apud Sur. tom. 5. *Farum quæ ante altare sancti Galli pendebat, pro incendendis luminaribus.* Ait oleum è nardo pisticum, id est, fidele, pretiosum, ut Marci 14. ναρδὴ πιστικῆ. Hieronym. in Matth. lib. 4. cap. 26. *Nardum pisticum, hoc est, verum & absque dolo.* Interdum pharo jungitur cantharus, quod est genus vasis, cui superponitur pharus.

Canthara cyrostrata in gremio basilicæ argentea quinquaginta. Canthara cerostrata (sic enim legendum, vel simpliciter cerostrata) sunt vasa in quibus collocantur cerei vel lucernæ. Anastas. in Vigilio: *Cerostatas argenteas deauratas majores duas, quæ stant usque hodie ante corpus beati Petri Apostoli.* Anastas. in Honorio : *Fecit & cerostatas majores ex argento paria duo, quæ sunt ante corpus beati Petri Apostoli.* Idem in Leone III. *Fecit cerostatas majores versatiles anaglyphos ex argento purissimo.* In cantharis ardebat oleum, in pharis cerei & lucernæ. Bulenger. de Rom. Pontific. lib. 2. cap. 6. In cantharis etiam mittebatur thus suffitûs causâ. Anastas. in Benedict. III. *Cantharum interrasilem, in quas thus mittitur.*

Et chrisma ab Episcopo confici. Consecratio chrismatis est ordinis Episcopalis, ex Synodo Romana habita sub Sylvestro can. 4. Ea est vetita Presbyteris, & data solis Episcopis, quod probavit Syn. Carthag. II. can. 3. & Carthag. III. can. 86 can. *Si jubet.* & seq. 26. qu. 6. Hieronym. in Sophon. *Sacerdotes quoque qui dant baptismum, & ad Eucharistiam Domini imprecantur adventum, faciunt oleum chrismatis, manus imponunt, Catechumenos erudiunt, Levitas & alios constituunt Sacerdotes.* Frodoard. in Chronic. ad ann. 967. de Adalberone Laudunensi Episcopo : *Remis denique postea Kal. Aprilis, Episcopus est ordinatus, in sancto Palmarum die, exin Laudunum rediens, sacrum chrisma sacravit Ecclesiastico more, &c.*

Et privilegium Episcopis dedit, ut baptizatum consignarent, propter hæreticam suasionem. Consignatio seu confirmatio baptizatorum est ordinis Episcopalis, & pertinet ad Episcopos tantùm, ex Synodo Romana habita sub Sylvestro. Quod comprobatum est can. *Presbyteris.* & seq. *de consecr.* dist. 4. can. *De his.* can. *Manus.*

NOTÆ ET OBSERVATIONES.

can. *Novissimè.* & seqq. *de consecr.* dist. 5. Hieronym. ad Luciferianos : *Non quidem abnuo hanc esse Ecclesiarum consuetudinem, ut ad eos qui longè in minoribus urbibus per Presbyteros & Diaconos baptizati sunt, Episcopus ad invocationem sancti Spiritus manum impositurus excurrat.*

Hic & hoc constituit, ut baptizatum liniret Presbyter chrismate levatum de aqua, propter occasionem transitûs mortis. Chrismatio seu unctio baptizatorum, instituta à Sylvestro propter occasionem transitûs mortis, id est, propter frequentes casus qui contingebant, ut recèns baptizati obirent. De quo Vicecomes de Baptism. lib. 5. cap. 3.

Hic constituit ut nullus Laïcus crimen laïco inferre audeat. Ex Synodo Romana habita sub Sylvestro can. 14. laïci non audiuntur testes vel accusatores adversus Episcopum, can. *Nullus.* 2. qu. qu. 7. can. *Testimonium.* 11. qu. 1. quia oppido multi infesti eis existunt, can. *Laicos.* can. *Laïci.* 2. qu. 7.

Hic constituit ut Diaconi dalmatica uterentur in Ecclesia, & pallio linostino læva eorum tegeretur. Sylvestri institutum est, ut Diaconi Ecclesiæ Romanæ dalmaticis uterentur intra Ecclesiam. Cæteris interdictum est usu dalmaticæ, nisi ex privilegio, ut Arelatensibus, can. *Communis.* 23. dist. vel certis diebus, can. *De jejunio.* 76. dist. Dalmatica est tunica sine manicis, quæ est vestis Diaconorum. Augustin. Quæst. veter. Testam. cap. 46. *Quasi non hodie Diaconi dalmaticu induantur sicut Episcopi.* Et Ammian. lib. 24. *Pectoralem tuniculam sine manicis textam, Maras quidam nomine indutus est, ut appellant Christiani, Diaconus.* Dalmaticæ additur pallium linostinum in læva in ornatu Clericorum, quod est pallium lineum, alba, seu mappula, qua utebantur Diaconi Ecclesiæ Romanæ, can. *Diaconus.* can. *Illud.* 93. dist. Hoc est, orarium quod Diaconi gestant in sinistro humero, can. *Unum orarium.* 25. dist.

Hic constituit ut nullus Clericus propter causam quamlibet in curiam introiret, nec ante judicem cinctum causam diceret, nisi in Ecclesia. Ex Synodo Romana sub Sylvestro vetatur, ne quis Clericus causam dicat apud judicem cinctum, id est, civilem, can. *Nullus Clericus.* 11. qu. 1. Cincti judices sunt magistratus omnes qui habent imperium merum, qui habebant jus cinguli & gladii. Gregor. Nazianz. epist. 46. ad Africanum : καὶ τὴν ἀναίμακτον ἀρχὴν ἀρχῶν, καὶ τὴν μετὰ ξίφους, κ᾽ τελαμῶνος. *Sive incruentum imperium gerat, sive cum gladio & cingulo.* Hinc cincti discinctis opponuntur,

IN ANASTASIUM. 23

id est, judices in actu positi, his qui magistratu defuncti sunt. Sidon. lib. 5. epist. 7. *Cincta jura, discinctu privilegia.* Idem constituit Julius, de quo Anastas. in ejus vit. *Hic constitutum fecit, ut nullus Clericus causam quamlibet in publico ageret, nisi in Ecclesia.*

Hic constituit, ut sacrificium altaris, non in serico, atque in panno tincto celebraretur, nisi tantùm in linteo ex terreno lino procreato. Synodus Romana sub Sylvestro statuit, ne sacrificium missæ celebretur in panno serico vel tincto, sed in lineo tantùm, can. *Consulto. de consecr.* dist. 1. Vestis linea fuit insigne Sacerdotum. Jacobus Nazarenus lineo tantùm pallio usus est, de quo Matth. 14. *Fugit adolescens, relicta sindone, qua erat amictus.* Inde alba dicitur vestis sacra Clericorum. Paul. Diacon. de vit. P. Emeritens. cap. 6. *Quoniam igitur dominico die, dum in atrium cum multis filiis Ecclesiæ tenderet, ut mos est, Archidiaconus cum Clero in albis, &c.*

Subdiaconus annos quinque, custos martyrum annos quinque. Custos martyrum non erat nomen proprii gradus seu ordinis Ecclesiastici, sed officii Subdiaconorum. A Fabiano septem Subdiaconi in Urbe instituti, qui notariis totidem per septem regiones Urbis dispositis imminerent, ut acta martyrum in integro, id est, ex fide conscriberentur, ut observatum est ex Anastasio in Fabiano. Horum officium etiam erat custodire martyres, his alimenta in carcere ministrare, corpora mortuorum sepelire, & cavere ne sepultorum corpora eriperentur. Vel custodes martyrum legebantur ex ordine Subdiaconorum, postquam Subdiaconatus munere functi essent quinquennium; & horum munus erat in quinquennium, antequam progressus pateret ad Subdiaconatum.

Fastigium argenteum batutile. Basilica Constantiniana adornata fastigio argenteo. Templis paganorum adjici solebat fastigium, id est, culmen, ornatûs causâ. Arnob. lib. 1. advers. gent. *Templa felibus, scarabeis, & buculis, sublimibus sunt elata fastigiis.* Æquè apud Christianos ædibus sacris fastigia imponi moris fuit. De basilica Constantiniana testatur Anastasius hoc loco, & infrà in Sixto III. *Fecit autem Valentinianus ex rogatu Sixti Episcopi fastigium argenteum in basilica Constantiniana, quod à Barbaris sublatum fuerat.* Fastigium hujus basilicæ fuit ex argento batutili, id est, conflatum ex argento ducto in laminas, quod fit percussione metalli, voce ducta à Latino *batuere*, quod sonat *percutere*. Plaut. in Casina: *Sculponeas quibus batuatur tibi os.* Tranquill. in Caligul. cap. 32. *Myrmillonem è ludo rudibus secum batuentem.* Et cap. 54. *Batuebat pugnatoriis armis.* Hoc sensu eadem voce usus est Anastas. infr.

hoc loco : *Altaria septem ex argento batutili.* Ædes augustæ etiam
fastigium habuere. Flor. lib. 4. cap. 2. *Omnes honores unum in Principem congesti circa templa imagines, in theatro distincta radiis coronas, suggestus in curia, fastigium in domo, mensis in cælo.* Ambros.
in Psalm. 118. *Non stellas ut fastigia culminum, quæ bene tecta, atque munita sunt.*

Cum gemmis Alabandinis in oculis. Alabandinæ gemmæ sunt, quæ
petuntur ex Alabanda urbe Cariæ, haud procul à Mæandro fl.
Plin. lib. 37. cap. 2. *Alabandinas crystallos.* Idem cap. 7. ejusd.
lib. *Alabandicos carbunculos.* Anastas. in Gregorio IV. *Alamandinus majores numero viginti.*

Ex argento dolatico. Argentum dolaticum est argentum dolatum
vel dedolatum.

Cameram basilicæ ex auro trimme. Camera, id est, testudo basilicæ
Constantinianæ, fuit laqueata ex auro Trimmæ, id est, ex auro
ducto in bracteas. Eodem sensu hac voce usus est Anastas. hoc
loco : *Fecit autem & cameram basilicæ ex Trimma auri fulgentem.*
De quo Bulenger. de Rom. Pontif. lib. 2. cap. 67.

*Scyphum singularem ex metallo corallo ornatum, undique de gemmis
prasinis & hyacinthinis auro interclusum.* Scyphus, quod est genus
poculi, de gemmis auro interclusus dicitur, quia gemmæ includuntur auro. Paulus in L. *Pediculus.* §. 1. *de aur. & argent. legat.*
Auro facto adnumerantur gemmæ auro inclusæ. Hinc inclusores dicti
aurifices, qui gemmas auro includunt. Hieronym. lib. 5. in Hierem. *Fabros autem & inclusores vel legis interpretes atque doctores
debemus accipere, vel artifices inclusoresque auri, que gemmarum,
quæ ars apud barbaras nationes pretiosissima est.* Augustin. de Mirabilib. sacr. Scriptur. lib. 2. cap. 29. *Militibus & fabris & inclusoribus.* Eodem sensu Anastas. infr. hoc loco dixit : *Candelabra aurichalca septem ex argento, interclusa sigillis Prophetarum.* Et suprà : *Patenam chrismalem auro clusam.* E contrario exclusores dicuntur, qui
gemmas excludunt, id est, examinant vel probant argentum. Augustin. de spirit. & liter. cap. 11. *Unde & exclusores dicuntur quidam artifices argentarii. Hinc est & illud in Psalmis : Et excludantur ii,
qui probati sunt argento.* Idem in Psalm. 34. *Vnde dicuntur & in
arte argentaria exclusores, id est, quadam confusione massa ad suæ formæ expressores.*

Metretæ tres ex argento purissimo, portantes singulæ medimnos decem. Metreta est mensura liquidorum, putà vini vel olei,
continens medimnos decem. Medimnus capit modios sex. Me-
- dimnæ

IN ANASTASIUM.

dimnæ mentio habetur Joann. cap. 2. ἦσαν δ' ἐκεῖ ὑδρίαι λύ-θιναι ἓξ κείμεναι κỳ τὸν καταρισμὸν τῶν Ἰουδαίων χωροῦσαι ἀνὰ μετρη-τὰς δύο, ἢ τρεῖς. *Erant ibi hydriæ lapideæ sex positæ, secundum purificationem Judæorum, capientes singulæ metretas duas aut tres.* Quem ad usum à Constantino dicatæ sint hujusmodi metritæ, non alienum est credere eas datas, quibus contineretur oleum propter lucernas Ecclesiæ. Metretæ solebant offerri, quia erant in usu Ecclesiæ, ut infrà hoc loco: *Metretas argenteas duas pensantes libras 200.* Et infr. eod. *Metretum ex auro pensans libras centum quinquaginta portantem medimnos tres.*

Candelabra aurichalca septem ante altaria, cum ornatu suo ex argento, interclusa sigillis Prophetarum. Candelabra ex aurichalco solebant ornari sigillis, id est, signis Apostolorum, Prophetarum. Anastas. infr. hoc loco: *Fecit autem candelabra aurichalca in pedibus decem numero, quatuor conclusa cum sigillis argenteis. Cerostrata aurochalca argento clusa sigillata quadraginta.* Sigilla sunt parvula signa. Gregor. Turon. de Mirac. Martyr. lib. 1. cap. 41. *Adoratis diis atque eorum sigillis prostratus.* Vestes etiam solebant intexi sigillis seu imagunculis, unde dicuntur vestes sigillatæ, L. 11. C. Th. *de scenic.* de quo plura dicemus infrà suo loco.

Thymiamateria duo ex auro purissimo. Constantinus obtulit thymiamateria duo, id est, thuribula ad thus adolendum ante altare. Thymiamaterium à Græco Θυμιατήριον. Ejus usum ostendit Anastas. in Sergio: *Hic fecit thymiamaterium aureum majus, cum columnis & cooperculo, quod suspendit ante imagines tres aureas beati Petri Apostoli, in quo incensum & odor suavitatis festis diebus, dum missarum solemnia celebrantur, omnipotenti Deo opulentius mittitur.* Thuris adolendi antiquissimus Ecclesiæ ritus commendatur Evagr. lib. 4. cap. 7. Θυμιατήριον ἐκτήσατο, κỳ ταῦτα τ̄ χρόνον ἐν ᾧ καθιερνεἶσαν ἐπιθυμιάσας, ἔτι γῆς ἑαυτὸν ῥίπτει, προσευχαῖς τε κỳ λιταῖς τ̄ Θεὸν ἱλιούμενος. *Thuribulum postulat, & toto choro, in quo simul constiterunt, thus adolens, se prosternit humi, precibus & orationibus Deum placaturus.*

Fontem sanctum, ubi baptizatus est Augustus Constantinus ab eodem Episcopo Silvestro. Cessante persecutione, baptisteria instituta in Ecclesiis, baptismi conferendi causâ. Fontes vocarunt, quòd ab initio baptismus ministrabatur in fontibus. Fons iste in quo baptizatus est Constantinus, fuit ex metallo, id est, marmore porphyretico, ut mox subjungitur: *Ipsum sanctum fontem ex metallo porphyretico ex omni parte coopertum intrinsecus & foris, & desuper, &*

NOTÆ ET OBSERVATIONES

quantum aqua continet ex argento puriſſimo. Metallum pro marmore accipitur hic, ut & in L. *Item ſi fundi.* §. *Sed ſi hæc.* ff. *de uſufruct.* L. 3. §. ult. *de reb. eor. qui ſub tutel. vel cur. ſunt.* Spartian. in Peſcennio Nigro:

Nigrum nomen habet, nigrum formavimus ipſi.
Ut conſentirent formâ metalla tibi.

Caſſiod. 2. Var. 7. *Ornent aliquid ſaxa jacentia poſt ruinas, ita tamen ut metalla ipſa de locis publicis corruiſſe apud te manifeſta ratione doceatur.*

Mixum verò ex ſtuppa Amianti. Mixum eſt ellychnium lucernæ. Anaſtaſius in Hilaro : *Lucernam auream cum myxis luminum decem.* Vulgò *meſche*, veteribus ellychnium. Plin. lib. 23. cap. 4. *Ellychnia ex uva, ſiunt claritatis præcipuæ.*

In labro fontis baptiſterii, agnum ex auro puriſſimo fundentem aquam. In labro fontis baptiſterii Conſtantiniani erat agnus aureus, ex ore fundens aquam deſtinatam baptiſmo infantium. Labrum eſt vaſis genus, in quo infantes lavari ſolent, quaſi lavabrum. Iſidor. Origin. lib. 20. cap. 6. Hic labrum fontis baptiſmalis eſt concha, qua continebatur aqua comparata ad baptiſmum, uti labrum porphyreticum alibi eſt vas marmoreum, in quo conditur corpus defuncti. Ambroſ. epiſt. 34. *Eſt hic porphyreticum labrum pulcherrimum, & in uſus hujuſmodi aptiſſimum: nam & Maximianus Diocletiani ſocius ita humatus eſt.* Et Leo Oſtienſ. Chronic. Caſſinenſ. lib. 2. cap. 9. *Otho II. Romam rediens eodem tempore defunctus eſt, atque in labro porphyretico ſepultus in atrio Eccleſiæ beati Petri Apoſtoli, introeuntibus in Eccleſiæ ipſius paradiſum ad lævam.* Labra ſunt & lavacra, in quibus lavantur lintea, L. *Lines.* ff. *de act. comp.* Alibi labra ſunt margines agrorum. Servius in Virgil. eclog. 5. *Vitis agreſtis, quia in terra marginibus naſcitur, labruſca dicitur à labris & extremitatibus agrorum.*

Patenam ex auro puriſſimo unam cum turre & columba. Conſtantinus patenam auream obtulit cum turre & columba in cuſtodiam ſacri corporis Chriſti. Sacra Euchariſtia cuſtodiæ causâ locari ſolebat in turricula aurea vel argentea, cui incubabat columba aurea vel argentea. Præter hunc locum, Anaſtaſius in Innocent. I. *Turrem argenteam cum patena & columba deaurata, penſant. libras triginta.* Idem in Hilario: *Turrem argenteam cum delphinis, penſantem libras ſexaginta, columbam auream penſantem libras duas.* Gregor. Turon. de Mirac. Martyr. lib. 1. cap. 72. *Alius autem ſuper ſepulcrum ſanctum calcare non metuens, dum columbam auream quærit elidere.* Tes-

IN ANASTASIUM.

rem ex auro conflatam à Felice Bituricensi Episcopo, Eucharistiæ servandæ causâ, carmine celebravit Fortunatus lib. 3. cap. 23. Ejusdem turris meminit Greg. Turon. de Mirac. Mart. lib. 1. cap. 86. *Acceptaque turre Diaconus, in qua ministerium dominici corporis habebatur, ferre cœpit ad ostium.* Super turricula in qua custodiebatur corpus Christi, pendebat columba aurea, signum Spiritus sancti. Et hoc est quod intelligit Joannes Chrysostom. Homil. 31. ad plebem Antiochen. cùm ait corpus dominicum reponi super altare non fasciis involutum, ut olim cùm esset in cunis, sed Spiritu sancto conveftitum.

Eodem tempore fecit basilicam sancta Martyris Agnetis ex rogatu Constantiæ filiæ suæ, & baptisterium in eodem loco. Baptisterium erat in limine Ecclesiæ. Greg. Turon. de Mirac. D. Martin. lib. 2. cap. 6. *Venit ad sanctam basilicam, qui diebus multis jacens ad ostium illud, quod secus baptisterium ad medium diem pandit egressum.*

Coronam auream ante corpus, ubi est pharocantharus cum delphinis quinquaginta. Constantinus coronam auream obtulit ante corpus B. Petri. Coronæ pendebant ante altare & sepulcrum B. Petri. Anastas. in Sergio: *Cantharos & coronas quæ ante sacrum altare & confessionem beati Petri Apostoli ex antiquo pendebant, deponi fecit.* Coronæ aureæ solebant offerri Deo, quia Christus solus regnat, solus imperat. Imperatores ipsi solebant dicare coronam suam. Infeliciter periit non sine vindicta numinis Leo Copronymi filius, quòd coronam Heraclii in magno templo dicatam abstulit, & publicè gestavit, de quo Cedren. in ejus Vita. Coronæ etiam dicabantur in honorem Martyrum. Augustin. epist. 205. *Sertum verò illud quod plus illo foro, corona martyrii est, quo vitam finivi corporis.* Et infrà: *Quia gladio vitam non finivit, aureolam, quæ in signum datur martyrii, talis non habet.* Paulin. de Vita D. Martin. lib. 6.

Abripuit sanctam dextra vellente coronam,
Quæ meritum Sancti propter conjuncta decebat.

Supra arenarium cryptæ. Arenarium est cœmeterium ubi sepeliebantur martyres, quia plerumque erat in locis arenosis. Innocent. III. lib. 2. epist. 140. *Ecclesiam sancti Juliani cum domibus, cellis, cryptis, vineis, & arenariis suis.* Et Anastas. ipse in Theodor. *Eodem tempore revelata sunt corpora sanctorum Martyrum Primi & Feliciani, quæ erant in arenario sepulta viâ Numentanâ.* Alibi cœmeteria dicuntur areæ sepulturæ. Tertull. ad Scapulam: *Sicut & sub Hilariano Præside, cùm de areis sepulturarum nostrarum adclamassent, area non sint, areæ ipsorum non fuerunt.*

D ij

NOTÆ ET OBSERVATIONES

In quo loco construxit absidam, & exornavit marmoribus porphyreticis. Constantinus condidit basilicam S. Laurentii Martyris in urbe, & in ea posuit corpus Martyris, in crypta, super qua construxit absidam ornatam marmoribus porphyreticis. Absis vel absida est ædificium quod imponi solebat sepulcris Martyrum in modum absidis. Anastas. in Honorio de Ecclesia B. Agnetis Martyris : *Fecit absidam ejusdem basilicæ ex musivo.* Leo Ostiens. Chronic. Cassinens. lib. 3. cap. 27. *Legatos præterea Constantinopolim ad conducendos musei & quadratarii operis peritos opifices mittit, ut alii absidam, & arcum atque vestibulum majoris Ecclesiæ musivo componerent.* Absis erat structura marmoribus adornata, in medio basilicæ, in qua erat sedes Episcopi. Anastas. in Benedict. III. *Et impetu facto, absidam in qua Episcopi psallentes residebant cum Clero, leones veluti ferocissimi conscenderunt.* Plerumque absis erat marmorata, id est, crustis marmoreis convestita, & erat camerata, id est, fornicata. Paulin. epist. 11. ad Severum : *Absidem solo & parietibus marmoratam ; camera musivo illusa clarificat.* Cassian. collat. 24. cap. 6. *Si quis absidis cameram volens in sublime concludere, subtilissimi illius centri lineam jugiter circumducat.* Absis erat eminentior, & gradibus conscendebatur. August. epist. 203. *Transit honor hujus saeculi, transit ambitio ; in futuro Christi judicio, nec absidæ gradatæ, nec cathedræ velatæ, &c.* Leo Ostiens. l. 1. Chronic. Cassin. c. 19. *Porro in ejus basilicæ absida media ad quam per octo gradus ascenditur, altare constituit in honorem Domini Salvatoris.* Sepulcris Sanctorum, inquam, solebat imponi culmen in modum absidis. Sepulcro Gregorii Lingonens. Episcopi absidam imposuit Tetricus, filius ejus & successor. Greg. Turon. de Vit. Patr. cap. 7. *Cùm beatus Pontifex in angulo basilicæ fuisset sepultus, sanctus Tetricus, filius & successor ejus, ante altare basilicæ fundamenta jecit, erectáque absida miro opere construxit & transvolvit, quâ transvolutâ, disruptoque parietê, arcum ædificavit, quod opus perfectum atque exornatum, ut in medio absidæ loculum fodit, quo corpus beati Patris transferre volens, convocat Presbyteros & Abbates ad illud officium, &c.* Absis erat cancellis septa ; & hoc est quod ait mox Anastasius : *Et cancellos ex argento purissimo ornavit.* Sepulcra Martyrum solebant cancellis ambiri. Augustin. de Civit. Dei lib. 22. cap. 8. *Venit & Pascha, atque ipso die dominico mane, cùm jam frequens populus præsens esset, & loci sancti cancellos, ubi martyrium erat, idem juvenis orans teneret.* Gregor. Turon. de Mirac. Martyr. lib. 1. cap. 28. *Hoc enim sepulcrum sub altari collocatum, valde rarum habetur ; sed qui orare desiderat, reseratis cancellis quibus locus ille ambitur, accedit super sepulcrum.*

IN ANASTASIUM.

Et ante ipsum locum in crypta posuit lucernam ex auro purissimo, myxorum decem. Constantinus ante sepulcrum B. Laurentii Martyris posuit lucernam auream. Lucernæ & lychni ardere solebant ante sepulcra Martyrum & sanctorum Confessorum. Ante sepulcrum B. Thomæ Apostoli apud Edessam Syriæ arsisse traditur lychnus perpetuùm, sine fomento olei syrpique: de quo Greg. Turon. de Miracul. Martyr. lib. 1. cap. 32. *Lychnus etenim inibi positus atque inluminatus, ante locum sepulturæ ipsius, perpetualiter die noctuque, divino nutu resplendet, à nullo fomento olei scirpique accipiens, &c.* Ante sepulcrum Felicis Nolani Martyris pendebat lychnus, de quo idem refertur. cap. 104. ejusd. libr. *Ad hujus quoque cellulæ parietem, quo beatum corpus tumulo conditum requiescit, adhæret adpendens porticus, in qua dependens fune lychnus, lumen loco consueverat ministrare.* Ante corpus B. Laurentii Martyris bis senas lucernas argenteas obtulit etiam Constantinus, de quo Anastas. infrà hoc loco: *Ante corpus beati Laurentii Martyris, argento clusam passionem ipsius sigillis ornatam cum lucernis bymixis* (sic lege pro *byssinis*) *argenteis.* Lucerna bymixos est quæ habet duo myxa, *deux mesches.* Anastas. in Leone III. *Fecit lucernas majores fusiles bymixas anaglyphas duas.*

In eodem loco possessio cujusdam Syriacetis religiosæ feminæ, quam fiscus occupaverat tempore persecutionis. Martyrum bona fisco addicebantur. Hieronym. de Scriptor. Ecclesiastic. cap. 54. *Origenes qui & Adamantius, decimo Severi Pertinacis anno, adversus Christianos persecutione commota, Leonide patre Christi martyrio coronato, cum sex fratribus & matre vidua paupere relinquitur: rem enim familiarem ob confessionem Christi fiscus occupaverat.*

Eisdem temporibus Augustus Constantinus fecit basilicam beatissimis Martyribus Marcellino Presbytero, & Petro Exorcistæ, inter duas Lauros, & mausoleum ubi beatissima mater ipsius sepulta est Helena Augusta in sarcophago porphyretico, viâ Lavicanâ, milliario ab urbe Roma tertio. Inter duas Lauros, id nomen loco posito viâ Lavicanâ, tertio ab Urbe milliario, juxta quem Constantinus extruxit basilicam SS. Marcellini & Petri. Ibi Severum obsessum ab his qui erant partium, Cassii, Nigri & Albini, refert Tertull. Apologetic. cap. 35. *Vnde Cassii & Nigri & Albini, unde qui inter duas Lauros obsident Cæsarem, unde qui faucibus ejus exprimendis palæstricam ejus exercent, unde qui armati palatium irrumpunt.*

Calices ministeriales argenteos viginti, pensantes singulos libras tres. Calices alii erant minores, qui erant comparati ad ministerium sacrificii altaris, unde ministeriales dicti, ut hic & infrà: *Calices*

D iij

ministeriales decem pensales sing. libras tres. Et infrà : *Calices ministeriales 15. pensantes singuli libras duas.* Idem in Marco : *Calices ministeriales argenteos tres, pensantes libras binas.* Idem in Damaso: *Calices ministeriales argenteos quinque pensantes singulos libras tres.* Calices cum siphone erant calices cum fistula ad ministrandum sanguinem Christi. Conrad. in Chronic. Moguntin. *Erant fistula quinque ad communicandum argentea deaurata.* Ditmarus lib. 6. *Et magnum calicem ex eodem metallo, cum patena simul & fistula dedit.* Alii erant majores calices, qui ornatûs causâ pendebant in arcubus vel trabibus. Anastas. in Leone III. *Fecit in basilica beati Pauli Apostoli calices majores fundatos ex argento, qui pendent in ar majore, numero undecim, & alios qui pendent inter columnas majores, dextra lævaque numero quadraginta,* Et infr. in eod. *Fecit autem in basilica beati Petri Apostoli calices majores ex argento mundissimo, qui sedent super trabes arg.* Et infrà : *Fecit verò calices fundatos ex argento, qui pendent inter columnas majores dextra lævaque basilicæ, numero sexaginta quatuor.* Neque omittendum quòd calices, quorum usus erat ad communicandum, dicebantur communicales. *Fecit verò communicales ex argento purissimo per singulas regiones, qui præcederent per stationes per manus Acolythorum.* Alii erant calices, qui ornatûs causâ ponebantur circa altare. Anastas. in Leone IV. *Obtulit etiam B. Petro Apostolo calices de argento, qui sedent super circuitu altaris, numo, 16. pensantes libras.* Vel ministeria. Anastas. in Adrian. I. *Item fecit patenam & calicem in basilica beati Petri Apostoli pro quotidianis ministeriis ex auro purissimo.* Alii erant majores cum ansis ad ornatum, de quibus Anastas. in Leone III. *Et calicem majorem cum gemmis & ansis duabus, pensantem libras quinquaginta octo, &c.* Idem in eodem: *Obtulit calicem majorem fundatum cum syphone, pensantem libras triginta & septem.*

Insulam Sardiniam cum possessionibus omnibus ad eandem pertinentibus. Constantinus Sardiniam insulam obtulit basilicæ SS. Marcellini & Petri à se conditæ in dotem Ecclesiæ. Inde Sardinia insula fuit juris & proprietatis Ecclesiæ Romanæ, de quo in cap. *Si diligenti. de præscript.* & cap. *Ea te. de jurejur.* ubi dixi.

Patenam argenteam chrismalem singularem, pensantem libras decem. Patena chrismalis est vas in quo servatur chrisma, comparatum ad chrismationem seu unctionem baptizatorum. Chrismarium vocant. Synod. Altissiodor. can. 6. *Presbyteri chrisma petant, sed cum chrismario & linteo, sicut reliquiæ Sanctorum deportari solent.* Patenas ad chrisma vocat Anastas. in Innocentio: *Patenas duas ad chrisma pen-*

IN ANASTASIUM.

fantes fingulas libras quatuor. Ampullam chrifmatis Optat. Milevit. adverf. Donatift. lib. 2. *Ampullam quoque chrifmatis per feneftram ut frangeretur, jactaverunt.*
Pelvim ex argento ad baptifmum. Pelvis ad baptifmum eft hydria, quâ continebatur aqua benedicta ad baptifmum.
Calicem argenteum anaglyphum. Calix anaglyphus eft cælatus, id eft, fignis feu figillis infculptus. Vafa anaglypha funt vafa cælata, fignis feu figillis infculpta. Anaftaf. in Adrian. *Crucem interrafilem anaglypham.* Idem in Innocentio: *Scyphum argenteum anaglyphatum.* Idem in Leone III. *Necnon & crucem anaglypham interrafilem ex auro puriſſimo, pendentem in pergula ante altare.* Pergula erat exedra ante altare, in qua exponebantur facra donaria. Vide Cujac. 11. obf. 13.
Fecit autem formam aquæductus per miliaria octo. Formæ funt canales ſtructiles, per quos aqua ducitur, ut hic & L. 1. 8. 9. C. Th. *de aquæduct.* ut forma Augufta, forma Claudia, d. L. 8. & 9. forma fabathena, de qua Anaftaf. infr. in Honorio, & in Adrian. I. & in Gregor. IV. forma Trajani, Anaftafio in Felice. Formas Urbis inter fpectanda ipfius opera celebrat Sidon. lib. 1. epift. 5. *Inter hæc patuit & Roma confpectui, cujus mihi non folùm formas, verùm etiam naumachias videbar epotaturus.*

IN MARCO.

HIC *conftituit ut Epifcopus Oftienfis, qui confecrat Epifcopum Vrbis, pallio uteretur, & ab eodem Epifcopus urbis Romæ confecraretur.* Pallium quod eft plenitudinis pontificalis officii infigne, de jure confertur tantùm Archiepifcopis, can. 1. & feqq. 100. dift. cap. 4. *de elect.* Verùm ex fpeciali gratia, etiam Epifcopis quibufdam indultum fuit, à fummis Pontificibus, ut à Marco Epifcopo Oftienfi, propter confecrationem fummi Pontificis quam habet ex antiqua confuetudine. Siagrio Epifcopo Auguftodunenfi à Gregorio, de quo ipfe lib. 7. epift. 5. & aliis: unde manavit confuetudo ut Oftienfis confecret fummum Pontificem, ut refert Robert. Abbas in Suppl. Sigeberti ad ann. 1180. *Oftienfis Epifcopus ex antiqua confuetudine ordinat & facrat Pontificem Romanum, quæ confuetudo exinde accidit, quòd martyrifato beato Sixto & fancto Laurentio ejus Diacono, beatus Iuftinus Presbyter cum Clero Romano, elegit Dionyfium in Pontificem Romanum, quem facravit Maximus Oftienfis Epifcopus: ex hac confuetudine exinde Oftienfis*

NOTÆ ET OBSERVATIONES

Episcopus ordinat & sacrat Romanum Pontificem, & habet pallium solummodo ad ea quæ pertinent in ordinatione & consecratione Romani Pontificis. Ejusdem ritus meminit Auguſtin. in Brevic. collat. diei 3. cap. 16. Rom. *Pontifex solet ordinari à tribus Episcopis, quorum primus est Ostiensis.* Anaſtaſ. in Joanne V. *Hic consecratus est à tribus Episcopis, Ostiensi, Portuensi, Veliternensi, sicuti prædecessor ejus Leo Papa. Hic fecit duas basilicas, unam via Ardeatina, ubi requiescit, & aliam in urbe Roma, juxta Pallacinis.* Tuenda eſt vulgaris lectio, malè Baronius legit *Palatinas*. Pallacenis fuit nomen cloacæ Urbis, quæ eſt juxta monaſterium S. Laurentii Martyris, cujus meminit Anaſtaſ. infr. in Nicolao I. *Inde cœpit decurrere in cloacam, quæ est juxta monasterium sancti Laurentii Martyris, quæ vocatur Pallacini.* Idem in Leone III. *Et in monasterio beati Laurentii Martyris, qui appellatur Pallacini.* Idem in Benedicto III. *Inde autem Tyberis impetum faciens cœpit decurrere in cloacam, quæ est juxta monasterium sancti Sylvestri & sancti Laurentii Martyris, quod vocatur Pallacini.* Idem in Gregorio IV. *Fecit etiam in monasterio beatissimi Martyris Christi Laurentii, quod dicitur Pallacinis, canistra de argento sex.* Eadem Palacenis dicta à Gregorio lib. 5. epiſt. 44. *Tabernam in hac Urbe, quæ est posita juxta Palacenis.*

IN JULIO.

ET notitia quæ omnibus pro fide ecclesiaſtica eſt, per omnia colligeretur, & omnia monumenta in Ecclesiam per Primicerium Notariorum confecta celebrarentur, sive causationes, vel instrumenta, aut donationes vel commutationes, vel traditiones, aut testamenta, vel allegationes. Sæviente perſecutione officium Notariorum in Urbe erat, geſta Martyrum colligere, ceſſante perſecutione, ne ſine actu eſſent: eis tributum munus curandi notitiam rerum ecclesiaſticarum, id eſt, conficiendi omnia acta ecclesiaſtica, quæ confecta referebantur ad Primicerium Notariorum qui erat primus è ſeptem, & dicebatur Primicerius Notariorum, ut Primicerius dicitur Præfectus minorum Clericorum, can. *Perlectis.* verſ. *Ad Primicerium.* diſt. 25. Ad Primicerium Notariorum, inquam, referebantur omnia acta ecclesiaſtica, putà causationes, id eſt, inſtrumenta quæ pertinent ad cauſas ſeu judicia ecclesiaſtica, donationes, commutationes, traditiones, ex cauſa ſcilicet acquirendi dominii, putà emptiones, venditiones, teſtamenta vel delegationes: ſic enim exiſtimo legendum pro *allegationes*. Delegata ſunt

legata

IN. ANASTASIUM.
legata vel quælibet noviſſimæ voluntatis judicia. Anaſtaſ. in Innocent. 1. *In quo loco beatiſſimus Innocentius ex delegatione illuſtris femina Veſtina, titulum Romanum conſtituit.* Auguſtin. de Tempor. ſerm. 76. *Caterùm diſpendium magnum eſt, cùm tibi Dominus ad hoc dederit ut diſpenſes, ejus delegata non ſerves.* Optat. Milevit. ad-. verſ. Donatiſt. lib. 1. *Brevia auri & argenti ſedenti Cæciliano, ſicut delegatum à Menſurio fuerat, traditur, adhibitis teſtibus.*
Aut manumiſſiones Clerici in Eccleſia per Scriniarium ſanctæ Sedis celebrarent. Julius ſtatuiſſe memoratur, ut manumiſſiones in Eccleſia fierent apud Scriniarium Sedis Apoſtolicæ : ſed verius eſt ex Conſtitutione Conſtantini hoc introductum ut manumiſſiones fierent in Eccleſia, L. 1. C. *de his qui in Ecclef. manumitt.* cujus meminit Sozom. lib. 3. cap. 9. Manumiſſiones fiebant in Eccleſia apud Epiſcopum, & apud geſta Eccleſiæ inſinuabantur, quo tutius eſſet libertatis beneficium; Auguſtin. ſerm. 2. de vit. com. Cleric. *Tamen de laboribus ſuis, antequam eſſet Clericus, emerat aliquos ſervulos, hodie illos in conſpectu veſtro manumiſſurus eſt epiſcopalibus geſtu.* Manumiſſiones in Urbe fiebant in Eccleſia apud Scriniarium Sedis Apoſtolicæ, quia referebantur in ſcrinium, id eſt, archivum Eccleſiæ, cujus cuſtodia eſt penes Scriniarium Sedis Apoſtolicæ, cap. *Ad audientiam, de præſcript.*

IN LIBERIO.

TUNC miſſa auctoritate per Catulinum Agentem in rebus, ſimul Urſatius & Valens venerunt ad Liberium. Per Agentes in rebus perferebantur literæ & mandata Imperatoris, & qui erant evocandi in Comitatum Principis, per eos evocabantur. Ambroſ. de Offic. lib. 2. cap. 27. *Legebatur reſcripti forma, directio Magiſtri officiorum ſtatuta, Agens in rebus imminebat.* Et Symmach. lib. 7. epiſt. 59. *Sacras mihi literas Julius Agens in rebus exhibuit.*
Et perſecutio magna fuit in Vrbe Roma, ita ut Clerici & Sacerdotes, neque in Eccleſias, neque in balnea haberent introitum. In Clericos perſecutionis genus ſub Conſtantio, interdictio Eccleſiarum & balneorum. Chriſtiani etiam meliorum temporum utebantur balneis, non deliciarum, ſed valetudinis causâ. Tertull. Apolog. cap. 41. *Lavor honeſta hora & ſalubri.* Joannes Apoſtolus ipſe non abſtinuit balneo, verùm aliquando balneum lavandi causâ ingrediens, cùm audiiſſet Cherintum intus eſſe, ſtatim foras ſe proripuit, ne lavaret cum hæretico, de quo Euſeb. lib. 3. cap. 22.

NOTÆ ET OBSERVATIONES

lib. 4. cap. 13. Epiphan. in Panar. hæref. 30. art. 14. Post mortem matris, mœroris levandi causâ, balneo se usum, de se testis est Augustin. Confess. lib. 9. cap. 12. *Visum etiam mihi est ut irem lavatum, quod audieram inde balneu nomen inditum, quia Græci βαλανεῖον dixerint, quod anxietatem pellat ex animo.*

   Hic Liberius ornavit de platinis marmoreis vetus sepulcrum sanctæ Agnetis Martyris. Sepulcra Martyrum & majorum ornari solebant crustis marmoreis. Unde memoriæ marmoratæ sæpius memorantur. Augustin. in Psalm. 33. & 48. Platinæ sunt tabulæ marmoreæ. Platonias vocat Anastas. in Damaso: *Ædificavit platoniam, ubi corpora Apostolorum jacuerunt, id est, beati Petri & Pauli, quam & versibus ornavit.* Idem in Sixto III. *Cancellos argenteos supra platonias porphireticas, pensantes libras trecentas.* Et infr. eod. *Hic fecit platoniam in cœmiterio Calixti, via Appia, ubi nomina Episcoporum & Martyrum scripsit cum memoriis.* Idem in Leone III. *Super lilios ex metallis marmoreis platonias posuit.* Utrumque à Græco πλατύνω, dilato, extendo. Cassiodor. 3. Variar. epist. 9. *Supra memoratas platonias, vel columnas.*

IN DAMASO.

HIC *constituit ut Psalmos diu noctuque canerent per omnes Ecclesias, qui hoc præcepit Presbyteris & Episcopis vel Monasteriis,* Idem de Damaso Sigebert. in Chronic. ad ann. 382. Falsò Damaso tribuitur institutum de canendis Psalmis diu noctuque in Ecclesiis, quia hoc institutum erat à primordiis surgentis Ecclesiæ. Sed Damaso acceptum ferri potest Psalterium, quod secundùm LXX. Interpretes in omnibus Ecclesiis canebatur ab Hieronymo emendatum, à Damaso canendum Gallicanis Ecclesiis traditum. Unde Gallicanum dictum est, à Romanis retento Psalterio secundùm LXX. Interpretes. Unde Romanum dictum est. & hoc est quod ait Sigebertus loco maximè laudato: *Hoc Psalterium Damasus Papa rogatu Hieronymi, in Gallicanis Ecclesiis cantari instituit, & propter hoc Gallicanum vocatur, Romanis Psalterium secundùm LXX. retinentibus sibi, propter quod Romanum vocatur.*

*IN ANASTASIUM.

IN SIRICIO.

H*IC conſtitutum fecit de omni Eccleſia, vel contra hæreſes, & diſperſit p univerſum mundum, ut in omnis Eccleſiæ archivio teneantur, ob impugnationem contra omnes hæreſes.* Conſtitutiones Pontificias contra hæreticos in archivum omnium Eccleſiarum referri, à Siricio ſtatutum, ut omnibus notæ eſſent. Conſtitutiones & epiſtolæ Pontificiæ ſervantur in archivo Eccleſiæ Romanæ. Hieron. adv. Rufinum lib. 2. *Si à me fictam epiſtolam ſuſpicaris, cur eam in Romana Eccleſia chartario non requiris?* Anaſtaſ. in Cæleſtino: *Hic fecit conſtitutum de omni Eccleſia, quod hodie archivio Eccleſiæ tenetur reconditum.* Idem in Leone: *Iterum multas epiſtolas fidei miſit beatiſſimus Leo Archiepiſcopus, quæ hodie reconditæ in archivo tenentur.* Gelaſii libri adverſus Eutychem & Neſtorium in archivo Eccleſiæ cuſtodiæ causâ repoſiti. Anaſtaſ. in ejus Vita: *Hic fecit & libros adverſus Eutychem & Neſtorium, qui hodie in bibliotheca & Eccleſiæ archivo recondiri tenentur.* Chirographum, id eſt, ſententiam anathematis dictam contra Dioſcorum Schiſmaticum in archivo Eccleſiæ repoſuit Bonifacius I I. de quo Anaſtaſ. in ejus Vita: *Quem chirographum archivo Eccleſiæ recluſit, quaſi damnans Dioſcorum.* Synodus Romana habita per Martinum in archivo Eccleſiæ poſita. Anaſtaſ. in Martino: *Quæ Synodus hodie archivo Eccleſiæ continetur.* Idem in Joanne V. *Quorum chirographus archivo Eccleſiæ detentus eſt.*

Hic conſtituit ut nullus Presbyter Miſſas celebraret per omnem hebdomadam, niſi conſecratum Epiſcopi loci deſignati ſuſciperet declaratum, quod nominatur fermentum. Syricii decretum eſt, ne quis Presbyter Miſſam celebraret, priuſquàm ab Epiſcopo ſuſcepiſſet fermentum, id eſt, panem fermentatum benedictum ; & hoc eſt fermentum quod ex inſtituto Melchiadis mitti ſolebat ab Epiſcopo per Eccleſias in ſymbolum communionis Eccleſiæ. Ejuſdem ritus inſigne veſtigium extat apud Innocentium I. epiſt. ad Decentium *de fermento verò quod die Dominica per titulos mittimus, ſuperfluè nos conſulere voluiſti, cùm omnes Eccleſiæ veſtræ intra Civitatem ſint conſtitutæ, quarum Presbyteri, quia die ipſa propter plebem ſibi creditam, vobiſcum convenire non poſſunt, idcirco fermentum à nobis confectum per Acolythos accipiunt, ut ſe à veſtra communione maximè illa die non judicent ſeparatos, quod per Parochias fieri debere non puto, quia nec longè portanda ſunt Sacramenta, nec vos per cœmiteria diverſa conſtitutis Presbyteris deſtinamus, ſed Presbyteri eo-*

E ij

rum conficiendorum jus habent atque licentiam. Olim in Orientali Ecclesia Eucharistia in festo Paschæ transmittebatur per alias Ecclesias, quod vetuit Synod. Laodicen. can. 14.

Hic constituit ut si quis conversus de Manichæis rediret ad Ecclesiam, nullatenus communicaretur, nisi tantùm relegatione Monasterii diebus vitæ suæ teneretur obnoxius. Statutum Syricii ne Manichæi conversi recipiantur ad sacram communionem, nisi in vitæ exitu, & in Monasteria pœnitentiæ causâ detrudantur. Familiaris Clericorum fuit pœna, detrusio in Monasterium pœnitentiæ causâ, can. *Si Episcopus.* 50. dist. can. ult. 55. dist. can. *Si quis Clericus.* can. *Dictum.* 81. dist. can. *Clerici.* 23. qu. 8. Eâdem pœnâ usus est Innocent. I. in Cataphrygas. Anastas. in Innocent. *Et multos Cataphrygas in Vrbe invenit, quos exilio & Monasteriis relegavit.*

IN ANASTASIO.

HIC *constituit ut quotiescumque sancta Evangelia recitantur, Sacerdotes non sederent, sed cernui starent.* Anastasii decretum est, ut cùm legitur Evangelium, Clerici starent. Cùm legitur Evangelium, stamus, ut illo habitu corporis ad iter composito significemus, nos esse paratos ad sequendum Deum ejusque fidem Evangelio testatam. Hunc morem fuisse Orientalis Ecclesiæ testis est Jo. Chrysost. de divers. utriusq. Test. loc. serm. de Circo. In Orientali Ecclesia, cùm Evangelium legeretur, cerei accendebantur. Hieronym. ad Vigilantium: *Per totas Orientis Ecclesias, quando legendum est Evangelium, accenduntur luminaria jam sole rutilante, non utique ad fugandas tenebras; sed ad signum lætitiæ demonstrandum.* Idem servatum Romæ. Anastas. in Leone III. *Fecit lucernas fusiles duas ex argento purissimo, & hoc constituit, ut Dominicorum dies vel in sanctis solemnitatibus hinc inde juxta Lectorium consisterent, & ad legendum sacras lectiones luminis splendore refulgerent.*

Et hoc constituit nulla ratione transmarinum hominem in Clericatum honorem suscipi, nisi quinque Episcoporum designaret chirographum, propter Manichæos. Ab Anastasio propter Manichæos qui maximè valebant in Africa, statutum ne Clerici ordinarentur sine chirographis, id est, litteris commendatitiis quinque Episcoporum. cap. *Transmarinos.* 98. dist. quod repetitum est à Gregorio I. & Alexandro III. can. *Afros.* ead. dist. cap. 1. *de Cleric. peregrin. non ordinand.*

Sepultus est in cœmiterio suo ad Ursum pileatum. Id nomen fuit vico

IN ANASTASIUM.
in quo fuit cœmiterium Anaftafii, fumptum fortè ab urfo pileato, qui erat pro infigni. Tabernæ circa forum fignis diftinctæ erant. Quintil. 6. Inft. cap. 3. *Digito demonftravit imaginem Galli in fcuto Mariano Cimbrico.pictam.* Tabernæ autem erant circa forum, ac fcutum illud figni gratiâ pofitum. In fcuto Mariano fuiffe imaginem Galli exerentis linguam, addit Plin. lib. 35. cap. 4. *Talem, inquit, oftendens in tabula pictâ inficetiffimè Gallum exerentem linguam.* Ludi causâ figna ponebantur, quæ rifum moverent, ut nihil mirum fit hoc loco, urfum pileatum quafi fervum manumiffum figni causâ vifum effe. Innocentium I. in eodem cœmiterio ad Urfum pileatum fepultum refert Anaftaf. in ejus Vita in fine. Ejufdem cœmiterii ad Urfum pileatum meminit Anaftaf. in Nicolao I. *Necnon & cimiterium eâdem viâ ad Vrfum pileatum reftauravit.* Vicus Urfi pileati fuit in regione quinta Urbis feu Efquilina. Sext. Ruf. de regionib. Urb. Similiter in regione quarta Urbis fuit locus dictus ad *albas Gallinas*, cujus meminit Sextus Rufus in libello de reg. Urb. Et Gregor. lib. 2. epift. 17. *Domum pofitam in hac Vrbe regione quarta juxta locum qui appellatur Gallinas albas.* Fortè à Gallinis albis quæ erant hoc loco infignis vice. Villa Cæfarum quæ erat ad Tyberim juxta nonum lapidem viâ Flaminiâ, dicta eft ad *Gallinas*, quòd ibi fervaretur proles gallinæ albæ, quam prætervolans aquila ex alto abjecit in gremium Liviæ Drufillæ fedentis fub dio, de qua Plin. l. 15. c. 30.

IN INNOCENTIO.

HIC *conftitutum fecit de omni Ecclefia, & de Regulis Monafteriorum.* Innocentius I. Regulas dedit Monachis quæ defiderantur. Per id tempus Auguftinus Regulam dedit Sanctimonialibus. Teftem ipfum habemus epift. 109. qua continetur Regula. Ante Siricium Monachi erant extra Clerum. Syricius I. Monachos in Clericos ordinari optavit & voluit, can. *Monachos.* 16. quæft. 1.
Calices argenteos baptifmi numero tres, penfantes fing. libras. Innocentius obtulit calices argenteos baptifmi causâ. In Ecclefiis sunt calices dicati baptifmo, id eft, ad tribuendam facram communionem baptizatis, quia baptizati ftatim à baptifmo admittebantur ad facram communionem fub utraque fpecie, ut moris erat ea ætate. Tertull. de Pudicitia cap. 9. *Annulum quoque accepit tunc primum, quo fidei pactionem interrogatus obfignat, atque ita exinde opimitate Dominici corporis vefcitur.*

E iij

NOTÆ ET OBSERVATIONES
IN ZOZIMO.

ET *fecit conſtitutum, ut Diaconi lævas tectas haberent de palliis linoſthinis.* A Zozimo conſtitutum ut Diaconi in læva geſtarent mappulas, quæ pallia ſunt lintea ſeu linea, can. *Illud.* 93. diſt. Hodie manipulum appellant.

Et per Parochias conceſſa licentia cereos benedici. Zozimo tribuitur conſtitutum de benedicendo cereo Paſchali. Idem Sigebert. ad ann. 417. *Zozimus Papa decernit cereum Sabbato ſancto Paſchæ per Ecclesias benedici.* °Inde Sabato Paſchæ cereus ſolenniter benedictus accenditur. Leo Oſtienſis Chronic. Caſſinenſ. lib. 3. cap. 31. *Argenteam columnam ſupra baſim porphyreticam ſtatuit, ſupra quam cereus magnus, qui Paſchali Sabbato benedicendus eſt, ſolenniter imponeretur.*

Et juſſit ut nullus Clericus poculum in publico propinaret, niſi tantùm in cellis fidelium, maximè Clericorum. Zozimi decretum ne Clerici tabernam ſeu cauponam ingrediantur edendi vel bibendi causâ. Idem vetuit Synod. Carth. IV. can. 27. niſi neceſſitatis causâ in itinere, can. *Clerici.* 44. diſt. Clericis quoque non licet cauponam exercere. Synod. VI. in Trull. can. 9.

IN BONIFACIO I.

NEC *ſervum Clericum fieri, nec obnoxium curiæ vel cujuſlibet rei.* Bonifacii Decreto vetitum, ne ſervi vel obnoxii curiæ, id eſt, curiæ municipali, vel rationibus publicis admittantur in Clerum. Idem conſtitutum variis ſanctionibus Cæſareis & Pontificiis, L. *Officialis.* L. *Si quis.* C. *De Epiſc. & Cleric.* can. 1. *Et.* per totum. 51. diſt. can. *Legem.* 53. diſt. can. 1. *Et.* per totum. 54. diſt.

IN CELESTINO I.

HIC *fecit multa conſtituta, & conſtituit, ut centum quinquaginta Pſalmi David ante ſacrificium pſallerentur antiphonatim, quod antè non fiebat, ſed tantùm recitabantur epiſtolæ Pauli Apoſtoli, & ſanctum Evangelium. & ſic Miſſa fiebant.* Idem refert Sigebert. ad ann. 426.

Cantharus argenteus ceroſtratus in gremio baſilicæ viginti quatuor penſans. ſing. libras viginti. In gremio baſilicæ, id eſt, in

IN ANASTASIUM.
choro feu medio Ecclefiæ. Anaftaf. in Sylveftro : *Canthara ce-*
roftrata in gremio bafilicæ argentea quinquaginta.

IN SIXTO III.

H*VIVS temporibus fecit Valentinianus Auguftus Confeſſionem beati Pauli Apoſtoli ex argento puriſſimo, quæ habet libras du-centas.* Confeſſiones Apoftolorum Martyrum & Sanctorum funt fepulcra eorum. Anaftaf. infr. cod. *Item fecit Sixtus Epifcopus Confeſſionem fancti Laurentii Martyris, cum columnis porphyreticis, &. ornavit tranfennam & altare, & Confeſſionis fancti Martyris Laurentii.* Idem in Hilario: *Confeſſionem fancti Iohannis Baptiſtæ fecit ex argento.* Et intra : *Et Confeſſionem fancti Iohannis Evangeliſtæ fecit ex argento.* Et rurfus: *In Oratorio S. Crucis fecit Confeſſionem, ubi lignum Dominicum pofuit cum Cruce aurea cum gemmis.* Idem in Anaftaf. II. *Hic fecit Confeſſionem beati Laurentii Martyris ex argento.* Idem in Honorio : *Et inveſtivit Confeſſionem beati Petri ex argento puro.*

Et ornavit tranfennam & altare; Tranfenna eft tranfitus. Idem in Stephano IV. *Et poſt modicos dies ipfum de eadem cuſtodia ejicientes* Waldipertum *Presbyterum, eumque projicientes in terra juxta tranfennam campi Lateranenfis ejus effoderunt oculos.* Pergula, per quam tranfitur. Paulin. epift. 12. *Hæc bafilica aperitur tribus arcubus paribus prælucente tranfenna.* Macrob. lib. 2. cap. 10. *Sedentis in tranfenna.* Vel trajectus funis. Servius in illum locum 5. Æneid. *Et volucrem trajecto in fune columbam. Vnde tranfenna dicitur extentus funis.* Vel crates feu machina qua aves capiuntur. Plaut. in Rudente : *In ætate hominum plurimæ fiunt tranfennæ, ubi decipiuntur doli.* Idem in Bacchid. *Nunc ab tranfenna hic turdus lumbricum petit.* Idem in Perfa : *Hunc ego hominem hodie in tranfennam, doctis ducam dolis.*

Miniſterium ad baptifmum, vel pœnitentiam, ex argento, penfant. lib. decem. Minifteria vafa facra. Idem Anaftaf. in Hilaro: *Miniſteria ad baptifmum argentea libras decem.* Idem in Gregorio : *Ambonem etiam marmoream in eadem Ecclefia fecit, eamque diverfis ditavit linteis, atque miniſteriis.* Capellam vocant recentiores. Eginart. in Carolo M. *Capellam, id eſt, Ecclefiaſticum miniſterium.*

NOTÆ ET OBSERVATIONES
IN LEONE.

HIC *constituit ut Monacha non acciperet velaminis capitis benedictionem, nisi probata fuerit virginitate sexaginta annorum.* Leonis decretum est ne Monacha, id est, virgo, veletur ante annum ætatis sexagesimum. Ex Conc. Agath. can. 19. & Syn. VI. in Trull. can. 40. modus impositus est ne velentur ante annum 40. Syn. Carth. III. can. 4. ante annum 25. can. *Sanctimonialis.* & seq. 20. qu. 1.

Hic constituit super sepulcra Apostolorum custodes, qui dicuntur Cubicularii ex Clero Romano. Decreto Leonis impositi sunt custodes sepulcris Apostolorum lecti ex ordine Clericorum, qui dicti sunt Cubicularii. Cubicularii sunt servi qui sunt in ministerio cubiculi. Tranquill. in Julio cap. 4. *Cum uno medico & Cubiculariis duobus.* Inde Cubicularii dicti sunt custodes corporum Apostolorum, quasi essent cubicularii Apostolorum, vel quia assumebantur è cubiculo seu camera Pontificis. Eadem analogia Cubicularios Ecclesiæ sancti Martini pro ædituis accepit Ottho Frisingens. Chronic. lib. 4. cap. 32. & Sigebert. ad ann. 509. Eosdem matricularios vocitat Abbas Urspergens. Vandelbert. Diacon. in Vita S. Goaris apud Surium 6. Julii: *Custodes vel Matricularii Ecclesiæ.* Capellæ vel oratoria adjecta Ecclesiis dicuntur cubicula. Anastas. in Sergio: *Hic rectum & cubicula quæ circumquaque ejusdem basilicæ sunt, studiosiùs ornavit.*

IN HILARO.

NYMPHÆVM *& triporticum ante oratorium sanctæ Crucis, ubi sunt columnæ miræ magnitudinis, quæ dicuntur Hecatonpenta.* Nymphæa sunt ædes publicæ, in quibus nuptias celebrabant, qui ædibus carerent. Zonar. in Leon. M. Aliàs nymphæa sunt aquaria columnis marmoreis ornata, quæ plerumque ponebantur ante ædes sacras ornatus causâ, ut hic nymphæum positum ab Hilaro ante oratorium sanctæ Crucis. Ante basilicam sancti Petri fuit cantharus columnis ornatus, salientes aquas fundens, de quo Paulin. epist. 33. *Quave prætento nitoris atrio, fusa vestibulo est, ubi cantharum ministra manibus & oribus fluenta ructantem, fastigiatus solido ære tholus ornat, & inumbrat, non sine mystica specie quatuor columnis, salientes aquas ambiens: decet enim*

ingressum

IN ANASTASIUM.

ingressum Ecclesiæ talis ornatus, ut quod intus mysterio salutari geritur, spectabili pro foribus opere signetur. Et Anastas. in Symmacho : *Et cantharum beati Petri cum quadriporticu marmoribus ornavit.* Nymphea in Urbe variis locis extructa. Ammian. lib. 15. *Ad Septen zonium, celebrem locum, ubi operis ambitiosi nymphæum Marcus condidit Imperator.* Et Capitolin. in Gordiano Juniore : *Opera Gordiani Romæ nulla extant, præter quædam nymphæa & balnea.*

Lacus & conchæ trientes duæ, cum columnis porphyreticis ragiatis, foratis, aquam fundentes. Lacus erant piscinæ lapideæ juxta fores ædium, continentes aquam ad jumentorum adaquationem, & reprimenda incendia. Donatus in Adelphis : *Varro docet semper lacum portis additum, scilicet ad usum jumentorum exeuntium & introeuntium, & præterea ut adversus hostilem ignem portis de proximo subveniretur.* Tranquill. in Galba cap. 7. *Ad lacum ubi adaquari solebat.* Lines vocat, L. *Lines.* ff. *De act. empt.* Conchæ sunt vasa lapidea, quæ aquam è lacubus excipiebant. Hinc conchæ lacubus ferè semper conjunguntur, ut hic & infr. eod. *Et in medio lacum porphyreticum cum concha assita in medio aquam fundentem.* Lege *assita* vel *adsita.* De conchis infr. in Paschali. Circa lacus & conchas quæ erant in vestibulo ædium, ornatus causâ ponebantur columnæ marmoreæ, vel lapideæ ; & marmoreæ ut plurimùm, ut tutæ essent ab injuria, erant ragiatæ, id est, amictæ reticulis è ferro vel ære, vel nervis. Ulpian. in L. *Fundi.* §. *Reticuli.* ff. *de aff. empt. Reticuli circa columnas, plutei circa parietes, item cilicia vela ædium non sunt.* Varro 3. de re rustic. cap. 5. *Inter columnas exteriores, pro pariete reticuli è nervis sunt, ut perspici in silva possit, & quæ ibi sunt, neque avis ea transire.* Ragia est reticulum, unde manavit haud dubiè vulgare *Rejat, une grille de fer.* Hujusmodi lacus & conchæ foratis aquam fundebant, id. est, per fistulas quæ forata dicuntur, quia capita fistularum foris prominentia per ora capitum leonum fundunt aquam. Sidon. lib. 2. epist. 2. *In hanc ergo piscinam fluvium de supercilio montis elicitum sex fistulæ prominentes, leonum simulatis capitibus effundunt.* A Latino *forare* Frontin. de aquæductib. lib. 2. *Non enim solùm ad ipsarum aquarum custodiam, sed etiam ad castelli tutelam pertinet ; quod subinde & sine causa foratum vitiatur.* Et hoc est quod priùs idem dixit *foramen : Foramen novum castello imponunt, vetus relinquunt, quo venalem extrahant aquam.* Ait *lacus & conchæ trientes*, lege *trienses*. Lacus & conchæ di-

F

NOTÆ ET OBSERVATIONES

ctæ trientes à modulo aquæ, quia capiunt trientem digiti aquæ, quæ ducitur ex formis aquæductuum beneficio Principis. Frontin. de aquæduct. lib. 1. *Vncia ergo modulus habet diametri digitum unum, & trientem digiti.*

In medio cancellis æreis, & columnis cum fastigiis, & epistyliis, undique ornatam ex musivo, & columnis Aquitanicis. Musivum opus est opus tessellatum, id est, tessellis marmoreis variegatum. Augustin. de Civit. Dei lib. 15. cap. 8. *Et cætera hominum, vel quasi hominum genera, quæ in maritima platea Carthaginis musivo picta sunt.* Paulin. epist. 12. *Absidem solo & parietibus marmoratam, camera musivo illusa clarificat.* Anastas. in Symmacho: *Et cantharum beati Petri cum quadriporticu marmoribus ornavit, & ex musivo agnos & cruces & palmas fecit.* Museum vocat Plin. lib. 36. cap. 21. *Appellantur quidem ita & erosa saxa, in ædificiis quæ musea vocant.* Columnæ Aquitanicæ sunt columnæ marmoris Aquitanici, quod effoditur in montibus Pyreneis qui continentur finibus Aquitaniæ. Sidon. lib. 2. epist. 10. *Fulmentis Aquitanicis superba.* Vitruv. lib. 3. cap. 1. *De fulmentis Aquitanicis.* Fastigia columnis adduntur. Fastigia columnarum sunt capita seu capitella columnarum. Plin. lib. 36. cap. 23. *In Ephesiæ Dianæ æde primum columnis spiræ subditæ & capitella addita.* Leo Ostiens. lib. 3. cap. 28. *In columnarum ipsius Ecclesiæ capitellis.* Augustin. lib. 2. Q. in Exodum cap. 109. *Bases columnarum non eas tantum videtur dicere Scriptura, quibus columnæ ab imo fulciuntur, sed etiam superiores, quæ capitella nos dicimus.* Super capita columnarum ornatus causâ ponebantur angeli ex argento vel auro. Anastas. in Leone III. *Pari modo in basilica ipsius Apostoli fecit Cherubin ex argento purissimo deauratos quatuor, qui stant super capita columnarum.*

In urbe Roma constituit ministeriales, qui circuirent constitutas Stationes. Stationes erant statæ preces ad memorias seu sepulcra Martyrum. Tertull. 2. ad Uxor. *Vt si statio facienda est, maritus de die condicat ad balneas.* Idem de jejun. adv. Psychic. *Proinde nec stationum, quæ & ipsa suos quidem dies habeant, quartæ feriæ & sextæ.* Anastas. in Gregor. III. *Item in cimiterio sanctæ Petronillæ stationem annuam dari instituit.* Stationes erant constitutæ certis diebus & certis locis: ideò ab Hilaro lecti sunt ministeriales, id est, Clerici qui lustrarent, id est, visitarent stationes, id est, loca & altaria destinata stationibus.

Fecit autem oratorium sancti Stephani in baptisterio Lateranensi.

IN ANASTASIUM.

Hilarus oratorium dedicavit in baptisterio Lateranensis basilicæ. In baptisteriis oratoria, id est, altaria dedicari solebant. Anastas. in Symmacho: *Item ad fontem in basilica beati Petri Apostoli oratorium sanctæ Crucis ex argento.*
Fecit autem & bibliothecas duas in eodem loco. Hilarus binas bibliothecas posuit in baptisterio Lateranensi. Ecclesiæ majores habuere bibliothecas. Hieronym. ad Pammach. adverf. Jovinian. *Ecclesiarum bibliothecis fruere.* Bibliothecæ Hierosolymitanæ per Alexandrum Episcopum instructæ meminit Eusebius lib. 6. cap. 14. Cæsariensis Bibliothecæ Hieronym. in epist. ad Titum, & lib. 3. adverf. Pelag. In bibliotheca Ecclesiæ Romanæ depositi libri Gelasii adversum Eutychem & Nestorium. Anastas. in ejus Vit. *Hic fecit libros adversus Eutychem & Nestorium, qui hodie in bibliotheca & Ecclesiæ archivo reconditi tenentur.* Inter officia Ecclesiæ Romanæ fuit Bibliothecarius. Anastas. in Gregor. II. *Bibliotheca illi est cura commissa.*

IN SIMPLICIO.

HIC *constituit ad sanctum Petrum Apostolum, & ad sanctum Paulum Apostolum, & ad sanctum Laurentium Martyrem hebdomadas, ut Presbyteri manerent ibi propter pœnitentes & baptismum. Regionem tertiam ad sanctum Laurentium. Regionem primam ad sanctum Paulum. Regionem sextam vel septimam ad sanctum Petrum.* Simplicius in Ecclesiis sancti Petri, sancti Pauli, & sancti Laurentii instituit Presbyteros, qui per hebdomadas pœnitentiam & baptismum ministrarent, hinc dicti Hebdomadarii. Anastas. in Gregor. III. *Et à Presbyteris hebdomadariis missarum solemnia.* Idem in Stephano IV. *Hic statuit ut omni Dominico die à septem Episcopis Cardinalibus hebdomadariis, qui in Ecclesia Salvatoris observant, missarum solemnia super altare beati Petri celebrarentur.* Hoc exemplo in Concilio G. Lateranensi habito sub Innocentio III. in singulis Ecclesiis Cathedralibus & Conventualibus instituti Pœnitentiarii audiendis confessionibus & pœnitentiis injungendis, cap. *Inter cætera.* de offic. ordin. Ottho sancti Nicolai in carcere Tulliano Diaconus Cardinalis & Legatus Sedis Apostolicæ in Anglia in Concilio habito 1239. in Ecclesia sancti Pauli Londinensis, Pœnitentiarios, id est, Confessores, instituit in singulis Ecclesiis Cathedralibus, ut refert Matth. Paris: *In Ecclesiis verò Cathedralibus Confessores institui præcipimus generales.* In Ecclesia Cameracensi Pœ-

F iij

NOTÆ ET OBSERVATIONES

nitentiarii officio se per plures annos functum refert Thom. Cantipratan. Apum lib. 2. cap. 30.

Sub hujus Episcopatu venit relatio de Græcia ab Acacio Constantinopolitano Episcopo, & affirmavit Petrum Alexandrinæ urbis Eutychianiſtam hæreticum, facta petitione ab Acacio Epiſcopo, chirographo ejus constructa. Relatio de hæresi accipitur hîc pro delatione, quæ fiebat chirographo deferentis obsignata. Anaſtaſ. infr. in Felice III. *Sub hujus Epiſcopatu iterum venit relatio de Græcia Petrum Alexandrinum revocatum ab Acacio Epiſcopo Conſtantinopolitano.* Et infr. eod. *Post annos tres iterum venit relatio ab Imperatore Zenone, ut pænitens rediret Acacius.* Idem in Gelasio: *Hujus temporibus iterum venit relatio de Græcia, eo quòd multa, & homicidia fierent à Petro & Acacio.* Idem in Anaſtaſ. *Tunc Feſtus & Probinus Senatores miſerunt relationem Regi, & cœperunt agere ut Viſitatorem daret Rex Sedis Apoſtolicæ.* Idem in Bonifacio II. *Eodem tempore venit relatio ab Afris Epiſcopis de conſtitutione, ut cum conſilio Sedis Apoſtolicæ omnia Carthaginenſis Epiſcopus faceret.* In libris Juris relatio aliter ſumitur pro conſultatione emiſſa ad Principem à Præſide vel Judice in dubiis cauſis, L. Ad Principem. L. Ad Imperatorem. ff. de appell. & relat. Auguſtin. epiſt. 137. *Quæ vel in negotiis ſæcularibus judices faciunt, quando cauſa dubitatio ad majorem poteſtatem refertur, ut pendente relatione aliquid inde audeant commutare.* Optat. Milevit. lib. 1. adv. Donatiſt. *Relatio miſſa eſt, reſcriptum venit.*

Eodem tempore fuit Eccleſia prima, hoc eſt, Sedis Apoſtolicæ executrix. Acacius Episcopus Constantinopolitanus agnovit primatum Eccleſiæ Romanæ, cùm Petrum Alexandrinum Episcopum de hæresi detulit apud Sedem Apoſtolicam, quæ eo nomine execcutrix dicitur, quia deferente Acacio Simplicius Pontifex cauſâ cognitâ damnavit Petrum Alexandrinum. Primatum Eccleſiæ Romanæ agnovit Hieronym. epiſt. ad Damaſum: *Ideo mihi Cathedram Petri, & fidem Apoſtolico ore laudatam cenſui conſulendam, inde nunc meæ animæ poſtulans cibum, unde olim Chriſti veſtimenta ſuſcepi. Faceſſat invidia Romani culminis, recedat ambitio: cum ſucceſſore piſcatoris & diſcipulo crucis loquor. Ego nullum primum niſi Chriſtum ſequens, Beatitudini tuæ, id eſt, Cathedræ Petri communione conſocior, ſuper illam petram ædificatam Eccleſiam ſcio.*

IN ANASTASIUM.

IN FELICE III.

TVNC *venerabilis Felix Archiepiscopus Sedis Apostolicæ urbis Romæ, mittens Defensorem cum consilio Sedis suæ.* Defensores erant Subdiaconi Ecclesiæ Romanæ, quibus utebatur Pontifex vel ad regendum patrimonium Ecclesiæ Romanæ, vel ad legationes obeundas, vel ad judicandum de rebus & personis Ecclesiasticis, can. *Valde necessarium.* 94. dist. can. *Pervenit.* 11. qu. 1. can. *Probinum.* can. *De præsentium.* 16. qu. 1.

Et post transitum ejus factum est à Presbyteris & Diaconibus constitutum de omni Ecclesia, ut nullus aliquando in ea causa præsumeret se festinum ostendere de ea re, quæ aliquando ad requisitionem pervenire deberet. Vacante Sede Romana morte Felicis Clerus Romanus statuit ut nullus interim festinaret cognoscere de ea re quæ aliquando ad requisitionem pervenire deberet, id est, de causa Acacii Constantinopolitani & Petri Alexandrini, de qua Felix agere cœperat. Vacante Sede nihil innovandum, cap. *Novit. ne Sed. vacant.*

IN GELASIO.

HVJVS *temporibus inventa est Ecclesia sancti Angeli in monte Gargano.* Temporibus Gelasii inventa est crypta sancti Michaelis Archangeli in monte Gargano; unde & ejus memoria singulis annis celebriori festivitate colitur. Rem refert Sigebertus ad annum 488. in epocha anni lapsus, quia Gelasius non sedit ante annum 492.

Quorum codices ante fores basilicæ sanctæ Mariæ incendio concremavit. Manichæi urbe pulsi, & eorum libri cremati ante fores basilicæ sanctæ Mariæ. Idem factum à Symmacho. Anastas. in ejus Vita: *Post hæc omnia beatus Symmachus invenit Manichæos in urbe Roma, quorum omnia simulacra, vel codices ante fores basilicæ Constantinianæ incendio concremavit.* Ex constitutione Theodosii libri hæreticorum publicè comburendi, L. 6. *de hæretic.* Libri etiam improbatæ lectionis, putà magici vel his similes corrumpendi sunt, L. 4. §. 1. ff. *Famil. ercifcund.* Mathematici conversi libros publicè crematos narrat Augustin. in Psalm. 61. *Ego iste, nunc quæsitus, inventus, adductus est: portas fecimus codices incendendos, per quos fueras incendendos.*

F iij

Hic fecit tractatus & hymnos sicut beatus Ambrosius Episcopus. Tractatus sunt expositiones Scripturæ. Augustin. contr. Maximin. lib. 1. *Siquidem non tantùm verbis me nudare conatus es à discipulatu eorum, verùm etiam & tractatum tuum dedisti.* Nemesianus & alii ad Cyprian. epist. 78. *Es enim omnibus hominibus in tractatu major, in sermone facundior.* Hinc tractatus est sermo qui habetur ad populum post lectionem Evangelii inter missæ solemnia. Ambros. epist. 33. *Sequenti die, erat autem Dominica, post lectiones atque tractatum, dimissis Cathecumenis, symbolum aliquibus competentibus, in baptisteriis tradebant basilicæ.* Inde missas agere & tractare sunt diversa. Victor Uticens. de persec. Vand. lib. 2. *Liberum arbitrium habetis in Ecclesiis vestris, missas agere vel tractare.* Inde tractatores dicti expositores Scripturæ. Augustin. epist. 11. *Omnes veteres tractatores qui nos in Domino præcesserunt, & qui Scripturas sanctas interpretati sunt, aut obscura interpretati sunt, aut manifesta.* Idem in Psalm. 102. *Vocat per lectorem, vocat per tractatorem.* Idem de Tempore serm. 210. *Dicit illud de ore suo tractator aut disputator Episcopus.* Idem in Joan. cap. 22. *Remotis omnibus lectionibus & paginis & voce lectoris & tractatoris.* Hymni sunt carmina in laudem Dei quæ canuntur in Ecclesia. Gelasius hymnos composuit exemplo Ambrosii.

IN SYMMACHO.

TVNC *Festus & Probinus Senatores miserunt relationem Regi, & cœperunt agere ut Visitatorem daret Rex Sedi Apostolicæ. Tunc Rex dedit Petrum Altinæ Civitatis Episcopum.* Instaurato schismate inter Symmachum & Laurentium, Petrus Altinus Episcopus à Theodorico Rege Gothorum Visitator Sedis Apostolicæ datus, postulantibus duobus Senatoribus contra Canones. Idem narrat Sigebert. ad ann. Chr. 496. *Aliqui Romanorum subornatis falsis testibus, incriminantes Symmachum Papam, latenter Laurentium in Papatum subintroduxerunt, pro quo schismate dirimendo, Rex Theodoricus Episcopum Petrum, contra Canones Visitatorem Sedis Apostolicæ instituit, id est, ut pulso utroque Sedem teneret.*

Hic fecit basilicam sancti Andreæ Apostoli, apud beatum Petrum Apostolum, ubi fecit ciborium ex argento, & Confessionem pens. libras centum & viginti. Altari basilicæ imponitur ciborium, ut infr. eod. *Intra civitatem Romanam basilicam sanctorum Silvestri & Martini à fundamento construxit, juxta Thermas Trajanas, ubi & super-*

IN ANASTASIUM.

altare ciborium argenteum fecit pensans. libras 120. Anastaf. in Gregor. II. *Et altare à novo fecit, & ciborium argenteum quod fuerat ruinâ quaſſarum.* Leo Oſtienſ. lib. 1. Chron. Caſſ. cap. 20. *Super altare autem S. Benedicti, argenteum illud auro & ſmaltis ſimul exornans,* quod erat cooperculum argenteum quod imponebatur altari ornatûs causâ. Joannes Chryſoſtom. in Act. Apoſtolor. cap. 19. in illa verba, *Faber argentarius qui faciebat delubra argentea* : καὶ πῶς ἔνι ταῖς ἀργυροῖς γίνεθαι, ἴσως ὡς κιβώρια μικρά ; *Et quomodo poſſibile erat fieri delubra argentea, forte ædiculas & coopercula qua ciboria vocant ?* Eodem modo ſepulcris Apoſtolorum & Martyrum imponebatur ciborium, ut ſepulcro Apoſtolorum à Gregorio I. impoſitum ciborium, quod ſuſtineretur quatuor columnis argenteis. Anaſtaf. in Gregorio : *Hic fecit beato Petro Apoſtolo ciborium cum columnis ſuis quatuor ex argento puro.* Cujus meminit Gregor. Tur. de Mirac. Martyr. lib. 1. cap. 28. de baſilica Petri : *Habet etiam quatuor columnas in altari, quæ ſunt ſimul centum præter illas, quæ ciborium ſepulcri ſuſtentant. Et inſ. eod. Sunt ibi & columnæ miræ elegantiæ candore niveo quatuor numero, quæ ciborium ſepulcri ſuſtinere dicuntur.* Sepulcro B. Agnetis Martyris impoſitum ciborium ab Honorio. Anaſtaf. in ejus Vit. *Ornavit autem ſepulcrum ejus ex argento, poſuit & deſuper ciborium æreum deauratum miræ magnitudinis.*

Fecit autem oratoria duo ſancti Ioannis Baptiſtæ, & ſancti Ioannis Evangeliſtæ : quæ cubicula omnia à fundamento perfecta conſtruxit. Cubiculum idem quod ſacellum vel oratorium, ut hoc loco quæ priùs dicta ſunt oratoria, mox dicuntur cubicula. Anaſt. in Marcellino : *Hic ſepultus eſt in cœmiterio Priſcillæ ; in cubiculo claro, quod patet uſque in hodiernum diem.* Idem in Leone III. *Cubicula vero juxta Eccleſiam beati Petri Apoſtolorum Principis in meliorem ſtatum erexit.* Inde Cubicularii dicti Clerici, qui miniſtrabant in prædictis oratoriis.

Gradus vero ante fores baſilicæ beati Petri ampliavit. Ad baſilicam Petri gradibus aſcenditur. Ea eſt forma veterum ædium ſacrarum, ut gradibus ad eas aſcendatur. Anaſtaf. infr. eod. de baſilica B. Pauli : *Et ante fores baſilicæ gradus fecit in atrio, & cantharum.* Idem in Stephano IV. *Quem ad gradum Eccleſiæ beati Petri comprehendentes cuſtodes Longobardorum ad ſuum deduxerunt Regem.* Idem in Adriano : *Carolus Rex omnes gradus ſigillatim ejuſdem ſacratiſſimæ beati Petri Eccleſiæ deoſculatus eſt, & ita uſque ad prænominatum pervenit Pontificem, ubi in atrio ſuper gradus juxta*

NOTÆ ET OBSERVATIONES

fores Ecclesiæ assistebat. Ad templa etiam gradibus ascendebatur: Ammian. lib. 2J. *Namque Kalendis ipsis Ianuariis ascendente eo gradilo Genii templum.*

Eodem tempore fecit basilicam beati Pancratii, ubi & fecit arcum argenteum, qui pensabat libras quindecim Arcus argentei erant ornamenta ædium sacrarum, ut hic & infr. eod. *Arcos argenteos duodecim, qui pensabant singuli libras decem.* Et rursus: *Nam ad Archangelum Michaelem basilicam ampliavit, & gradus fecit.* Basilica S. Pancratii fuit titulus Cardinalu Episcopi Albanensis. Anastas. infr. in Leone III. Prioratus S Pancratii de Lewes in Anglia est unus è majoribus Prioratibus Ordinis Cluniacensis, quem fundavit Willelmus Comes Warennæ. W. Malmesb. lib. 2. de Gest. Pontific. Angl. Matth. Westm. ad ann. 1078. de quo cap. *Sacrosancta de ekct.*

Et cameram fecit & matroneum, & super confessionem imaginem argenteam cum Salvatore. In ædibus sacris erat pars matronarum seu fœminarum tabulato distincta à parte virorum, quæ matroneum dicebatur. Præter hunc locum Anastas. in Gregor. IV. *Cui ex septentrionali plaga lapidibus circa septum matroneum adposuit.* Inde emendandus locus Anastasii in Leone III. *Matronam verò ipsius Lateranensis Patriarchii qua extenditur à campo, & ultra imagines Apostolorum;* ut legatur matroneum quasi partem matronarum. Male vulgò legitur *matronam*.

Hic constituit ut omni die Dominico vel natalibus Martyrum, hymnus diceretur angelicus, id est, Gloria in excelsis Deo. Telesphorus primus instituit hymnum angelicum decantari in missa, quæ celebraretur sub mediam noctem natalis Domini: postea hoc adjectum est à Symmacho, ut hymnus angelicus decantaretur in omnibus missis quæ celebrarentur in die Dominico, vel natalibus Martyrum. Sigebert. ad annum 493. *Hic Symmachus constituit, omni die Dominico vel natalitio Martyrum, Gloria in excelsis Deo, ad missas cantari: quem hymnum Telesphorus septimus à Petro Papa, nocte tantum natalis Domini ad missas à se in ipsa nocte institutas cantari instituit, & in eo ad Angelorum verba, quæ sequuntur, adjecit.* Natalitia seu natales Martyrum sunt dies passionis Martyrum: inde dicti quòd per martyrium Martyres Christo renascuntur, & melioris vitæ lucem nanciscuntur. August in. in Psalm. 39. *Mortes in quas Pagani sævierunt, in illis hodie reficimur, natales Martyrum celebramus, exempla Martyrum nobis proponimus.* Idem in Psalm. 63. *Nam & Martyres nondum surrexerunt, & tamen*

IN ANASTASIUM. 49
men illi nondum profecerunt, nondum resurgentium natalitia celebremus. Idem in Psalm. 118. *Purpurata est universa terra sanguine Martyrum, floret coelum coronis Martyrum, ornatæ sunt Ecclesiæ memoriis Martyrum, insignita sunt tempora natalibus Martyrum.* Idemque Hom. 30. *Attende animo tot Martyrum millia: cur enim se natalitia eorum conviviis turpibus celebrare delectat, & eorum vitam sequi honestis moribus non delectat?* Anastas. in Vigilio: *Anthemius Scribo veniens Romam, invenit eum in Ecclesia sanctæ Ceciliæ 10. Kalendas Decembris: erat enim natalis ejus dies.*

IN HORMISDA.

FVRORE repletus *Anastasius Augustus contra Papam Hormisdam inter alia sacra sua hoc scripsit dicens.* Sacra sunt epistolæ Principum. Anastas. ipse in Constantino: *Hisdem temporibus misit suprà satus Imperator ad Constantinum Pontificem sacram, per quam jussit eum ad regiam ascendere urbem.* Et inf. eod. *Dominus autem Iustinianus Imperator audiens ejus adventum, magno repletus gaudio, à Nicæa Bithyniæ misit sacram, gratiarum actione plenam.* Et infrà: *Cujus & sacram cum pravi dogmatis exaratione Constantinus suscepit.* Et rursus eod. *Post aliquod verò temporis Scholasticus Cubicularius Patricius & Exarchus Italiæ veniens Romam, detulit secum sacram Anastasii Principis.* Idem in Ioanne IV. *Dirigens per eos & sacram, per quam denominatum Pontificem conjuravit.* August. in. lib. contra Donatistas post collat. cap. 51. *Illi portant multorum Imperatorum sacra, nos sola portamus Evangelia.* Pelag. epist. ad Laurentium Ep. Centumcellens. *Sacram insinuant se clementissimi Principis impetrasse.* Can. Principali. 83. dist.

Textum libelli pœnitentiæ. Id est, formulam professionis fidei & ejurationis hæresis, quæ facienda erat à Petro Alexandrino & Acacio Constantinopolitano Episcopis. Suprà dixit simpliciter, *Textum libelli.* Textus pro libro, vel codice. Gregor. libr. 7. epist. 49. *In textu Heptatici.* Idem lib. 12. epist. 30. in fine dixit, *Codicem Heptatici,* Textum vitæ Guinisi Monachi Cassinensis dixit Leo Ostiens. lib. 3. Chronic. Cass. 47.

In quibus & Iustinus Imperator & Vitalianus Consul simul occurrerunt cum gloria & laudibus. Justinus Imperator & Vitalianus Consul obvii occurrerunt Legatis Sedis Apostolicæ cum gloria & laudibus, id est, cum crucibus & cereis, & canticis laudis. Eadem cum pompa Joanni Papæ occurrére cives Constantino-

G

NOTÆ ET OBSERVATIONES

politani. Anaſtaſ. in Joanne: *Qui dum ambulaſſent cum Joanne Papa, occurrerunt beato Ioanni miliario 12. omnis civitas cum cereis & crucibus, in honorem beatorum Apoſtolorum Petri & Pauli.* Conſtantinopoli cum gloria ſuſceptus eſt Agapitus. Anaſtaſ. in ejus Vit. *Et ſuſceptus eſt Agapitus Epiſcopus cum gloria.* Vigilio occurrit cum Juſtiniano plebs CP. cum canticis. Anaſtaſ. in Vigilio: *Et plebs illa pſallebat ante eum uſque ad Eccleſiam ſanctæ Sophiæ, Ecce advenit Dominator Dominus, &c.* Henrico III. Regi Anglorum Pariſios venienti ſolemni cum pompa obvii proceſſere Scholares Pariſienſes cum cereis & veſtibus feſtivis, quas comitiſſas appellant. Matth. Paris ad ann. 1254. *Cereos veſtiſque feſtivas, quas Comitiſſas appellant, & omnia quæ gaudium poterant atteſtari, emerunt.*

Hic invenit Manichæos, *quos etiam diſcuſſos cum examinatione plagarum exilio deportavit.* Manichæi flagellis cæſi, Urbe pulſi. Bœticum hæreſis damnatum flagellatum refert Auguſtin. in Pſalm. 122. *Nam quis dubitet nuperrimè, ſicut audivimus à fratribus, qui interfuerunt Coepiſcopis noſtris, illum Bœticum inimicumcontra Dominum latrantem, dignè flagellatum fuiſſe.*

Eodem tempore venit regnum cum gemmis pretioſis, à Rege Francorum Cloduveo Chriſtiano. Clodoveus ab Anaſtaſio Imperatore accepit codicillos Conſulatus, una & coronam auream, quam ipſe obtulit beato Petro, quæ dicta eſt regnum, forte quòd à Rege oblata eſſet. Sigebert. ad ann. 510. *Clodoveus Rex ab Anaſtaſio Imperatore codicillos de Conſulatu & coronam auream cum gemmis, & tunicam blateam accepit: & ex eo die Conſul & Auguſtus eſt appellatus; ipſe verò Rex miſit Romam ſancto Petro coronam auream cum gemmis, quæ regnum appellari ſolet.* Inde quælibet corona aurea regnum dictitari cœpit Romæ. Anaſtaſ. in Conſtantino: *In die autem qua ſe ſe invicem viderunt, Auguſtus Chriſtianiſſimus cum regno in capite ſeſe proſtravit, pedes oſculans Pontificis.* Idem in Leone III. *Fecit autem iſdem beatiſſimus Pontifex in baſilica beati Andreæ regnum ex auro puriſſimo, necnon & ſupra altare beatæ Petronillæ, fecit regnum aureum cum gemmis pretioſiſſimis.* Et infrà: *Et in titulo ſanctæ Dei Genitricis, quæ appellatur Caliſti, fecit regnum ex auro puriſſimo.* Et infr. *Regnum ſpanoclyſtum ex auro puriſſimo.* Idem in Gregorio IV. *Regnum aureum unum, quod uſque hodie ſuper altare dependet.* Idem in Sergio II. *Regnum aureum valde pretioſiſſimum cum gemmis praſinis hyacinthinis & albis.* Et infr. eod. *Regnum de argento cum tintinnabulis.* Idem in Leone

IN ANASTASIUM.

IV. *Obtulit regnum de argento purissimo, pretiosissimisque gemmis, habens in medio crucem.* Et infr. eod. *Regnum quod pendet super altare majus ex auro purissimo sculptile sine gemmis.*

Et Evangelia cum tabulis aureis cum gemmis pretiosis. Codicem Evangeliorum reponi in cista aurea & gemmis ornata, mos fuit. Gregor. Tur. de Glor. Confess. cap. 63. *Tunc capsam ad sancta Evangelia recludenda, patenamque & calicem ex auro puro, pretiosisque lapidibus præcepit fabricari.* Anastas. in Leone IV. *Sed & Evangelium cum tabulis argenteis.* Leo Ostiens. lib. 3. Chronic. Cass. 30. *Evangelium cum tabula fusili argentea opere anaglypho.*

Pallia olobera blattea, cum tabulis auro rectis de chlamyde vel de stola Imperiali. Pallia olovera blattea sunt vestes sericæ, infectæ mero seu vero conchylio seu murice, id est, purpurâ. Anastas. in Felice II. *Pallia olovera auro texta quatuor.* Quibus privatis interdictum, L. ult. C. Th. *de vestib. olover.* Blatea dicta à Latino *blatta*, quod est genus vermiculi, qui prehensus rubore inficit manus. Sic pallium blatteum, blatteam tunicam dixit Vopiscus in Aurelian. *Cùm ab eo uxor sua peteret, ut unico pallio blatteo serico.* Ut & paulò pòst: *Idem concessit, ut blatteas matronæ tunicas haberent.* Et Gregor. Tur. Hist. lib. 2. cap. 38. *Igitur ab Anastasio Imperatore codicillos de consulatu accepit, & in basilica beati Martini tunicâ blatteâ indutus est.*

Scyphos argenteos stationales sex cum crucibus pensantes singulos libras sex. Scyphi stationales erant, qui per acolytos præferebantur ante stationes, ut & calices. Anastas. in Leone III. *Fecit verò iisdem Antistes beato Petro Apostolo calicem aureum diversis ornatum pretiosis lapidibus, qui præcedit per stationes, pensantem libras tredecim.* Et infr. eod. *Fecit verò communicales ex argento purissimo per singulas regiones, qui præcederent per stationes per manus acolytorum numero viginti quatuor.*

IN BONIFACIO II.

HIC Presbyteris, & Diaconibus, & Subdiaconibus, atque notariis scutellas de adeptis hæreditatibus obtulit, & alimoniis multis in periculo famis Clero subvenit. Monstruæ sportulæ seu annonæ erogabantur Presbyteris, Diaconis, & minoribus Clericis. Cyprian. epist. 34. *Ceterum Presbyterii honorem designasse nos illis jam sciatis, ut & sportulis iisdem cum Presbyteris honorentur, & divisiones mensuræ* (lege *mensurnæ*) *æquatis quantitatibus partiantur.* Hinc

NOTÆ ET OBSERVATIONES

Clerici qui menstruas sportulas accipiebant de penu Ecclesiæ, fratres sportulantes dicti. Idem epist. 66. *In honore sportulantium fratrum, tamquam decimas ex fructibus accipientes, ab altari & sacrificiis non recedant.* Vel fratres mensurantes. Idem epist. 28. *Interea se à divisione mensurantium contineant, non quasi à ministerio Ecclesiastico privati esse videantur, sed ut integris omnibus ad nostram præsentiam differantur.* Et hujusmodi annonæ seu sportulæ Clericis distribuebantur, per scutulas vel scutellas, id est, per tesseras seu signa quæ dicebantur scutulæ vel scutellæ, quòd essent in formam scutelli seu scutuli. Scutella est diminutivum scutulæ, quod est signum, in formam scuti seu scutuli. Cassian. coll. 1. cap. 5. *In parvissima quadam scutula, quæ depicta in se continet præmia, jacula vel sagittas intorquere contendunt.* Et hoc est quod dicitur hic Bonifacius Presbyteris & Clericis scutellas obtulisse de rebus Ecclesiæ, id est, particulas rerum quæ obveniebant Ecclesiæ ex testamento vel donatione fidelium: quia erogatio hujusmodi fiebat per scutellas, id est, per signa seu tesseras. Unde distributiones annonæ vel annonæ ipsæ dictæ sunt scutellæ. Signum pro signato, sicuti in libris Juris tesseræ frumentariæ accipiuntur, pro annonis frumentariis quæ præstitabantur per tesseram, L. *Mortuo.* §. 1. L. *Titia. de legat.* 2. Aliàs scutella pro vasculo in quo pulmentum deponitur. Joann. Diacon. lib. 2. cap. 23. *Cui dedisti duodecim nomismata & argenteam scutellam, quam tibi miserat cum infusis leguminibus beata Sylvia mater tua.*

Hic congregavit Synodum in basilica beati Petri Apostoli, & fecit constitutum, ut sibi successorem ordinaret. Bonifacius II. in Synodo Romana constitutum fecit, ut sibi liceret successorem designare, & Vigilium Diaconum successorem elegit, exacto chirographo & jurejurando Cleri Romani: sed Bonifacius facti pœnitens, in secunda Synodo, quod gestum erat, rescidit, quia contra Canones hoc factum fuerat. Romanus Pontifex non potest designare successorem, can. *Si quis Papa.* can. pen. 29. dist. can. *Episcopo.* & seq. 8. qu. 1.

IN JOANNE II.

EODEM *tempore vir religiosus Augustus misit fidem suam chirographo scripto proprio ad Sedem Apostolicam per Episcopos, &c.* Justinianus Imp. misit professionem fidei ad Joannem II. Rom. Pontificem ex antiqua consuetudine. Symmachus Pon-

IN ANASTASIUM.
tifex in Apologetic. adverſ. Anaſtaſ. *Omnes Catholici Principes, ſive cùm Imperii gubernacula ſuſceperunt; ſive cùm Apoſtolicæ Sedi novos agnoverunt Præſules inſtitutos, ad eam ſua protinus ſcripta miſerunt, ut ſe docerent ejus eſſe conſortes. Itaque qui hoc non fecerunt, ab eadem ſe ipſos profitentur alienos: quod chartis quoque ſuis apud te etiam poſſumus adſtruere, niſi te æmulum & reum, & inimicum vitaremus & judicem.*

IN AGAPITO.

CVIVS corpus in loculo plumbeo tranſlatum eſt, uſque in baſilicam beati Petri Apoſtoli. Corpora majorum ſolebant condi in loculis plumbeis. Anaſtaſ. in Joann. III. de Narſete : *Cujus corpus poſitum eſt in locello plumbeo.* Idem Paul. Varnefr. de Geſt. Longobard. lib. 2. cap. 11. Veteribus loculus pro feretro, in quo condebantur corpora mortuorum, quæ non cremabantur. Plin. lib. 7. cap. 2. de pollice Pyrrhi.Regis : *Hunc cremari cum reliquo corpore non potuiſſe tradunt, conditumque loculo in templo.*

IN SILVERIO.

INTRA civitatem autem grandis fames erat, ita ut aqua venundaretur pretio, niſi nympharum remedium ſubveniſſet. A Gothis obſeſſa urbe Roma, eo penuriæ rerum omnium deventum eſt, ut aqua veniret, niſi urbi ſuccurſum eſſet nympharum remedio, id eſt, auxilio aquæ nympheorum, id eſt, balneorum, quæ frequentiora erant Romæ.

Tunc erat Vigilius Diaconus Apocriſiarius Conſtantinopoli. Apocriſiarii ſeu Reſponſales erant Miſſi ſeu Legati, qui nomine Romani Pontificis ſemper erant in comitatu Imperatoris, ut rebus Eccleſiæ proſpicerent. Eo munere functum eſſe Gregorium in aula Conſtantinopolitana tempore Pelagii, teſtis eſt Joannes Diaconus ejus Vit. lib. 1. cap. 26. *Nec multò pòſt pro reſponſis Eccleſiaſticis ad urbem Conſtantinopolim à Pelagio Præſule deſtinatur.* Hodie nuntii Apoſtolici vocantur. Per Apocriſiarios mandata Pontificia perferebantur ad Patriarcham CP. Anaſtaſ. in Theodoro : *Tunc ſanctiſſimus Theodorus Papa ſcripſit Paulo Patriarchæ regiæ civitatis, tam rogans, quamque regulariter increpans, necnon per Apocriſiarios pro hoc maximè deſtinatos præſentialiter ammonens & conteſtans.* Idem in Martino : *Qui videlicet Apocriſiarii, ex præcé-*

NOTÆ ET OBSERVATIONES

ptione *Apostolicæ auctoritatis commonuerunt eum, ut de tali heretico intentu recederet.* Idem in Nicolao: *Arsenium Episcopum hujus almæ Sedis Apostolicæ Apocrisiarium & Missum illico destinavit.*
    Et ad primum & secundum velum retinuit omnem Clerum. Silverius ingreſſus ad Bellifarium intra Pincianum Palatium, Clerici verò qui eum proſequebantur, retenti ad primum & ſecundum velum, id eſt, ad primas & ſecundas fores, ut conſtat ex hoc loco & epiſt. Silverii ad Amatorem, quæ extat in can. *Gulifarius.* 23. qu. 4. Vela ſumuntur pro foribus, quia fores auguſtarum vel majorum ædium erant velis obſeptæ. Tranquil. in Claudio: *Interque pretenta foribus vela se abdidit.* Anaſtaſ. in Gregor. IV. *Vela Alexandrina tria ante portas majores pendentia, habentia homines & caballos.* Tertull. adverſus Valentinian. *Tot syparia portarum.* Anaſtaſ. in Leone III. *Et alia vela alba holoserica majora tria, quæ pendent ante regias in introitu.* Sidon. lib. 1. epiſt. 2. *Pellitorum turba satellitum pro foribus immurmurat, exclusa velis, inclusa cancellis.* Foribus Eccleſiarum etiam vela appoſita. Hieronym. ad Heliodor. *Janitor creber in porta, vela semper in ostiis.* Nec velis caruere etiam fores ſcholarum. Auguſtin. de verb. Apoſtol. ſerm. 25. *Quamvis ille esset paganus grammaticus melior ad velum, quàm ad cathedram.* Laudatur Alexander Severus, quòd domi ſalutaretur,quaſi privatus patente velo, remotis admiſſionalibus. Lamprid. in Alexandro: *Salutabatur verò quasi unus ex Senatoribus patente velo, admissionalibusque remotis.* Et hoc eſt quod ait L. pen. C. *de naufrag.* *levato velo.*
    Et misit eum in exilium in Pontias. Silverius in exilium relegatus in Pontiam inſulam, quæ eſt in ora maris Tyrrheni. Ibidem exulaſſe Faviam Domitillam perſecutore Domitiano legitur. Martyrol. Rom. 7. Maii.
    Joannes Subdiaconus Regionarius primæ regionis tulit pallium de collo ejus. Fabianus Pontifex Notariis per ſeptem regiones Urbis diſpoſitis, ut Martyrum geſta colligerent, teſtimonii cauſâ adjecit totidem Subdiaconos: hinc dicti Subdiaconi Regionarii, ut hîc & infr. cod. *Tunc Sixtus Subdiaconus Regionarius regionis sextæ.*
    Qui deficiens mortuus est, & Confessor factus est. Silverius in exilio mortuus in inſula Pontia habitus eſt numero Confeſſorum. Idem de Martino mortuo in exilio in Cherſoneſſo inſula, Anaſt. in ejus Vit. *Et ibidem ut Deo placuit, vitam finivit in pace Christi Confessor.* Hoc diſtant Confeſſores à Martyribus, quòd Martyres ſunt, qui extrema paſſi ſunt pro fide: Confeſſores, qui aliquid paſſi ſunt

IN ANASTASIUM.
pro fide, putà exilium, carcerem, tormenta, non ufque ad necem. Optat. Milevit. lib. 1. adverf. Donatift. *Nam ferme ante annos fexaginta & quod excurrit, per totam Aphricam perfecutionis est devagata tempestas, quæ alios fecerit Martyres, alios Confessores.* Hanc diftinctionem juvat Cyprian. epift. 5. *Quemadmodum autem ad fumptus fuggerendos, fine illis qui gloriofa voce Deum confessi in carcere funt conftituti, &c.*

IN VIGILIO.

ET *fecit eum Patritium & Comitem.* Patriciatus erat culmen dignitatum: tamen interdum Patriciatui addebatur dignitas Comitivæ, quafi acceffio & complementum omnium dignitatum. Synef. epift. 144. Περὶ τῶ Κόμητος ἰγγεάφεις, λίγω ἢ τῶ τυχόντες ἀρχῆς τῆ ἐν τῇ πατρίδι ςρατιωτῶν. *De Comite fcripferas, intelligo autem de eo, qui adeptus eft præfecturam militum in patriam.* Jofeph Tiberiadenfi præpofito ædificiis Ecclefiarum Tiberiadis Comitivæ honorem adjecit Conftantinus : de quo Epiphan. hæref. 30. ἐξίωματος Κομήτων ἔτυχε. Comitis nomen datum eft omnibus magiftratibus, qui ex facro Comitatu affumerentur, ut patet ex Notit. dignitat. Imper. Necnon nomen & dignitas Comitis addi folebat Honoratis, id eft, iis qui functi erant omnibus muneribus reipublicæ gradatim, & per ordinem, L. 75. C. Th. *de Decurionib.*

Quo audito, Augusta mifit Anthemium Scribonem cum juffionibus fuis. Scribonum varium erat munus in perferendis & exequendis mandatis Imperatoris. Anaftaf. in Theodoro: *In boiatos mifit Ravennam per manus Maurini Scribonis.* De quo plura in Gregor. lib. 8. epift. 36. & lib. 12. epift. 30.

Anthemius Scribo veniens Romam invenit eum in Ecclefia fanctæ Ceciliæ 10. *Kalendas Decembris, & rogante populo tentus eft : erat enim natalis ejus dies, munera tradens populo.* Vigilius memoratur fuiffe in Ecclefia fanctæ Cæciliæ in die natali ejus, & munera tradidiffe populo. Hic locus intelligi poteft de Euchariftia, quia Græci eam vocant τὸ δῶρον, τὰ δῶρα, vel τὰ ἅγια δῶρα.

Plebs autem fequebatur eum acclamantes, ut orationem ab eo acciperent : data oratione, refpondit omnis populus, Amen. Oratione data Roman. Pontifex benedicebat populo. Anaftaf. in Stephano IV. *Illicque oratione ab Epifcopo data juxta antiquitatis morem,tribuentemque pacem omnibus, in Lateranenfe introduxerunt Patriarchium.* Idem in Sergio II. *Et data à prædicto almo Pontifice fuper populum oratione,*

NOTÆ ET OBSERVATIONES

ab Ecclesia pariter omnes regressi sunt. Cùm Sacerdos benedicit, populus respondet, *Amen.* Ambros. in Psalm. 40. *Sicut enim cùm Sacerdos benedicit, populus respondet, Amen. Confirmans benedictionem sibi, quam plebi Sacerdos à Domino deprecatur, ita in Psalmo responsum est, Fiat, Fiat, quasi Amen, Amen.*

Retransmisit Romam Ampliatum Presbyterum, & Vicedominum suum. Vicedominus est Vicarius Episcopi in temporalibus, can. *Diaconum.* can. *Volumus.* 89. dist. can. *Salvator.* 1. qu. 3.

Ingressus est Constantinopolim in vigilia Domini nostri JESU-CHRISTI. Vigiliæ cum jejunio præcedunt majores solemnitates, putà Nativitatis Domini, Pascha, Pentecostes, Assumptionis B. Mariæ, Joannis Baptistæ, Apostolorum : inde dictæ, quia orationis causa in his de nocte solebant celebrari vigiliæ, cap. *Quæsivit.* de V. S. Ambros. serm. 60. de fest. Pasch. & Pentecost. *Tunc enim sicut modò fecimus, jejunavimus Sabato, vigilias celebravimus orationibus pernoctantes instituimus.* Gregor. de Mirac. D. Martin. lib. 2. cap. 25. *Num cùm in venerabili Dominicæ Nativitatis nocte sacrosanctis deducta excubiis, procedentes de Ecclesia ad basilicam Sancti ire destinaremus.* Ambros. de Virginib. lib. 3. *Dies factus est Petrus, dies Paulus: nox fuit, cùm pauciores ad vigilias convenerunt.* Sed licèt desierint vigiliæ, mansit nomen, & in vigiliis jejunium. Auctor sermon. ad fratres in Eremo serm. 25. de nativitate Joannis Baptistæ : *Hæc autem festivitas non solùm apud fideles, sed apud infideles vigiliam habet : in hoc festo maximè Pagani infideles ad Ecclesiam suam conveniebant vigilantes, sed destructis vigiliis illis, adhuc tamen antiquitatis nomen tenemus, quia dum jejunamus, vigiliam nunc cupamus.*

Tunc adunatus Clerus rogaverunt Narsetem, ut unà cum ejus suggestione rogarent Principem. Suggestio est inductio, admonitio. Anastas. supr. eod. *Tunc Romani fecerunt suggestiones suas contra Vigilium.* Idem in Joann. III. *Tunc Romani invidiâ ducti suggestionem fecerunt Justiniano & Sophiæ.* Et infr. *Vt cognovit Joannes Papa, quia suggestionem suam ad Imperatorem contra Narsetem misissent.* Suggerenda idem est. Victor Uticens. de persec. Vandalic. lib. 2. *Nullum invenit remedium imminens calamitas, nisi à sancto Eugenio rationabilis, si cor barbarum moveretur, suggerenda daretur tali textu conscripta.* Et infr. *Et quia secundo responso suggerendam me promisi oblaturum.*

IN

IN PELAGIO.

EODEM tempore Narses & Pelagius Papa consilio inito, data Litania à sancto Pancratio, cum hymnis & canticis spiritualibus venerunt ad sanctum Petrum Apostolum. Litania seu processio solemnis indicta per Pelagium ab æde sancti Pancratii ad basilicam S. Petri Apostoli. Pestis depellendæ causâ solemnem Litaniam indixit Gregorius I. de quo Gregor. ipse lib. 2. epist. in Præf. Gregor. Tur. lib. 10. cap. 1. Paul. Diac. de gest. Longobard. lib. 3. cap. 25. Joan. Diacon. lib. 1. cap. 25. Litaniarum usum laudavit Justinianus Novella 123. cap. 22. Solemnis Litania per singulas hebdomadas die Sabati indicta ab Honorio. Anastas. in Honorio: *Hic fecit constitutum in Ecclesia, & decrevit ut per omnem hebdomadam Sabato die exeat Litania ab beatum Apollinarem, & ad beatum Petrum Apostolum, cum hymnis & canticis populus omnis occurrere debeat.*

Pelagius tenens Evangelia & crucem Domini super caput suum, in ambonem ascendens, satisfecit cuncto populo & plebi, quia nullum malum peregisset contra Vigilium. Pelagius in ambone, id est, pro suggestu Ecclesiæ, se purgavit de nece Vigilii per SS. Evangelia & crucem Domini. Similiter Leo III. de objectis sacramento se purgavit, adhibitis 12. Episcopis, in ambone Ecclesiæ. Anastas. in Leone III. can. *Auditum.* can. *Omnibus.* 2. qu. 5. can. *Nos si.* ead. cauf. qu. 7. & Sixtus III. à quodam Basso accusatus in Synodo se purgavit, can. *Mandastis.* 2. qu. 5.

IN JOANNE III.

HIC *constituit ut oblationes, amulæ vel luminaria in eisdem cimiteriis per omnes Dominicas de Lateranu ministrarentur.* Oratoria erant in cœmiteriis Urbis, in quibus sacrificium missæ per singulas dies Dominicas celebrari solebat: idcirco ne sumptus deesset, Joannes III. constituit, ut oblationes, id est, panis qui offerendus erat sacrificii causâ, hamæ seu amulæ, id est, urceoli quibus continetur vinum & aqua ad Sacrificium missæ, & luminaria, id est, cerei ministrarentur de Lateranis, id est, de Lateranensi basilica. Idem constitutum à Gregorio III. Anastas. in ejus Vit. *Iisdemque institutis disposuit, ut in cimiteriis circumquaque positu Roma in die natalitiorum eorum* (id est, SS. Apostolorum &

NOTÆ ET OBSERVATIONES

Martyrum) *luminaria ad vigilias faciendas , ut oblationes de Patriarchio, per oblationarium deportarentur ad celebrandas missas , per quem præviderit Pontifex , qui pro tempore fuerit , Sacerdotem.*

IN BENEDICTO.

SEPULTUS *est in basilica beati Petri Apostoli in secretario.* Secretarium est sacrarium Ecclesiæ, in quo vasa sacra asservantur. Græci διακονικὸν appellant, Syn. Laodicen. can. 21. Agath. can. 66. can. *Non oportet.* 1. & 2. 23. dist. Sulpic. Sever. dialog. 2. *Præteriens ergo Martinus in secretario Ecclesiæ habuit mansionem.* Gregor. Tur. lib. 5. cap. 18. *Nos collecti in unum sedebamus in secretario basilicæ beati Petri, &c.* Leo Ostiens. Chronic. Cassinens. lib. 3. cap. 26. *Juxta cujus absidam , bicameratam domum ad thesaurum Ecclesiastici ministerii recondendum extruxit , quæ videlicet domus Secretarium appellatur.* Ante secretarium sepultus est Gregor. I. Anastas. in ejus Vit. *Et sepultus in basilica beati Petri Apostoli ante secretarium.* In secretario stabant Rom. Pontifices processuri ad Ecclesiam. Idem in Adriano II. *Hinc sanctissimo Papæ Adriano cum Episcopis & proceribus , in secretario sanctæ Mariæ Majoris juxta morem sanctæ Sedis Apostolicæ residenti , se satis humiliter præsentarunt , dona & epistolas obtulerunt.* Aliàs secretarium est Prætorium judicis, L. 3. C. *Ubi Senator , vel clariss.* Ambros. serm. 4. *Sed fortè judicem metuis, quem in secretario reliquisti.* Augustin. de serm. Domin. in monte cap. 21. *Quemadmodum etiam & in hac ordinatione Reipublicæ , vel à secretario , vel à Prætorio judicis extramittitur , qui in carcerem traditur.* Symmach. lib. 10. epist. 36. *Cùm examinandos ritus Bassi Præfecti Urbis potestas vicaria ad secretarium commune prodidisset.*

IN PELAGIO II.

HIC *ordinatur absque jussione principis , eo quòd Longobardi obsiderent civitatem Romanam.* Idem Sigebert. in Chronic. ad ann. 581. & Paul. Varnefrid. de gest. Longobard. cap. 20. Ex consuetudine Rom. Pontifices non solebant ordinari sine assensu Imperatoris CP. can. *Agatho.* 63. dist.

IN BONIFACIO III.

HIC *obtinuit apud Phocam Principem, ut Sedes Apostolica beati Petri Apostoli caput esset omnium Ecclesiarum.* Id est, Ecclesia Romana, quia Ecclesia Constantinopolitana primam se omnium Ecclesiarum scribebat. Bonifacius III. impetravit à Phoca, ut Ecclesia Romana prima omnium Ecclesiarum diceretur, quia Constantinopolitana se primam jactabat propter Imperii sedem illuc translatam. Sigebert. in Chronic. ad ann. 607. Otho Frising. Chronic. lib. 5. cap. 16. Aymoin. lib. 4. cap. 4. Lupold. Babeng. de jur. Regni. c. 1.

Hic fecit constitutum sub anathemate, ut nullus Pontifice vivente, aut Episcopo civitatis suæ, præsumat loqui de successore, aut partes sibi facere, nisi tertio die depositionis ejus, adunato Clero & filiis Ecclesiæ: tunc electio fiat, &c. Bonifacii III. decretum est, ne Rom. Pontificis electio fiat, nisi post tertium diem depositionis, id est, sepulturæ defuncti, can. *Nullus.* 79. dist. cap. *Bonæ memoriæ.* de elect.

IN BONIFACIO IV.

EODEM *tempore petiit à Phoca Principe templum, quod appellatur Pantheon, in quo fecit Ecclesiam sanctæ Mariæ semper Virginis, & omnium Martyrum.* Hæc Ecclesia dicta est sanctæ Mariæ ad Martyres. Anastas. in Paulo: *Ipse verò hoc agnito fugit in Ecclesiam sanctæ Dei Genitricis Virginis Mariæ, quæ vocatur ad Martyres.* Sic dicta, quia Pontifex Kalendis Novembris celebrandam ibi instituit solemnitatem omnium Martyrum, quæ postea transiit in solemnitatem omnium Sanctorum. Sigebert. in Chronic. ad ann. 609. *Hic Pantheon Romæ à Phoca Imperatore impetratum vertit in Ecclesiam sanctæ Mariæ & omnium Martyrum, quæ postea crescente religione Christiana decreta est fieri in honore omnium Sanctorum.* Hanc posteriores Rotundam vocarunt. Bertoldus Constantiensis Presbyter in Chronic. ad ann. 1087. *Guibertus verò heresiarcha, non magis ab incœpta perversitate cessavit, imò se apud sanctam Mariam ad Martyres, quam Rotundam dicunt, incastellavit.*

H ij

NOTÆ ET OBSERVATIONES
IN DEUSDEDIT.

ET *datâ Rogâ militibus, pax facta est in tota Italia.* Roga est erogatio quæ à Principe donationis vice fiebat militibus. Anastas. in Severino : *Quando & Rogæ vestræ, quas Domnus Imperator vobis per vices mandavit, ubi sunt à sancto viro reconditæ.* Gregor. lib. 2. epist. 32. *Theodosiani verò qui hic remanserunt, Rogam non accipientes, vix ad murorum custodiam se accommodant.* Ubi dixi. Roga etiam est erogatio quæ à Rom. Pontificibus fiebat Clero, vel plebi. Anastas. infr. eod. *Hic dimisit pro obsequiis suis & ad omnem Clerum Rogam unam integram.* Idem in Bonifac. V. *Hic Clerum amavit, Rogam integram Clero suo dedit. Hic dimisit omni Clero pro obsequiis suis Rogam unam integram.* Idem in Joanne IV. *Hic dimisit omni Clero Rogam integram.* Idem in Eugenio : *Rogam Clero solitam tribuit.* Idem in Leone III. *Hic verò Rogam Clero suo in Presbyterio maximè ampliavit.*

Hic constituit secundam missam in Clero. Unica missa publica, id est, solemnis, diebus Dominicis celebrari solebat, can. *Et hoc. de consecr.* dist. 1. De quo Dionys. Areopag. epist. ad Demophil. Joan. Mosch. Limonar. cap. 27. Alteram missam celebrari instituit Leo P. ne nimis arctaretur populus, unius missæ more servato, can. *Necesse. de consecr.* dist. 1. & post eum Deusdedit P. secundam Missam in Clero, id est, in Ecclesia Romana instituit, teste Anastasio hic, quia fortè consuetudo unius Missæ publicæ nondum desierat in Ecclesia Romana, quæ semper antiquitatis tenacior fuit.

IN BONIFACIO V.

HIC *constituit, ut testamentum valeat secundùm jussionem Principis.* Decreto Bonifacii V. sancitum, ut testamenta condita secundùm jussionem Principis, id est, secundum leges, valeant.

Hic constituit, ut nullus trahatur de Ecclesia. Decretum Bonifacii V. est, ne quis per vim extrahatur de Ecclesia. Idem antè sancitum constitutione Theodosii l. 3. C. *de his qui ad Ecclesi. confug.* August. in Psalm. 150. *Tales compedes consolidant vobis & Episcopi manus, numquid non fugiunt in Ecclesiam compediti; & solvuntur hîc.*

Hic constituit ut Acolytus non præsumat reliquias sanctorum Marty-

IN ANASTASIUM.
rum levare, nisi Presbyter. Decretum Bonifacii est, ne Acolyto liceat reliquias Martyrum gestare, sed tantùm Presbytero. Tamen Diaconorum ministerium fuit Sanctorum reliquias diebus solemnibus ante Episcopum præferre, Conc. Brachar. III. can. 5.
Hic constituit ut in Lateranis Acolytus non baptizaret cum Diacono, sed Subdiaconi sequentes. Diaconorum erat baptizare, uti Presbyterorum. Tertull. de baptism. cap. 17. *Dandi quidem habet jus summus Sacerdos, qui est Episcopus : dehinc Presbyteri, & Diaconi, non tamen sine Episcopi auctoritate, propter Ecclesiæ honorem.* Hieronym. ad Luciferian. *Non quidem abnuo hanc esse Ecclesiarum consuetudinem, ut ad eos qui longè in minoribus urbibus, per Presbyteros & Diaconos baptizati sunt, Episcopus ad invocationem sancti Spiritus manum impositurus excurrat.* Bonifacii decretum singulare fuit, ne in Lateranensi basilica Diaconus baptizaret cum Acolyto, sed cum Subdiacono.
Castrum quod dicitur Luceolis. Ejusdem meminit Anast. in Gregor.

IN HONORIO.

INVESTIVIT regias januas in ingressu Ecclesiæ majoris, quæ appellantur Medianæ, ex argento. Regiæ sunt majores fores Ecclesiarum. Joannes Monach. in Vit. S. Odonis Abbatis Cluniacens. de Apro quem vocat singularem : *Ille autem omissa feritate, ut ingredienti aditus à quovis concederetur, prædictas regias diutiùs pulsavit, atque oris sui spuma, quo adhærere potuit, linivit.* Porta basilicaris idem est. Frodoard. in Chronic. ad ann. 820. *Rhemis in Monasterio sancti Petri ad portam basilicarem.* Idem lib. 4. Hist. Rhem. cap. 46. Majorem portam basilicæ sancti Petri regiam vocat Paulin. epist. 33. *In amplissimam gloriosi Petri basilicam, per illam venerabilem regiam, cærulea eminus fronte ridentem.* Anastas. in Conone : *Qui missi fuerant de exercitu, ad custodiendas regias basilicæ clausas observabant.* Idem in Gregorio III. *Ab arcu altaris usque ad regias.* Idem in Leone III. *Fecit in basilica Dei Genitricis ad præsepe in ingressu præsepii regias vestitas ex argento purissimo.*
Et formam quæ deducit aquam in lacum Sabbatenum, & sub se formam, quæ conducit aquam Tyberis. Honorius formam, id est, aquæductum deduxit ex lacu Sabatheno in Urbem, in atrium Ecclesiæ beati Petri Apostoli. Eandem restituit Adrianus I. Anastas. in ejus Vita : *Forma quæ vocatur Sabbatena, nimis confracta existens, per quam decurrebat aqua per Centenarium*

H iij

in atrio Ecclefiæ beati Petri Apoftoli, &c. Eandem reftituit Gregor. IV. Anaftaf. in ejus Vit. *Formam quæ Sabbatena nuncupatur, &c.* Forma Sabbatena eft, quæ deducitur ex lacu Sabateno, qui angularius vocatur, L. *Rutilia Polla. ff. de contrah. empt.* Unde nomen, à tribus angulis, quos præ fe fert via Aurelia quà ducit in Vaticanum, ut nos docuit Platina in Adriano. In atriis Eccleſiarum erant chantari ſeu fontes aquarum, quæ foris magno fumptu ducebantur per fiftulas in ufum Eccleſiarum. Anaftaf. in Gregorio II. *Sancti Laurentii pariter Eccleſiam foris muros fitam reparavit, atque aquam fiſtulis compaginatis, poſt multum temporis in eandem Ecclefiam reduxit.*

Fecit Eccleſiam beato Adriano Martyri in tribus Fatis, quam & dedicavit. Tria Fata locus in Urbe, cujus meminit Procop. de Bell. Gothic. lib. 9. ad fin. Quod comprobatur & alio loco Anaftafii in Adriano: *In Eccleſia verò beatorum Cofmæ & Damiani in tribus Fatis veſtem de ſtauracin fecit.* Et rurſus: *Bafilicam SS. Cofmæ & Damiani fitam in tribus Fatis reſtauravit.* Ne mihi tribuam aliena, hoc jam obfervavit Lacerda Adverfar. cap. 149. n. 27. Fortè etiam legendum *de tribus Satis,* id eft, tribus annis, juxta vulgare rufticorum, qui numerant annos per fata ſeu fegetes. Virgil. eclog. 1.

Poſt aliquot mea regna videns mirabor ariſtas.

IN SEVERINO

H*UIUS temporibus devaſtatum eſt Epiſcopium Lateranenſe à Mauritio Chartulario, & Iſacio Patritio & Exarcho Italiæ, cùm adhuc electus eſſet Domnus Severinus.* Cùm adhuc electus eſſet Severinus, id eft, electus & nondum confecratus, Epiſcopium, id eft, Patriarchium Lateranenſe, à Mauritio Chartulario, & Iſacio Patritio, & Exarcho Italiæ direptum eft. Vacantium Eccleſiarum res à plebe diripi folebant: quod genus prædationis levas vocabant à verbo *levare*, quod ſonat tollere, à Victore III. vetitum. Leo Oftienſis Chronic. Caſſinenſ. lib. 2. cap. 97. *Seditiones quas dicunt levas ſeu prædationes, quas hic in Abbatis dormitione fieri ſolere compererat, Victor III. P. ne ultra fieret, ſeveriſſime interdixit.* Petr. Damian. libr. 5. ep. 6. *Plebium conſuetudinem fama vulgante cognovimus, ut videlicet ſuo defuncto Epiſcopo domum Epiſcopi hoſtiliter irrumpentes invadant, facultates ejus prædonum more diripiant, prædiorum domos invadant, vites inſuper & arbuſta beſtiali immaniore s ſeri-*

IN ANASTASIUM.

tate fuccidant: quod nimirum nifi Ecclefiaftici rigoris fuerit cenfura correctum, haud dubium quin regionibus illis repentini furoris immineat gladius. Nec defiit furor plebis Romanæ diripiendi ædes Pontificias vacante Sede. Monftrelet. Chronic. vol. 1. cap. 62 de electione Joannis XXIII. *Et tantoft toute fa maifon fut forcée & on´emporta tout ce qu'on y trouva, & mefmement n'y demeura huys ne feneftre, que tout ne fuft ofté.* Bafilica Lateranenfis eft prima è Patriarchalibus Ecclefiis urbis Romæ, fic dicta, quòd è domo Laterani converfa eft in Ecclefiam. Hieronym. ad Occean. de Fabiola: *In bafilica quondam Laterani, qui Cafariano truncatus eft gladio.* Bafilicæ Lateranenfi adjungitur Epifcopium feu Patriarchium Lateranenfe, quia ibi fuit domicilium & palatium antiquorum Romanorum Pontificum. Anaftaf. in Vigilio & Stephano III. *Quo audito, Augufta mifit Anthemium Scribonem cum juffionibus fuis, & cum virtute majore Romam dicens: Excepto in bafilica fancti Petri parce: nam fi in Lateranis atque in Palatio aut in qualibet Ecclefia inveneris Vigilium, mox impofito in navi, perduc eum ufque ad nos.* Radevic. de Frideric. geft. lib. 1. cap. 10. *Vnde de Imperatore Lothario in Palatio Lateranenfi fuper hujufmodi picturam fcriptum eft: Rex venit ante fores jurans prius Urbis honores. Poft homo fit Papæ, fumit quo dante coronam.* Et Anaftaf. ipfe in Stephano IV. *Illicque oratione ab Epifcopo data juxta antiquitatis morem tribuentemque pacem omnibus, in Lateranenfe introduxerunt Patriarchium.*
Et figillaverunt omne veftiarium Ecclefiæ, feu cymilia Epifcopii. Cimelium Ecclefiæ eft veftiarium, in quo facræ veftes, vel facra vafa & res pretiofiores Ecclefiæ cuftodiæ caufâ reponuntur, ut interpretatur ipfe Anaftafius hic & infr. eod. *Quomodo ipfe cum exercitu figillaffet omne veftiarium Epifcopii.* Idem in Vitaliano: *Sed & vafa facrata vel cymilia fanctarum Dei Ecclefiarum tollentes nihil dimiferunt.* Paul. Varnefrid. de geftis Longob. libr. 5. cap. 11. *Nam & vafa & cimelia fanctarum Dei Ecclefiarum, imperiali juffu & Græcorum avaritia fublata funt.*

IN THEODORO.

INTARTIZAVIT *adverfus Ifacium Patricium.* Mauritius Chartularius dicitur intartizaffe adverfus Ifacium Patricium & Exarchum Ravennatem. *Intartizare* eft infurgere, rebellare adverfus Principem. Anaftaf. in Adeodato. *Hujus temporibus Mezentius qui erat in Sicilia cum exercitu Orientali, intartizavit, & arripuit re-*

NOTÆ ET OBSERVATIONES

gnum auctor rebellionis. Hinc intarta Anaſtaſ. in Deuſdedit : *Qui egreſſus de Roma venit Neapolim, quæ tenebatur à Joanne Compſino intarta.* Idem in Adeodato : *Et multi ex judicibus ejus truncati perducti ſunt Conſtantinopolim, ſimul & caput ejuſdem intartæ, id eſt, Mezentii.* de quo antea. Ductum à Græco ἀντάιρειν.

Miſit Donatum Magiſtrum Militum, & Sacellarium ſuum ad civitatem Romam cum exercitu. Sacellarius fuit inter officia aulæ Conſtantinopolitanæ : is fuit Præfectus fiſci quaſi Sacellarius, à ſacello quod eſt diminutivum ſacci, quo nomine fiſcus ſignificatur. Auguſtin. in Pſalm. 146. *Fiſcus enim ſaccus eſt, unde & fiſcellæ & fiſcinæ dicuntur.* Et infr. *Fiſcus ſaccus eſt publicus.* Inter officia Eccleſiæ Romanæ cenſetur & Sacellarius, ut in Ordin. Roman. & apud Anaſtaſ. in Gregor. II. in Adrian. I. & Leone III.

Fugit Mauritius ad Beatam Mariam ad Præſepe, quem tollentes de Eccleſia, miſerunt boiam in collum ejus. Boia vinculi genus Feſto. Arnold. Lubec. in ſuppl. Helmoldi libr. 2. cap. 26. *Cumque Epiſcopus facta aſperſione, ad eos deveniſſet, boiam aquâ benedictâ miſeratione ductus aſperſit, his uſus verbis : Dominus erigit eliſos, Dominus ſolvit compeditos ; & ſtatim eum magno ſtrepitu boia diſcrepuit.* Hinc inboiati pro vinctis. Anaſtaſ. infr. eod. *Similiter & omnes qui conſilio cum ipſo fuerant, inboiatos miſit Ravennam.* Et rurſus : *Illos autem qui cum ipſo directi fuerant, omnes inboiatos juſſit arctâ cuſtodiâ in carcerem mitti.*

Videns autem Iſacius caput Mauritii gaviſus eſt, & fecit ad exemplum multorum in Circo Ravennate in ſtipitem poni. Damnatorum capita ad exemplum in ſtipite proponebantur. Beda Hiſt. libr. 5. cap. 12. *Porro caput & manus cum brachiis à corpore præciſas juſſit Rex qui occiderat, in ſtipitibus ſuſpendi.* Damnatorum capita, ut perduellium, miſſa ad Principem. Anaſtaſ in Adeodato : *Et multi ex Judicibus ejus truncati perducti ſunt Conſtantinopolim, ſimul & caput ejuſdem intartæ.* Idem in Gregor. II. *Cujus abſciſſum caput Conſtantinopolim, ad Principem miſſum eſt.* Mauritii caput ſpectaculi causâ in ſtipite poſitum in Circo. Martyres traducti per amphitheatrum, & ibidem mactati. Euſeb. lib. 5. cap. 1. Hieronym. de ſacris Script. cap. 17.

Ipſis temporibus venit Pyrrhus ex Africa, qui fuerat Patriarcha CP. in urbem Romam ad limina Apoſtolorum. Frequens fuit peregrinatio fidelium ad limina Apoſtolorum. Anaſtaſ. in Leone IV. *Cum ipſe undique Chriſtianum populum ad Principis Apoſtolorum ſacratiſſima orationis causâ vel gratiâ limina deſtinari cerneret.* Sidon. libr. 1. epiſt.

IN ANASTASIUM.

epist. 5. *Inter hæc patuit & Roma conspectui, cujus mihi non solùm formas, verùm etiam naumachias videbar epotaturus, ubi priusquam vel pomœria contingerem, triumphalibus Apostolorum liminibus affusus, omnem protinus sensi membris malè fortibus explosum esse languorem.* Odo Cluniacens. Vit. S. Geraldi Comitis libr. 2. cap. 17. *Consuetudinem sibi fecerat, ut Romam frequentiùs adiret.* Gregor. VI. in oratione ad Cardinales apud Continuatorem Bedæ libr. 2. cap. 26. *Securi peregrini insuetas viarum tenebant orbitas, lecti per urbem, antiquis oculos pascebant miraculis, cantantes donis factis repatriabant.* Hinc securitatis causâ Romipetæ, sub protectione Sedis Apostolicæ positi, & ex constitutione Callixti II. si quis Romipetas visitantes limina Apostolorum ceperit, excommunicatur, can. *Si quis Romipetas.* 24. qu. 3.

Fecit eum munera erogare in populum, & Cathedram ei poni juxta altare, honorans eum in Sacerdotem regiæ Civitatis. Largitionis causâ sparsio nummorum solet fieri in plebem à Romano Pontifice. Anastas. in Leone IV. *In omnes qui aderant huic celebritati, in assumptione sc. B. Mariæ Virginis plures argenteos erogavit.* Pyrrho olim CP. Romam venienti honoris causâ hoc concessit Pontifex, ut largitionem faceret in plebem.

Eodem tempore revelata sunt corpora sanctorum Martyrum Primi & Feliciani, quæ erant in arenario sepulta via Numentana. Revelatio Martyrum solemni celebritate colitur. Ambros. in Psalm. 118. serm. 6. *Celebramus enim diem quo revelata sunt populis corpora sanctorum Martyrum.* Ea fuere corpora SS. Gervasii & Prothasii. Translatio & elevatio reliquiarum fiebat cum majori solemnitate. De iisdem Martyribus Ambros. epist. 85. *Quid multa. condivimus integra, ad ordinem transtulimus, vespere jam incumbente ad basilicam Faustæ, ibi vigiliæ tota nocte, manus impositio: sequenti die transtulimus ea in basilicam, quam appellent Ambrosianam. Duos transferimus, cæcus sanatus est.* Cujus rei testis est & August. libr. contra Petilian. epist. cap. 16.

IN MARTINO.

U*T & clementissimo Principi suaderet typum exponere.* Typus est pragmaticum Edictum, Nov. 113. cap. 1. Syn. VI. in Trull. can. 38. τοῖς πολιτικοῖς καὶ δημοσίοις τύποις. *Civiles ac publicos typos* Et Balsamo in can. 12. Syn. Calched. τὰ βασιλικὰ θεσπίσματα, πραγματικοὶ τύποι λέγονται. *Imperialia Edicta pragmatica*

I

NOTÆ ET OBSERVATIONES

formæ dicuntur. Hinc Anastas. inf. cod. *In quo typo omnes omnino voces sanctorum Patrum, cum nefandissimorum hæreticorum dictionibus enervavit.* Et infr. *Et si quidem inveneris provinciam ipsam consentientem in typo à nobis exposito.* Et infr. *Quia factus est à nobis orthodoxus typus.* Typi etiam sunt pacta pacis inter Principes. Paul. Diaconus libr. 19. *Destruxit autem & pacem cum Bulgaribus fixam, perturbans typos, qui à patre ordinabiliter facti sunt.*

Ipse in lite præsumere studuit in tantum, ut altare sanctæ nostræ Sedis, quod erat in domo Placidiæ sacratum, in venerabili oraculo subvertens diriperet. Oraculum pro oratorio. Anastas. infr. in Agathone: *In oraculo beati Petri Apostoli intra Palatium.* Et rursus: *Intra oraculum sancti Petri intra Palatium.* Idem in Sergio: *In oraculum beati Cæsarii Martyris Christi.*

Quatenus minimè totius corpus catholicæ Ecclesiæ nocibilis eorum ecthéseos languor disrumpere valeat. Ecclesis à Græco ἔκτωσις, defectio, solutio membrorum, tabes, ecclesis, τῆσις, morbus sonticus: de quo in L. 1. §. *Sed sciendum.* ff. de Ædil. edict.

Et fecit Synodum secundùm institutum Patrum orthodoxorum, in Ecclesia Salvatoris juxta Episcopium Lateranense. Plerumque Synodi Romanæ celebratæ fuere in Ecclesia Lateranensi, quæ dicta est Constantiniana à conditore, quia condita est à Constantino. Anastas. in Sylvestro, & infr. hoc loco: *Qui tollentes sanctissimum Martinum Papam de Ecclesia Salvatoris, quæ & Constantiniana dicitur.* Eadem dicta est Salvatoris, quia dicata est Salvatori, & habuit fastigium argenteum, quod habet in fronte Salvatorem sedentem in sella. De ea Petr. Damian. libr. 2. epist. 1. *Lateranensis Ecclesia sicut Salvatoris est insignita vocabulo, qui nimirum omnium caput est electorum, ita mater & quidam apex, & vertex est omnium per orbem Ecclesiarum. Hæc septem Cardinales habet Episcopos, quibus solis post Apostolicum sacrosanctum illud Altare licet accedere, ac divini cultus mysteria celebrare.*

Sedentibus Episcopis & Presbyteris, adstantibus Diaconis & Clero universo. In Concilio Episcopi & Presbyteri sedent, Diaconi adstant, ex Con. Laodic. can. 20. can. *Non oportet.* 93. dist. Jo. Chrysostom. in Matth. Homil. 33. διά σι καθῇ ταῦ ὁ πρισβύτερος, ὁ δὲ τε ἐστηκὼς ὁ διάκονος, πόνων καὶ ταλαιπωρούμενος. *Causâ tui Presbyter sedet, causâ tui stat Diaconus, laborans & afflictus.* Conc. Romanum de imaginibus colendis à Gregorio III. habitum, residentibus Episcopis & Presbyteris, adstantibus Diaconis. Anastas. in ejus Vit.

IN ANASTASIUM.

Nam dum communionem ei porrigeret sanctissimus Papa, voluit eum crudeliter interficere, ut demandarat suo Spathario. Spatharius est qui gestat gladium Principis. Franci spatham vocant. Aymoin. libr. 1. cap. 12. *Et extensa manu Franciscam ejus terræ dejecit, quæ spatha dicitur.* Anastas. in Gregor. II. *Spatham atque ensem deauratam.* Inde Spatharius & Protospatharius. Anastas. in Sergio: *Deinde Zachariam immanem suum Protospatharium cum jussione direxit.* Et infra: *Zacharias Spatharius perterritus.* Idem in Gregorio II. *Marianus imperialis Spatharius, qui Romanum Ducatum tenebat.* Cassiodor. 3. Var. epist. 43. Officium Spatharii fuit spatham Imperatoris evaginatam præferre. Annal. Franc. *Ante ejus tribunal, spatha nuda more imperiali præferebatur.*

Et non est permissus videre Pontificem, quando Exarcho communionem porrexit, vel pacem dedit. Episcopus vel Pontifex pacem dat, id est, benedictionem. Ambros. de excess. Satyri: *Procedamus ad tumulum, sed prius ultimum coram populo vale dico, pacem prædico, osculum solvo.* Jo. Chrysostom. in Matth. Homil. 29. καὶ γὰρ δὴ ἐκκλησία ὁ προεστὼς δίδωσιν εἰρήνην. *Nam & in Ecclesia Præsul pacem præstat.*

IN EUGENIO.

UT etiam die transitus sui pauperibus vel Clero, seu familiæ Presbyteria in integrum erogari præciperet. Eugenius in die mortis, Clero & pauperibus, & familiæ Presbyteria erogari præcepit, id est, annonas, quales erogari solent Presbyteris. Anastas. in Zachar. *Hic dilexit Clerum suum valde, atque Presbyteria eis annue in duplo & amplius tribuit.* Modus annonarum Presbyterorum & Clericorum erat varius pro dignitate ordinis: qui major est ordine, potior esse debet in portione percipienda, cap. *Statuimus. de majorit. & obed.* Benedictionem vocat Anastas. in Conone: *Hic dimisit omni Clero & Monasteriis benedictionem in auro, sicut prædecessor ejus Benedictus Papa.*

Hujus temporibus Petrus Patriarcha Constantinopolitanus direxit synodicam epistolam ad Sedem Apostolicam juxta consuetudinem priorem omnino obscurissimam & ultra regulam. Romani Pontifices & Patriarchæ sub initio solebant mittere synodicam epistolam ordinationis suæ ad Imperatorem & Patriarchas, & Patriarchæ ad Sedem Apostolicam. Anastas. in Vitaliano: *Hic direxit Responsales suos cum synodica juxta consuetudinem, in regiam urbem apud piissimos.*

Principes significans de ordinatione sua. Idem in Gregorio III. *Hic beatissimus vir, juxta ritum Ecclesiasticum, & fidei suæ sponsionem orthodoxam Synodicam Ecclesiæ misit Constantinopolitanæ, simulque & aliam suggestionem dirigens serenissimo Constantino Principi.*

In basilica sanctæ Dei genitricis semperque Virginis Mariæ, quæ appellatur ad Præsepe. Basilica sanctæ Mariæ, quæ dicitur ad Præsepe, est una è quinque Patriarchalibus Ecclesiis Urbis, una ex septem quæ solemni ritu visitari solent, sic dicta à sacello præsepis in ea posito. Anastas. in Gregorio II. *Hic Gerontocomium, quod post absidam sanctæ Dei Genitricis ad Præsepe, situm est Monasterium instituit.* Primùm dicta est basilica Liberii à conditore; id est Liberio P. qui eam condidit, ex Anastasio in ejus vit. à Sixto III. restituta & B. Mariæ Virgini dicata, dicta est basilica S Mariæ: tum à sacello præsepis dicta est ad Præsepe. De quo Anastas. in Gregor. III. *Fecit & ibidem in Oratorio quod Præsepe dicitur, imaginem auream Dei Genitricis.* Idem in Leone III. *Fecit in basilica Dei Genitricis ad Præsepe in ingressu præsepii regias vestitas ex argento purissimo.* Tandem eadem dicta est basilica sanctæ Mariæ Majoris. Idem in Gregorio IV. *Et in ea sanctum fecit præsepium ad similitudinem præsepii sanctæ Dei Genitricis, quod appellatur Majoris.* Idem in Sergio II.

IN VITALIANO.

ET ipsa die ambulavit Imperator ad sanctum Petrum, adorationem, & donum ibi obtulit. Imperator ingrediens Romam, mox orationis causâ properat ad basilicam Petri, & dona offert. Augustin. in Psalm. 140. *Imperator venit Romam, quo festinat ad templum Imperatoris, an ad memoriam Piscatoris.* Idem in Psalm. 65. *Sed melius est, ut Romam cùm venerit Imperator, deposito diademate, ploret ad memoriam Piscatoris, quàm ut Piscator ploret ad memoriam Imperatoris.*

Dominico die processit ad sanctum Petrum cum exercitu suo, omnes cum cereis exierunt obviàm ei, & obtulit super altare illius pallium auro textile, & celebratæ sunt Missæ. Imperatori basilicam sancti Petri adeunti Clerus occurrit cum cereis, & Imperator ex more dona obtulit. Occursûs honor Imperatoribus & Principibus Ecclesiam ineuntibus impensus ab Episcopis & Clericis, & Imperator sacris interesse non solet sine oblatione. De quo fusè lib. 1. de Ducib. & Comit. cap. 17.

IN ANASTASIUM.

Item Dominico die fuit statio ad sanctum Petrum. Stationes die Dominico fiebant. Stationes erant statæ preces, quas fideles stantes faciebant in singulis Ecclesiis urbis Romæ, præcipuè die Dominico, in memoriam Dominicæ Resurrectionis. Tertull. de Coron. milit. *Jam & stationes, aut alii magis faciet, quàm Christo, aut & Dominico die quando nec Christo.*

Et Ecclesiam beatæ Mariæ ad Martyres, quæ de tegulis æreis erat cooperta, discooperuit. Tectum basilicæ sanctæ Mariæ ad Martyres fuit è tegulis æreis. Majores basilicæ teguntur ære, vel plumbo. Hinc Stephan. Tornac. epist. 165. *Anglico plumbo teguntur Ecclesiæ, nudantur Romano.* Trullum, id est, fastigium Ecclesiæ SS. Cosmæ & Damiani, plumbeis chartis, id est, tabulis tectum. Anastas. in Sergio: *Trullum verò ejusdem Ecclesiæ fusis chartis plumbeis cooperuit, atque munivit.* Idem in Gregor. III. *Item in basilica sanctæ Dei Genitricis quæ ad Martyres dicitur, tectum vetusta incuria demolitum, purgari fecit ad purum, & cum calce abundantissima, seu cartis plumbeis, à novo restauravit.* Basilica S. Mariæ ad Martyres est ea quæ Rotunda vocatur. Bertoldus Constantiens. in Chronic. ad ann. 1087. *Guibertus verò hæresiarcha non magis ab incœpta perversitate cessavit, imò se apud S. Mariam ad Martyres, quam Rotundam dicunt, incastellavit.*

Talem afflictionem posuit in populo Calabriæ, Siciliæ, Africæ, Sardiniæ per diagrapha seu capita, atque nauticationes. Itali, Siculi & Afri gravati per descriptiones & capita, id est, capitationes seu census capitis. Descriptio fiebat census capitis imponendi causà; quæ dicebatur census : capitatio est census capitis, vectigal quod imponitur personis, L. *Si minor.* C. *de act. empt.* L. 1. C. Th. *De fugitiv. colon.* Augustin. Quæst. nov. Test. cap. 75. *Didrachma capitum, vel tributi exactio intelligitur non prædiorum, quod nunc pannosum aurum appellatur, quia & pauperes exiguntur.* Et hoc distat tributum à capitatione : tributum est census prædiorum, capitatio est census capitis. Tertull. Apologet. cap. 13. *Sed enim agri tributo onusti viliores, hominum capita stipendio censa ignobiliora.* Hinc informe tributum vocat Sidon. carm. 7. *Poscatque informe recidi vectigal.* Nauticatio est onus præstandarum navium, quod provincialibus imponebatur. M. Tull. Verrin. 5. *Idcirco navem Mamertinis non imperasti, quòd sunt fœderati.* Nec solùm naves imperabantur, sed & milites & remiges, stipendia & cibaria. Livius libr. 26. *Edixerunt Consules, ut privato ex censu ordinibusque, sicut antea remiges darent cum stipendio cibariaque dierum 30.*

I iij

NOTÆ ET OBSERVATIONES
IN ADEODATO.

ET Deo auxiliante interemptus eft nec dicendus Mezentius. Mezentius nec dicendus, nec nominandus, quia per tyrannidem arripuit regnum in Sicilia. Idem de Macario Antiocheno Patriarcha, qui depositus est ob hæresim in Synodo VI. in Trull. Anastas. in Agathone : *Cumque paft hæc adhortatus eft nec dicendus Macarius a fanćta Synodo.* De Sarracenis idem Anastas. in Joanne V. *Pacem conftituit cum nec dicenda gente Sarracenorum.* Idem in Gregorio II *Illis interea diebus Conft intinopolis biennium. eft à nec dicendu Agarenis obfeffa.* De Philippico hæretico idem eodem loco : *A Philippico nec dicendo.* Idem in Stephan. III. *Iuxta quod à præfato nec dicendo Aiftulpho tyranno fuerat directus.* Idem in Leone III. *Obviam illi fine planeta iniquus nec dicendus Pafchalis Primicerius occurrit.*

Sed & cafalia conquifivit. Cafalia funt prædia fuburbana. W. Tyrius de bell. facr. libr. 4. cap. 19. *Recefferant etiam à nobis per illos dies, noftri domeftici, & fuburbanorum noftrorum, quæ cafalia dicuntur, habitatores.* Jacob è Vitriaco Occidental. Hiftor. libr. 2. cap. 2. *Non folùm civitates & oppida, fed etiam cafalia repleverant.* Anastas. ipse in Adriano : *Civitatem Ravennatium & cafales ac omnia prædia Ravennatia, & alios plures fundos, feu cafales & maffas.* Et infr. *Cum fundis & cafalibus.* Idem in Pafchali : *Hofpitale cum fundis & cafalibus atque maffis.*

Per letanias quæ quotidie fiebant. Letaniæ indićtæ pluviæ arcendæ gratiâ, quandoque indićtæ inundationis causâ. Anastas. in Gregor. II *Per dies autem feptem aqua Romam tenebat pervafam. A Domno itaque Paba letania crebrò fiebant.* Aliàs pro gratiarum actione pacis. Anastas. in Zachar. *Et fic regreffus eft, Deo propitio, cum victoriæ palma in hanc urbem Romam, qui & omnem populum aggregans, eos eft allocutus, ut ad perfolvendas omnipotenti Deo gratiarum actiones, ab Ecclefia Dei Genitricis, quæ vocatur ad Martyres, egreffi omnes cum letania generaliter properarent ad beatum Principem Apoftolorum; & ita factum eft.* Aliàs pro impetrando auxilio adverfus hoftes. Anastas. in Stephano. III. *Hic Beatiffimus vir pro falute provinciæ & omnium Chriftianorum, omni fabbathorum die letaniam omni poftpofito neglećtu fieri ftatuit.*

IN ANASTASIUM.

IN DONO.

H*IC reperit in urbe Roma in Monasterio quod appellatur Boetia-*
num, Nestorianitas Monachos Syrios, quos per diversa Monasteria
divisit. Monachi lapsi in hæresim pœnitentiæ causâ transferuntur
in arctiora Monasteria, Can. *Si Episcopus.* 50. dist. Can *De lapsis.*
16. qu. 6. Eadem est pœna Clericorum. Anastas. in Leone II.
Verumtamen suprascripti defensores malorum hæreseos, dum nollent
à suo recedere proposito, per diversa Monasteria sunt retrusi.

Hujus temporibus Ecclesia Ravennatum, quæ se ab Ecclesia
Romana segregaverat, causâ autocephaliæ denuo se pristinæ Sedi
Apostolicæ subjugavit. Reparatus Archiepiscopus Ravennas S. di
Apostolicæ se subjecit. Ante eum Archiepiscopi Ravennates ita
intumuerant, nixi privilegio Constantis Cæsaris, ut Episcopos
sibi subjectos ipsi consecrarent, & à tribus suæ ditionis Episcopis consecrarentur, neque ullam confirmationem peterent à
Rom. Pontifice. De quo Hier. Rubeus Hist. Ravenn. libr. 4. ad
ann. 648.

Apparuit stella a parte Orientis à galli cantu usque mane per men-
ses tres. Galli cantus pro media nocte. Anastas. in Leone II. *Et*
nisi post galli cantum cæpit paulatim delimpidare.

Pro quo capitulo. Capitulum hic est res vel causa, quia causa est
caput rei. Anastas. in Zacharia: *Et alia quæ spoponderat capitula.*
Aliàs capitulum est quæstio de re certa. Anastas. in Gregorio II.
Inquisitus de quibusdam capitulis, optima responsione unamquamque
solvit quæstionem. Interdum capitulum est articulus litis, ut in
L. penult. §. 1. C. *De rebus credit. & jurejur. Causa vel capitulum*
decidatur. Et §. *His de præsentibus* ejusdem leg. *Aliis vel capitulis,*
vel litis membris. Caput est summa cujusque rei. Plaut. in Asinar.
Ego caput huic argento fui hodie reperiundo. inde diminutivum
capitulum. Capitulum etiam sumitur pro servo. Servi non
habent caput, id est, statum seu personam; sed dicuntur
habere capitulum, quasi minores capite, seu capite minuti. Plaut.
in Asinar. *Scribam huic te capitulo hodie facturum satis pro injuria.*
Idem in Curculion. *Voi quid subripuere, operto capitulo calidum bibunt.*

NOTÆ ET OBSERVATIONES
IN AGATHONE.

H-*I. C. ultra consuetudinem Arcarius Ecclesiæ Romanæ effectus est, & per semetipsum causam Arcariæ disposuit, emittens videlicet desuscepta, per nomenclatorem manu sua obumbrata: qui infirmitate detentus Arcarium juxta consuetudinem instituit.* Theodorus Arch. Ravennas præter consuetudinem Arcarius Ecclesiæ Romanæ factus est. Arcarius Ecclesiæ Romanæ est Præfectus Ærarii-Ecclesiæ Romanæ. Arcarii sunt præpositi Arcæ seu Ærario Principis, L. ult. C. *De suscept. præposit. & Arcariis.* De quib. Sidon. libr. 7. cap. 7. *Arcariis pondera, mensuras allectis.* Hieronym. in epist. ad Roman. in illa verba, *Salutat vos Erastus Arcarius civitatis: Hic Arcarium ex Arcario dicit.* Ravennas dicitur functus officio Arcarii per se emittens per nomenclatorem desuscepta seu suscepta. Suscepta vel desuscepta sunt securitates susceptæ pecuniæ vel annonæ fiscalis, quæ dantur solventibus à susceptoribus, de quibus est tit. 6. libr. 10. id est, præpositis suscipiendis annonis vel tributis. Gregor. libr. 8. epist. 10. *Post subditam desuscepto paginam.* Idem epist. 44. ejusd. libr. *De cæteris verò rebus, quæ apud nos sunt, pro memoria futuri temporis ex eisdem susceptum emittite.* Ait, per nomenclatorem. Inter officia Ecclesiæ Romanæ fuit nomenclator. Ordo Roman. *Post equum verò hi sunt qui equitant, Vicedominus Vestiarius, Nomenclator atque Sacellarius.* Annal. Franc. ad ann. 802. *Hujus factionis fuere principes Paschalis Nomenclator & Campulus Sacellarius.* Anastas. in Constantino: *Cosmus Sacellarius, Sisinnius Nomenclator.* Archiepiscopus Ravennas Pontificiæ dignitatis æmulus, suum habuit Nomenclatorem, ut patet ex hoc loco. Etiam in officio magistratuum fuit Nomenclator. Symmach. libr. 10. epist. 43. *Is cùm à me insequente tuitionis auxilium poposcisset, & unius Nomenclatoris ut in urbe pacata, adminiculo fretus incederet.*

Ut etiam de Palatio caballos stratos dirigeret. Legatis Pontificiis caballi strati diriguntur, honoris causâ. Caballus pro equo: hinc Caballarii Equites. Otho Frisingens. de gest. Frideric. I. libr. 1. cap. 24. *Sed de Caballariis nobilitatis tuæ.* Caballicata equitatus, Luitprand. libr. 3. cap. ult. *Quùmque eodem pertinens∫∫t, & caballicastas ut vulgò aiunt, circum circa dirigeret.* Et caballicare idem est quod equitare. Idem libr. 2. cap. 4. *Ex dicto Burkardi Comitis, si Italienses omnes uno uti tantùm modo calcari, informesque non fecero equas caballicare*

IN ANASTASIUM.

caballicare, non sum Burkardus. Et Anastaf. ipse in Conone: *Sed & pallio ad caballicandum uti licentiam ei concessit.* Pallio ad caballicandum uti à Justiniano permissum Constantino Diacono Rectori patrimonii Siciliæ, id est, equo strato pallio; quod non congruebat Clericis, cap. *Clerici.de vit. & honest. Cleric.* Bern. ep. 42. *In basilica quæ Trullus appellatur intra Palatium.* Synodus V I. celebrata est Constantinopoli in Trullo. Trullus est Palatium Imperatoris, ut refert Auctor hic & in Leone II. Synodus habita est in secretario basilicæ quæ cohæret Trullensi Palatio. Anastaf. hic : *Alia die catholicæ Fidei Defensor pius Princeps in secretario residens, &c.* Et infr. eod. *Sequenti die in eodem secretario residente Synodo.*

Post hæc Patritii, Ypati omnesque inclyti introierunt. "Υπατοι Græcis sunt Consules. Suidas ὕπατοι οἱ τῶν Ρωμαίων πολιτίαν διοικοῦντες. *Consules qui Rempublicam Romanam administrant.* Inclyti sunt Senatores. Anastaf. in Constantino : *Cum Patritiis & omnibus inclytis.* Veteribus inclyti Summates. Plaut. in Pseudol. *Viris cum summis inclytæ amicæ.* Idem in Persa : *Jovi opulento inclyto, ope gnato.*

Et vocato Georgio Diacono & Chartophylace Ecclesiæ Constantinopolitanæ, præceptum est ei, ut juxta eorum notitiam Codices ex Bibliotheca Ecclesiæ ad medium deduceret. Chartophylax Ecclesiæ Constantinopolitanæ erat custos chartarii seu archivi Ecclesiæ. De quo Codin. de offic. Magistri Ecclesiæ cap. 1. Balsamon libr. 7. Jur. GR. de Cartophylac. Idem ad can. 18. Conc. Nicæn. & Meursius in Glossar. in verbo Καρτυλᾶξ.

Eâ horâ sancta Synodus unâ cum Principe ejus orarium auferri jusserunt à collo ejus, & exiliens Basilius Episcopus Cretensis Ecclesiæ, ejus orarium abstulit, & anathematizantes projecerunt eum foris Synodum. Macarius Antiochenus Patriarcha ob hæresim depositus in Synodo Trullensi, per ademptionem orarii. Eodem modo Constantinus Antipapa depositus per demptionem & fractionem orarii. Anastaf. in Stephano IV. *Iterum præfatus Constantinus ad medium allatus est, lectisque sacratissimis Canonibus, ita depositus est. accedens enim Maurianus Subdiaconus, orarium de ejus collo abstulit, & ante pedes ejus projecit, & compages ipsius abscidit.* Solemnis depositio Episcoporum fiebat detractione insignium, quæ in ordinatione conferuntur, putà orarii, annuli, baculi: ex Conc. Tolet. IV. can. 27. Can. *Episcopus* 11. qu. 3. Benedictus Sedis Apostolicæ invasor à Leone VIII. deposi-

K

tus per abscissionem pallii, & fractionem ferulæ pastoralis, salvo
Diaconatu. Regino 2. Chronic. *Tunc Leo Apostolicus coadunata
multorum Episcoporum Synodo eumdem Benedictum Romanæ Sedis
invaforem judicio omnium ab invaso gradu depofuit, & Pontificale
pallium quod sibi impofuerat, abscidit ; ferulamque pastoralem manu
ejus abreptam, coram omnibus in frusta confregit, & ad preces Imperatoris Diaconatus ei tantùm gradu uti conceffit.* Eodem jure Formosus
Portuensis Episcopus Sedi Apostolicæ incubator, mortuus è
sepulcro detractus à Sergio Ro. Pontifice, & demptis Pontificiis
vestibus, tribusque digitis abscissis in Tyberim projectus. Luitprandus libr. 1. cap. 8. *Nam Formoso defuncto, is qui post mortem Formosi
Papa constitutus est, expellitur, Sergiusque Papa per Adelbertum
constituitur, quo constituto, ut impius, doctrinarumque sanctarum
inscius, Formosum à sepulcro extrahere, atque in Sedem Romani Pontificatus, sacerdotalibus indumentis indutum collocare precepit, cui & ait:
Quum Portuensis esses Episcopus, cur ambitionis spiritu Romanam
universalem Sedem usurpasti ? His expletis, sacratis mox exutum
vestimentis, digitisque tribus abscissis, in Tyberim jactare precepit.*
Idem Leo Ostiens. libr. 1. cap. 9. Sic depositio Magistratuum
fit ablatis codicillorum insignibus, L. *Judices.* C. *De dignit.* Et
hoc est quod ait Jo. Chrysostom. in epist. ad Roman. cap. 53.
reos damnatos priusquam supplicio afficiantur, spoliari ornamentis dignitatis suæ. ἀειλόμενοι τ̔ τη̃ς ἀξιωμάτων τιμη̃ς. Et exauctoratio
Militum fit detractis insignibus militaribus, L. 2. ff. *De his qui
not. infam.* cap. 2. *De pœn.* in 6. id est, cingulo seu balteo &
calcaribus, ut observatum est in degradatione Andreæ Hercle
militis Anglici ob defectionem ad Scotum, de qua Thomas
Walsingan in Eduardo II. ad ann. 1323. *Nempe primò degradatus est amputatis securi ad talos suos calcaribus, & sic vicissim discinctus est baltheo militari ablatis calceis & chirothecis.* Similiter &
restitutio Episcoporum fit redditis insignibus Pontificiis, d. Can.
Episcopus.

Deinde *abstulerunt de dyptichis Ecclesiarum nomina Patriarcharum, vel de picturis Ecclesiæ figuras eorum, aut in foribus, ubi ubi
esse poterant, auferentes, id est, Cyri, Sergii, Pauli, Pyrri,* Petri, per
quos error orthodoxæ fidei usque nunc pullulavit.* In eadem Synodo
nomina Patriarcharum damnatorum ob hæresim sublata de
dypticis Ecclesiæ, & imagines eorum è foribus vel aliis locis
Ecclesiæ ubi erant, erasæ. Sic ubi Joannes Chrysostomus depositus est, nomen ejus demptum è dypticis Ecclesiæ, sed post mot-

IN ANASTASIUM.

tem ejus ab Attico successore restitutum. Socrat. libr. 7. cap. 25.
Theodorit. libr. 5. cap. 34.
Imagines Patriarcharum Schismaticorum sublatæ. Uti & tyrannorum imagines. Ambros. de interpellat. cap. 9. *Vide quemadmodum in civitatibus bonorum Principum imagines perseverent, deleantur imagines tyrannorum.* Idem in Psalm. 38. *Illic si quis tyranni imagines habeat, qui jam victus interiit, jure damnetur.* Idem de Offic. libr. 1. cap. 49. *Si tyranni aliquis imaginem habeat, nonne obnoxius est damnationi.* Philippici Imperatoris hæretici imago à Romanis in Ecclesiam non admissa. Anastas. in Constantino: *Hisdem temporibus cùm statuisset Populus Romanus nequaquam hæretici Imperatoris nomen aut chartas vel figuram solidi suscipere, unde nec ejus effigies in Ecclesiam introducta est, nec suum nomen ad Missarum solemnia proferebant.*

Hic suscepit divalem jussionem secundùm suam postulationem, ut suggessit, per quam relevata est quantitas, quæ solita erat dari pro ordinatione Pontificis facienda. Romani Pontifices coacti sunt, ut & minores Episcopi, certam pecuniæ quantitatem præstare Regibus Gothorum pro confirmatione. Cassiod. libr. 8. epist. 35. Pulsis Gothis onus semel impositum facile stetit apud Imperatores Græcos. Et hoc turpe onus se subiisse dolens tradit Gregor. in 4. Psalmo pœnitential. & Joann. Diaconus in ejus Vit. libr. 1. cap. 39. Nec meliùs actum est cum secutis eum Pontificibus, donec hoc onus remissum est Agathoni à Constantino Pogonato, ut refertur hîc, unde sumptus est Can. *Agatho.* 63. dist.

IN LEONE II.

LINGUA *quoque Scholasticus.* Scholasticorum appellatione intelliguntur Advocati, propter eloquentiæ studium, quod in Scholis delibatur, L. 2. C. *De lucr. Advocat.* libr. 12. ab Officialibus Scholasticis. Syn. Sardic. can. 12. ἡ σπλαγχος ἀπὸ τῆς ἀγορᾶς. *Aut Scholasticus de foro.* Basil. epist. 241. εἰ δέ τινα δίκην γυμνάζει ὁ σχολαστικὸς ὁ δεινὰ ἔχει δικαστήρια δριμόνα κỳ νόμικε. Augustin. contra Julian. libr. 2. *Numquid Scholastici auditoriales, id est, postulantes in auditorio Iudicum.* Aliàs Scholasticus accipitur pro diserto. Augustin. de catechiz. rudib. cap. 9. *Sedulò monendi sunt scholastici, ut humilitate indui christiana, discant non contemnere, quos cognoverint morum vitia, quàm verborum amplius devitare.* Idem in Joann. cap. 7. *Qui enim habent causam, &*

K ij

volunt supplicare Imperatori, quærunt aliquem scholasticum juris peritum, à quo sibi preces componebantur, &c. Idem de Tempore serm. 78. *Et quia imperiti & simplices ad scholasticorum altitudinem non possunt ascendere.* Salvian. de gubernat. Dei libr. 1. in præf. *Non id facere adnisi sunt, ut salubres ac salutiferi, sed ut scholastici ac diserti haberentur.*

Hujus temporibus percurrente divali jussione clementissimi Principis restituta est Ecclesia Ravennatis sub ordinatione Sedis Apostolicæ, ut defuncto Archiepiscopo, qui electus fuit, juxta antiquam consuetudinem in civitatem Romanam veniat ordinandus. Constitutione Constantini Pogonati Ecclesia Ravennatensis restituta est ordinationi Sedis Apostolicæ, ita ut Archiepiscopus electus ordinandus esset à Romano Pontifice. Jam ante tempore Doni P. Reparatus Archiepisc. Ravennas se subjecerat ordinationi Sedis Apostolicæ, ut refert Anastas. in Dono: *Hujus temporibus Ecclesia Ravennatum quæ se ab Ecclesia Romana segregaverat causâ autocephaliæ, denuo se pristinæ Sedi Apostolicæ subjugavit.* Sed postea tempore Leonis II. ut res tutior esset, Constitutione Constantini Pogonati cautum est, ut Archiepiscopus Ravennas electus, ordinationem seu consecrationem peteret à Romano Pontifice, quia ex privilegio Constantis Cæsaris à tribus Episcopis ditionis suæ ordinabatur, & pallium petebat à Cæsare. Hieronym. Rubeus Hist. Ravennat. libr. 4.

Hic fecit constitutum quod archivo Ecclesiæ continetur, ut qui ordinatus fuerit Archiepiscopus, nullam consuetudinem pro usu pallii aut diversis officiis Ecclesiæ persolvere debeat. Maurus Archiepiscopus Ravennas concedente Constante Cæsare, ita se & successores subduxit à Sede Apostolica, ut Episcopos sibi subjectos ipse ordinaret, & à tribus suæ Provinciæ Episcopis ordinaretur, neque confirmationem peteret à Romano Pontifice; verùm pallium à Cæsare acciperet. Hieron. Rubeus Hist. Ravenn. lib. 4. Archiepiscopo Ravennate redeunte in fidem & obsequium Sedis Apostolicæ, edictum à Leone II. est, ut pallium peteretur à Ro. Pontifice, & ne eo nomine ulla consuetudo, id est, census persolveretur. Pro concessione pallii nihil dari vel accipi debet, can. *Novit.* 100. dist.

Sed & ne Mauri quondam Episcopi anniversitas, aut agenda celebretur, sed & typum autocephaliæ quem sibi elicuerant, ad amputanda scandala Sedis Apostolicæ restituerunt. Leo II. vetuit ne dies anniversarius ordinationis Mauri Archiepiscopi Ravennatis Schis-

IN ANASTASIUM.

matici, qui valde infenſus fuit Sedi Apoſtolicæ, teſte Rubeo loco laudato, celebraretur; & ne agenda, id eſt, Miſſa pro defuncto fieret. Anniverſarius dies ordinationis Epiſcoporum ſolebat celebrari, can. *Solemnitates*. 1. & 2. *de conſecr*. diſt. 1. Auguſtin. de verb. Dom. ſermon. 32. *Dies anniverſarius ordinationis Domini Senis Aurelii craſtinus illuceſcit; rogat & admonet per humilitatem meam, charitatem veſtram, ut ad baſilicam Fauſti devotione venire dignemini*. Epiſcoporum etiam annua agenda, id eſt, Miſſa pro defunctis ſolebat celebrari. De Epiſcopis Londinenſibus ſepultis in Eccleſia S. Pauli teſtatur Beda Hiſt. Anglic. lib.1. cap.3. *Habet hæc in medio pene ſui altare in honorem Beati Gregorii Papæ dedicatum, in quo per omne ſabathum à Presbytero loci illius agendæ eorum ſolemniter celebrantur*. Agenda eſt ſolemne ſacrificium pro defunctis. Petrus Cluniacenſ. lib.2. epiſt.17. de obitu matris: *Tandem luctuoſa oratione finita, agendam incœpi*. Anniverſarium ſacrificium pro defunctis celebrandi uſum commendat Tertullian. de Monogam. *Et offert annuis diebus dormitionis ejus*. Utrumque & anniverſarium ordinationis & obitus demptum eſt Mauro Archiepiſcopo, quia in ſchiſmate vita functus eſt. Typus, id eſt, forma principalis autocephaliæ per Arch. Ravennatem à Principe impetratus, reſtitutus Sedi Apoſtolicæ, ne recidivæ litis materia eſſet. Forma autocephaliæ eſt, quæ dicitur cauſa autocephaliæ, id eſt, exemptionis. Anaſt. in Dono, loco mox laudato. Αὐτοκέφαλοι ſunt qui ſuperiorem non agnoſcunt: iidem dicti ἀκέφαλοι. Hinc acephali dicti Clerici, qui nulli parent Epiſcopo. Syn. Pariſ. apud Gratian. can. *Nulla*. 93. diſt. *Tales acephalos, id eſt, ſine capite priſca Eccleſiæ conſuetudo nominavit*. Conc. Mogunt. I. can. 22. *De Clericis vagis, ſeu de acephalis, id eſt, his qui ſunt ſine capite, neque in ſervitio Domini noſtri, neque ſub Epiſcopo, neque ſub Abbate*. Goffrid. Vindoc. lib.2. ep. 27. *Acephali non ſumus, quia Chriſtum Salvatorem caput habemus, & poſt ipſum Romanum Pontificem*.

IN BENEDICTO II.

FECIT *coopertorium ſuper altare cum clavis & faſtellis, & in circuitu palergium chryſoclavum*. Palergium eſt Phrygium, opus quod erat antiquum, à Græco παλαι & ἔργον. Anaſtaſ. infrà eod. *Et in circuitu palergium de holoſerico. Faſtellus*, malè pro haſtillis. Haſtillæ erant radioli aurei vel argentei. Anaſtaſ. in Leone. III. *Sed & ſuper altare majus fecit tetra vela holoſerica alioki-*

K iij

na quatuor cum aſtillis & roſis chryſoclabu. Leo Oſtienſ. Chron. Caſſ. lib. 2. cap. 103. *Cum aſtili onichino.* Bulenger. de Rom. Pontifice lib. 1. cap. 45. Alibi haſtilia ſunt vitium adminicula. Plin. lib. 17. cap. 23. *Gracilitate ſingularum vitium firmata circumligatu haſtilibus.* vulgò échalats.

Hic ſuſcepit divales juſſiones clementiſſimi Conſtantini Magni Principis ad venerabilem Clerum & populum, atque feliciſſimu exercitum Romanæ civitatis, per quas cōceſſit ut perſona, qui electus fuerit ad Sedē Apoſtolicā, è veſtigio abſque tarditate Pontifex ordinetur. Ex cōſtitutione Conſtantini Pogonati conceſſum, ut libera ſit electio Rom. Pontificis, & electus mox ordinetur, non expectato aſſenſu Imperatoris. Ex antiqua conſuetudine Rom. Pontifex non ſolebat ordinari, niſi priùs obtento aſſenſu Imperatoris CP. Tempore Agathonis remiſſum eſt quidem vectigal quod ſolebat præſtari pro ordinatione Pontificis; ſed manſit onus expectandi aſſenſum Principis, can. *Agatho.* 63. diſt. donec hoc onus remiſſum eſt hac conſtitutione.

Hic una cum Clero & exercitu ſuſcepit mallones capillorum Domni Juſtiniani & Heraclii filiorum clementiſſimi Principis, ſimul & juſſionem per quam ſignificat eoſdem capillos direxiſſe. Conſtantinus Pogonatus obtulit Benedicto P. mallonem capillorum filiorum, ut eis eſſet per adoptionem pater ſpiritualis. Ex more Longobardorum adoptio fiebat per tonſuram capillorum Aymoin. Monach. lib. 4. cap. 57. *Pepigerat autem fœdus Carolus Martellus Princeps cum Luitprando Langobardorum Rege, eique filium ſuum Pipinum miſit, ut more fidelium Chriſtianorum ejus capillum primus attonderet, ut pater ille ſpiritualis exiſteret.* Idem Paulus Diacon. de geſt. Longobard. lib. 6. cap. 13. Mallones capillorum ſunt circi capillorum, à Græco μαλλὸς, quod Latinè ſonat vellus. Noſtris, *treſſes de cheveux.* Cincinnorum fimbrias dixit M. Tull. in Piſonem: *Erant illi comti capilli, & madentes cincinnorum fimbriæ.*

Hic dimiſit omni Clero, Monaſteriis, Diaconiæ, & Manſionariis auri libras triginta. Similiter Anaſtaſ. in Joanne V. *Hic dimiſit omni Clero, Monaſteriis, Diaconis & Manſionariis ſolidos mille & nongentos.* Idem in Gregorio II. *Hic dimiſit omni Clero, Monaſteriis, Diaconis & Manſionariis ſolidos duo millia.* Rom. Pontifices Eccleſijs & Monaſteriis & Diaconiis & Manſionariis nummos erogare ſolebant. Diaconiæ ſunt ſtationes, ſeu loci pii à Pontificibus conſtituti, in quibus annonæ diſtribuebantur egentibus. Plures fuiſſe in urbe locuples, teſtis eſt Anaſtaſ. in

IN ANASTASIUM. 79
Adriano : *Constituit Diaconias tres foras portam Beatorum Apostolo-*
rum Principis. Idem in Gregorio III. *Item Diaconiam SS. Sergii & Bacchi , & concedens omnia , quæ in usum Diaconia exiftunt , statuit perpetuo tempore pro sustentatione pauperum in Diaconiæ ministerio deservire.* De quibus plura dixi in Gregorium lib. 4. epist. 24. Mansionarii sunt ædituï, seu custodes sacrarum ædium , de quibus fusè in eundem Gregor. lib. 3. epist. 51. Ideo à Romanis Pontificibus his erogari solebant pecuniæ ad tutelam & refectionem sacrarum ædium.

IN JOANNE V.

HIC *post multorum Pontificum tempora vel annorum juxta priscam consuetudinem à generalitate in Ecclesia Salvatoris , quæ appellabatur Constantiniana , electus est , atque exinde in Episcopio introductus.* Ex antiqua consuetudine electio Romani Pontificis solebat fieri in Ecclesia Salvatoris , quæ est Basilica Lateranensis ; & Palatium Lateranense , quod est junctum Basilicæ , erat Sedes Pontificum. Anastas. ipse in Conone : *Clerus quidem adunatus ante fores Basilicæ Constantinianæ sustinebat , &c.* Idem in Stephano III. *Quem omnes sincera mente cum laudis præconiis in Basilicam Salvatoris , quæ appellatur Constantiniana , deportaverunt; & exinde intus venerunt , in Patriarchium juxta morem intromiferunt.* Hinc rejecta est electio Ursicini facta in Schismate contra Damasum , quòd facta esset ἐν ἀποκρύφῳ τόπῳ , in Basilica scilicet Scicinini. Socrat. lib. 4. cap. 24. Ammian. lib. 27. id est, in loco insolito.

Necnon & alias divales jussiones relevantes annonæ capita patrimoniorum Siciliæ & Calabriæ non pauca. Ecclesia Romana habebat amplissimum patrimonium in Calabria & Sicilia , quod præstabat onus capitationis , sicut cætera prædia utriusque Provinciæ. Leo Imperator Siciliæ & Calabriæ imposuit tributum in capita, φόρος κεφαλικός. Cedreno in Leone. Sed hoc onus remissum est constitutione Constantini Pogonati. Annonæ capita dixit pro capitatione , quia imponitur in singula capita , ut capita dicuntur pabula jumentorum, quia præstantur militibus justis capitibus, id est , pro modo capitum, L. *Provincialium.* C. *de eroy. milit. ann.* lib. 12. Ammian. lib. 22. *Pabula jumentorum vulgò dicttrant capita.* Tempore Cononis à Justiniano II. defenioribus patrimonii Ecclesiæ Romanæ , quod erat in Brutiis & Lucania, remissa sunt etiam annua annonæ capita quæ præstabantur. Anastas. in Conone: *Hujus temporibus pietas imperialis relevavit per sacram jussionem suam ducenta annonæ capita, quæ patrimonii Custodes Brutiis & Lucaniæ annuæ persolvebant.*

Propter transgressionem ordinationis Ecclesiæ Turritanæ, quam sine authoritate Pontificis fecerat Citonatus Archiepiscopus Caralitanus. Sardinia insula fuit proprietatis Ecclesiæ Romanæ ex donatione Constantini. Anastas. in Sylvestro. Hinc Rom. Pontifex sibi vindicavit ex consuetudine ordinationem Episcoporum Sardiniæ, neglecto Caralitano Archiepiscopo, qui est Metropolitanus : sed quia Caralitanus jure Metropolitico intendebat se habere jus ordinandi Episcopos totius Insulæ, ab hoc jure suspensus est, id est, interdictus constitutione Martini. Et quia Episcopus Turritanus ordinatus fuerat à Caralitano Metropolita sine consensu Rom. Pontificis, ejus ordinatio irrita dicta est.

IN CONONE.

UT *restituatur familia suprascripti patrimonii, quæ in pignore à militia detinebatur.* Familia patrimonii Ecclesiastici est grex servorum, qui addicti erant agri colendi causâ. Servi Ecclesiæ, imò & liberti, id est, servi manumissi dicuntur de familia Ecclesiæ, Cap. 8. 12. qu. 2. ut liberti privatorum dicuntur de familia patroni, L. *Cùm Pater.* §. *Fidei. de legat.* 2.

Hic ultra consuetudinem absque consensu Cleri in antipatia Ecclesiasticorum Constantinum Diaconum Ecclesiæ Syracusanæ Rectorem in patrimonio Siciliæ constituit. Ex consuetudine Subdiaconi Ecclesiæ Rom. mittebantur à Pontifice, non sine consensu Cleri ad regimen patrimonii Ecclesiæ Rom. in Sicilia, Can. *Pervenit.* 11. qu. 1. Can. *Valde necessarium.* 94. dist. Hinc notatur Conon, quòd præter consuetudinem, sine consensu Cleri, patrimonio Ecclesiæ Romanæ in Sicilia Rectorem imposuerit Diaconum Ecclesiæ Syracusanæ.

IN SERGIO.

HIC *tempore Presbyteratûs sui impigrè per cimiteria diversa Missarum solemnia celebrabat.* In cœmiteriis erant oratoria, seu altaria, in quibus fiebant stationes & conventus Christianorum orationis causâ, & Missæ celebrabantur. Anastas. in
Gregor.

Gregor. III. *Item in cimiterio sanctæ Petronillæ stationem annuam dari instituit.* Hinc tempore Decii vetitum Christianis, ne in cœmiteria pedem inferrent. Pontius Diaconus in Vit. Cyprian. apud Surium Sept. 14. *Præceperunt etiam ne in aliquibus locis conciliabula fiant, nec cœmeteria ingrediantur.* Populum Alexandrinum ne communicaret cum Georgio pseudoepiscopo orationis causâ in cœmiterium secessisse narrat Socrates lib. 2. cap. 23. τῇ ἰσδομά-δι μετὰ τὸ ἁγίας πεντηκοστὴν ὁ λαὸς νηστεύσας ἐξῆλθεν ὑπὲρ τὸ κοιμη-τήριον ἔξω αὐτῇ. *Hebdomade enim quæ est post sanctam Pentecosten, populus cum jejunasset, orationis causâ, egressus est ad cœmiterium.* Idem Theodorit. lib. 2. cap. 14.
Et ingressus denominatum sanctissimum electum salutavit, ac osculatus est. Theodoro & Paschali in concursu electis, Sergius schismatis solvendi causâ electus, Theodorus unus è duobus in schismate electis, ad Sergium accessit per adorationem & osculum. Cardinales & Episcopi admittuntur quasi fratres ad osculum Summi Pontificis, imò & ipsi Abbates exempti, Cap. *Cùm olim. de privileg.* Episcopi etiam propter reverentiam ordinis admittuntur ad osculum Principis. Ambros. epist. 27. de legatione ad Maximum Tyrannum Treviris sedentem: *Vbi sedit in consistorio, ingressus sum, assurrexit ut osculum daret.* Hilar. Pict. iv. contra Constantium: *Osculo Sacerdotes excipis, quo & Christus proditus est.* Laïci in ordinatione Rom. Pontificis osculantur pedes. Anastas. in Valentino: *Ac deinde condignis gloriæ laudibus, & honoris amplitudine ad Lateranense Patriarchium ab ipsis deductus, & in Pontificali est positus throno, cujus ovanter ab omni Romanorum Senatu, pedibus osculatis, &c.* Etiam Cardinales in ordinatione Pontificis demittunt se ad osculum pedum. Radevic. de gest. Frideric. lib. 2. cap. 66. *Deinde sicut mos est, Domini Cardinales & Clerus Romanus, totus qui præsens erat, & qui postea confluxerat, populique Romani pars maxima pedes ejus osculati sunt.* Et Petrus Damiani Cardinalis & Hostiensis Episcopus consultus de Cadalono Antipapa, & Alexandro II. uter verus Pontifex judicandus esset, lib. 3. epist. 4. *Manus do*, inquit, *plantas osculor, & non modò ipsum Apostolicum, sed etiam Apostolum, si jubetis, appello.* Etiam ipsi Imperatores osculantur pedes Pontificis. Constantini Pontificis pedes osculatus est Justinianus II. de quo Anastas. in Constantino: *In die autem quâ se invicem viderunt, Augustus Christianissimus cum regno in capite sese prostravit, pedes osculans Pontificis.* Siginolfus Princeps Beneventanorum à Sergio II. benedictionem suscepit, priùs oscu-

L

NOTÆ ET OBSERVATIONES

latus pedes Pontificis. Anaftaf. in Sergio II. *Quem Præful cùm suscepisset, solo prostratus, pretiosos ipsius pedes humiliter osculatus est, & ab eo benedictione suscepta, ab ejus conspectu egressus est.* Denique in electione Rom. Pontificis mos antiquus fuit osculandi pedes electi. Idem in Leone IV. *Qui morem conservantes antiquum, omnes osculati sunt pedes.* Idem in Benedicto III. *Et procedentes vestigia ipsius osculari cœperunt.*

Prædictus vero Paschalis, non post multum tempus, & ab officio Archidiaconatus, pro aliquibus incantationibus & lucis quos colebat, vel sortibus quas cum aliis respectoribus tractabat, Dei beatique Apostolorum Principis Petri interveniente judicio privatus est. Paschalis Archidiaconus Ecclesiæ Romanæ depositus ob aliquas incantationes, & cultum lucorum quos colebat cum aliis respectoribus, id est, cultoribus. Erant qui ad arbores vel fontes vota & preces faciebant. Syn. Altiss. can. 3. *Non licet inter sentes, aut arbores sacrivos, vel ad fontes vota exolvere.* Respectare, verbum frequentativum, idem quod colere, cum reverentia respicere. Velleius Patercul. lib. 2. *Impetratoque ut manum contingeret, reversus in naviculam sine fine respectans Cæsarem, ripæ suorum appulsus est.* Inde respectores.

Missus in locellum, quod scebrum chartale vocitatur, in hanc Romanam urbem ad confirmandum. Scebrum est horreum, inde emendandus Ingulphus in Chronic. Croyland. *Cœpit, largiente Domino, bonis omnibus abundare, ut tam in thesauris ac scauris, quàm in terris ac tenementis, ei pro primis amissis duplicia postmodum redderentur.* Pro *scauris*, lege *scebris*, vel *scearis*.

Imperator Sergium Magistrianum in spretum prænominati Pontificis Romam mittens. Magistriani sunt agentes in rebus, sic dicti, quia inter officia palatina militabant sub dispositione Magistri officiorum. Ambros. de Offic. lib. 2. cap. 17. *Legebatur rescripti forma directio Magistri officiorum statuta, agens in rebus imminebat.*

Oratione itaque facta, sigillum expressum abstulit, locellum aperuit, in quo interius plumacium ex holoserico superpositum, quod stauracis dicitur, invenit. Capsa argentea, in qua erat portio ligni Crucis Dominicæ, sigillo erat obsignata. Thecæ reliquiarum solebant sigillo obsignari. Gregor. Turon. de Mirac. Martyr. lib. 1. cap. 33. *Veniens vero Abbas, ablato ab armario sigillo, capsam reperit obseratam.* Ligno crucis superpositum erat plumacium ex holoserico. Plumacium erat velum è panno serico, in modum plumarum avium contex:o. Ambros. epist. 17. *Cùm de eo convenirem Comites ejus, ne sine veste, sine plumatio paterentur exerudi senem.* Et hoc est quod

IN ANASTASIUM. 83

vocabant opus plumarium seu plumatile. Plautus in Epidico: *Cumatile, aut plumatile.* Plumatum. Petron. in Satyric. *Plumato amictus aureo Babylonico.* Greg. Turon. de Mirac. Martyr. lib. 1. cap. 97. *Extat mensa niveis velata mantilibus, opere plumario exornata.* Inde plumarii sunt artifices, qui id genus vestis contexunt, L. 2. Cod. *de excus. artific.* lib. 10. Jul. Firmic. Mathes. lib. 3. cap. 10. *Linteones aut plumarii.* Idem cap. 13. ejusd. libri : *Facient linteones, aut tunicarum textores plumarios.* Et hoc genus vestis pretiosissimum fuit. Vopiscus in Carino : *Quid lineas peritas Ægypto loquar, quid Tyro & Sydone tenuitate perlucidas, micantes purpura, plumandi difficultate pernobiles.* Nec modò vestes, imò & loricæ solebant contexi squammis seu laminis ferreis in modum plumarum. Virgil. 11. Æneid.

    Quem pellis ahenis
  In plumam squammis, auro conserta tegebat.

Et vela ante fores ædium plumario opere texta poni solebant. Anastas. in Gregorio IV. in fin. *Et velum ante januas linteum plumatum unum.* Ait ex holoserico quod stauracis dicitur. Vela de staδracio sunt vera è serico vel purpura variis floribus, vel figuris intexta, quæ è Tyro petebantur: unde & Tyria dicta. Anastas. *De stauraciis seu Tyria.*

De qua tractis quatuor petalis, in quibus gemmæ clausæ erant. Petalum à Græco πίταλον, est corona aurea quam gestabant Sacerdotes, vel qui erant è genere Sacerdotum, ut Joannes Apostolus & Jacobus frater Domini. De Joanne Euseb. lib. 3. cap. 25. ὡς ἱϵϱϵὺς, τὸ πίταλον πεϕοϱικῶς. *Cùm esset Sacerdos, petalum gestavit.* De Jacobo Epiphan. in Panar. Hæres. 29. ἀλλὰ κ̣ τὸ πίταλον ἐπὶ ϵ̓ κεϕαλῆς ἔϰέω αὐτῷ ϕέϱϵι.

Et ineffabilem portionem salutaris ligni dominicæ Crucis invenit, qua etiam ex die illo pro salute humani generis ab omni populo Christiano die exaltationis sanctæ Crucis in basilica Salvatoris, quæ appellatur Constantiniana, osculatur ac adoratur. In die exaltationis Crucis dominicæ solemnis instituta est adoratio Crucis per osculum in basilica Lateranensi. Pagani etiam solebant osculari signa deorum: inde signa deorum videbantur trita osculis. Lucret. lib. 1.

  Tum portas propter ahenas
  Signa manus dextras ostendunt attenuari
  Sæpe salutantum tactu præterque meantum.

Trullum verò ejusdem Ecclesiæ fusis chartis plumbeis cooperuit, atque massivit. Trulla vas vinarium concavum. M. Tull. Verr. 6. *Erat*

84 NOTÆ ET OBSERVATIONES

etiam vas vinarium, ex una gemma pergrandi. Apitius de Re culin. lib. 4. *Quotquot lagana posueris, tot etiam trullas impleto, desuper adjicies vinum.* Hinc detrullare eidem paulò antè, pro è trulla diffundere. *Et in patella alternis detrullare convenit.* Trulla excavata cum manubrio aureo. Hinc Trullus dici potuit fornix seu camera Ecclesiæ, quia erat in modum Trullæ, & inde Trullus nomen palatii Imperatoris Constantinopoli. Tectum Ecclesiæ è chartis, id est, tabulis plumbeis. Anastas. in Gregor. III. *Item in basilica sanctæ Dei Genitricis, quæ ad Martyres dicitur, tectum vetustâ incuriâ demolitum, purgari fecit ad purum, & cum calce abundantissima seu chartis plumbeis à novo restauravit.*

Basilicam sanctæ Aureæ in Ostiis. Hæc est basilica S. Aureæ Virginis & Martyris in ostiis Tyberis. Martyrol. R. 24. August. *Apud Ostia Tyberina sanctæ Aureæ Virginis & Martyris.* Hinc emendandus locus mendosus Anastas. in Leone III. *Sarta tecta verò Ecclesiæ beatæ Aareæ sitæ in Ostia, omnia noviter reparavit.* Lege *Aureæ.* Hanc emendationem tuetur Leo IV. in can. *Igitur.* 23. qu. 8. *Summus autem Præsul Missam in Ecclesia B. Aureæ celebravit.* Aureæ nomen tributum Petronillæ Petri Apostoli filiæ. Ejus monumento inscriptum Aureæ Petronillæ refert Sigebert. in Chronic. ad ann. 758.

Hic statuit ut tempore confractionis Dominici corporis, Agnus Dei, qui tollis peccata mundi, miserere nobis, à Clero & populo decantaretur. Sergius Pontifex ab Anastasio dicitur auctor hujus instituti, ut *Agnus Dei* decantetur in celebratione Missæ. Hujus instituti meminit Alcuinus de divin. offic. cap. 40. Alii tamen volunt hoc institutum in Conc. Nicæno, quod probant ex ipso Conc. Nicæn. Arabico. Anno 1183. Mariam Virginem fabro lignario apparuisse, eique tradidisse sigillum imagine sua & Christi nati insculptum hac inscriptione circumsignatum, *Agnus Dei, qui tollis peccata mundi, dona nobis pacem,* tradit Robert. Abbas Montensis in Supplem. Sigebert.

Constituit autem ut diebus Annuntiationis Domini, Nativitatis & Dormitionis sanctæ Dei genitricis semperque Virginis Mariæ, ac sancti Simeonis, quod Hypapantem Græci appellant, Litania exeat, & ad sanctam Mariam populus occurrat. Hypante seu Hypopante, Græcis est festum occursus, quod apud Latinos festum Purificationis dicitur ab occursu Simeonis. Paul. Diac. lib. 16. in Justiniano: *Et eodem anno Hypopante Domini sumpsit initium, ut celebraretur apud Byzantium secunda die Februarii mensis.* Siffrid. Presbyt. Mis-

IN ANASTASIUM.
menf. Epitom. lib. 2. ad ann. 551. *Sub Pelagio Papa & Iustiniano Imperatore sumpsit initium apud Constantinopolim, ut ὑπαντὴ Domini, id est, Purificatio beatæ Mariæ Virginis solenniter celebraretur.* Idem Anaftaf. in Hift. *Anno decimo quinto Imperii Iustiniani Hypapanti Domini sumpsit initium, ut celebraretur apud Byzantium die secunda Februarii mensis.*

IN JOANNE VI.

SACERDOTES *apud fossatum, in quo in unum convenerant, in unum misit.* Joannes Pontifex misit Sacerdotes ad compescendum tumultum militum qui erant apud fossatum, id est, in castris juxta Urbem. Fossata sunt castra militum, quia vallo seu fossa munita erant. Anaftaf. infr. eod. *Et usque in loco qui horrea dicitur, fossatum fecisset.* Idem in Stephano III. *Ipsi vero Franci introeuntes clusas, cunctum fossatum Longobardorum, post peractam cædem abstulerunt.* Idem in Gregorio IV. de munitione Oftiæ: *Et à foris non longè ab eisdem muris ipsam civitatem altiori fossato præcinxit.* Inde munitiones in limite dispositæ castra dicta, quia è castris initium cœpere. Annal. Franc. ad ann. 801. *Alter Sarracenus de Africa Legatus Amirali Abraham qui in confinio Africæ, in fossato præsidebat.* Etiam Prætoriæ cohortes juxta muros urbis castra posuere. Tacitus. Annal. de Sejano Præfecto Prætorio: *Vim Præfecturæ modicam antea intendit, dispersas per Urbem cohortes, una in castra conducenda.* Hinc Prætoriani milites, licèt in Urbe militent, pro absentibus Reipublicæ causâ habentur, L. *Milites.* L. *Qui mittuntur.* ff. *Ex quib. cauf. major.*

Et illum cum suo hoste ad propria repedare fecit. Hostis est exercitus, sic dictus, quia in hostem instruitur. Aimoin. Continuator. lib. 5. cap. 22. *Sarraceni de Baira egredientes, & hostem Ludovici post tergum sequentes.* Idem cap. 28. ejusd. libri: *Inde hostem quàm maximam potuit, cum Carlomanno direxit.* Villelm. Tyrius libri 9. cap. 3. *Vt interim cum suis hostibus in regno moram facere posset, allegabat.* Ivo Carnot. epist. 28. *Et excommunicatos in hostem mittere non debeo.* Paul. Varnefrid. de geft. Longobard. lib. 2. cap. 32. *His diebus multi nobilium Romanorum, ob cupiditatem interfecti sunt, reliqui verò per hostes divisi, ut tertiam partem suarum frugum Langobardis persolverent, tributarii efficiuntur.*

NOTÆ ET OBSERVATIONES
IN JOANNE VII.

FECIT *verò & imagines per diversas Ecclesias, quas quicumque noße desiderat in eis, ejus vultum depictum reperiet.* Statuæ & imagines Imperatorum adorabantur, & paßim ponebantur in templis & foro. Ambrof. Hexamer. lib. 6. cap. 9. *Sola ære fusa Principum capita, & ducti vultus de ære, vel marmore, ab hominibus adorantur.* Idem de interpell. cap. 9. *Vide quemadmodum in civitatibus bonorum Principum imagines perseverent, deleantur imagines tyrannorum.* Corippus de Laudib. Juſtin. lib. 3.

———— *Pictus ubique*
Juſtinianus erat, Dominis pictura placebat,
Gaudebantque sui genitoris imagine visa.

Hujus temporibus Aripertus Rex Longobardorum donationem patrimonii Alpium Cottiarum, quæ longa per tempora à jure Ecclesiæ privata fuerat, ac ab eadem gente deſtruebatur, in libris aureis exaratam jure proprio Beati Apoſtolorum Principis Petri reformavit. Donatio regia in Ecclesiam aureis literis scripta memoratur. Diplomata Imperatorum aurea Bulla obsignata tradit Pachymeres in Palæologo lib. 5. cap. 20. ὁ βασιλεὺς αὐτίκα προςάτῖει, καὶ λόγος ἐκπῆπται χρυσοβύλλειος. *Juſſu Imperatoris evulgatum ſtatim diploma eſt, aurea munitum bulla.* Idem in Andronic. libr. 1. cap. 2. αἱ γὰρ διὰ χρυσοβυλλείων λόγων πίςεις. *Nam fides data diplomatibus aureâ bullâ munitis.*

Leonem etiam & Tiberium, qui locum ejus uſurpaverant, cepit, & in medio Circo coram omni populo jugulari fecit. Leo & Tiberius invasores Imperii in Circo ſtante populo trucidati. In Circo conciones & concilia habebantur. Livius libr. 9. *Concilium populorum omnium habentibus Anagninis in Circo, quem maritimum vocant.* Ammian. libr. 28. de Populo Romano: *Eiſque templum & habitaculum & concio & ſpes omnis Circus eſt maximus.* Ait, *ſpes omnis*, quia largitiones populares fiebant in Circo & theatro. Jo. Chryſoſtom. de diverſ. utriuſque Teſtam. loc. ſerm. de Circo. Qua de causâ Imperatores imperium ineuntes procedebant in Circum largitionis causâ. Gregor. Tur. libr. 5. cap. 30. & libr. 6. cap. 30.

IN SISINNIO.

Q*V I & calcaria pro restauratione murorum jussit decoquere.* Calcaria est fornax calcis coquendæ causâ, L. *Aut damnum.* §. *In calcariam.* ff. *de pœn.* Tertull. de carne Christi : *Pervenimus igitur de calcaria, quod dici solet, in carbonariam.* Anastas. in Gregor. II. *Hic exordio Pontificatus sui calcarias decoqui jussit.*

IN CONSTANTINO.

COSMUS Saccellarius, Sisinnius Nomenclator. Saccellarius & Nomenclator censentur inter Officia Ecclesiæ Romanæ. Saccellarius est custos ærarii Ecclesiæ. Anast. in Constantino : *Subdiaconus atque Saccellarius factus.* Idem in Gregor. II. *Hic sub sanctæ memoriæ Dom. Sergio Papa Subdiaconus atque Saccellarius factus.* Idem In Stephano IV. *Vnà cum Sergio tunc Saccellario.* Idem in Leone III. *Similiter & Campulus Sacellarius.* Idem in Adriano II. *Ibi à Paulo librorum custode, Joseph vasorum custode, simulque Basilio Saccellario, Ecclesiasticis induti vestibus, salutati.* Et distinguitur ab Arcario. Anastas. inf. *Saulum Diaconum & Vicedominum, Petrum Arcarium.* Nomenculator est monitor, qui Pontificem monet de proprio nomine accedentium ad Rom. Pontificem. De utroque Anastas. in Agathone, ubi dixi. Saccellarius fisci est Procurator, seu Præfectus fisci. Baldric. in epist. ad Henricum III. Imp. *Et sicut liberalitas vestra Sacellarium habet, qui causis supervenientibus cotidianas expensas faciat; ita & ego Sacellarius eorum sum, &c.* Jo. Diac. libr. 2 cap. 23. *Idem Gregorius juxta consuetudinem suam præcepit Saccellario, ut duodecim peregrinos ad prandium invitaret.* Et paulò pòst : *Et accersito Sacellario, cur contra jussionem suam tertium decimum invitare præsumpserit, inquisivit.*

Sergium Abbatem Presbyterum, & Sergium Ordinatorem. Abbatem Presbyterum signat, quia ab initio singula Monasteria habebant unicum Presbyterum, suum Abbatem, à quo Sacramenta peterent, & Missam audirent. Augustin. epist. quæ est 81. scripsit *Abbati Monachorum insulæ Caprariæ & Compresbytero.* Idem de morib. Ecclef. Catholic. libr. 1. cap. 33. *Vidi ego diversoria Sanctorum Mediolani, non paucorum hominum, quibus unus Presbyter præerat, vir optimus & doctissimus.* Joannes Hierosolymitanus Episcopus epist. quâ est

60. scribit, se ordinasse Paulinianum Presbyterum Monasterii Bethleemitici, quia B. Hieronymus ejus Monasterii Præpositus non sustinebat præ humilitate sacramenta fratribus ministrare. Anastas. infr. in Stephano III. *Fulradum Abbatem & Presbyterum.* Ordinator est Magister ordinis Missæ, vel Didascalus ordinandorum. Ordinationem præcedit instructio ordinandorum; & ordinatis traditur ab Ordinatoribus libellus officialis, quo continetur ordo, id est, ratio Ecclesiastici Officii. Conc. Tolet. IV. can. 25. Can. *Quando.* 38. dist.

Illic suscepit sigillum imperiale per Theophanium Regionarium. Sigillum imperiale hîc est præceptum Imp. sigillo munitum, ut alibi, sigillum iconix seu imaginis Beatæ Mariæ, est inscriptio imaginis. Robert. Montens. in Supplem. Sigebert. ad ann. 1183. *Anno superiori apparuit Domina nostra mater misericordiæ sancta Maria cuidam fabro lignario opus facienti in quadam silva, & obtulit ei signum iconiæ suæ & filii sui Salvatoris nostri, cujus sic conscriptio erat:* Agnus Dei, &c.

Occurrit Theophilus Patricius Extraticus Caravisianorum, cum summo honore eum suscepit. Extraticus, lege *Stratigus Scaravisianorum.* id est, dux turmæ equestris militum. A Latino barbaro, *scara,* quod idem est ac turma equestris. Aymoin. libr. 4. cap. 26. *Anno autem decimo Dagobertus collegit lectam è Franciæ bellatoribus scaram, quam nos turmam vel cuneum appellare possumus.* Hincmarus Remens. ad Episcopos diœcesis suæ, cap. 3. *Bellatorum acies, quas vulgari sermone scaras vocamus.* Male *scala,* pro *scara* legitur apud Vvillelm. Britonem Philippid. libr. 10.

In scala Regis, Regi lateraliter hærent.
Inde Scaritæ milites in scaram lecti. Fredegarius in Chronic. cap. 37. *Ibique Theodoricus, cum scarittis, virûmque decem millia accessit.* Scaravisianos, seu Scaritas milites, de quibus agitur hîc, fuisse milites Francos, qui per scaras militabant stipendiis Græcorum, non levis conjectura est, quòd Francos Græcis in Oriente militasse scimus ex Cedreno in Constantino Monomacho; imò & Imperatores Byzantinos in sui custodiam Francis & Germanis usos, qui bipennes gestarent. Nicet. in Alexi Comneno.

Pontifex autem & ejus primates cum sellaribus imperialibus, sellis & frenis inauratis, simul & mappulis ingressi sunt. Sellare hic distinguitur à sella: sellare videtur esse pallium superstratum, quod ornatus causâ imponitur sellæ, *Housse.* Anastas. in Stephano

Ne Clerici frenis, fellis, pectoralibus, calcaribus deauratis utantur, vetat Conc. Lateranenſ. ſub Innocent. III. cap. *Clerici, de vit. & honeſt. Cleric.* Pontifex & Cardinales equitantes uſi ſunt mappulis in ſolemni pompa. Mappulæ ſunt linteolæ albæ, de quibus Gregor. Dialog. lib. 2. cap. 19. *Quadam verò die miſit ex more: ſed is qui miſſus fuerat Monachus, poſt admonitionem factam à Sanctimonialibus fœminis rogatus mappulas accepit, ſibique eas abſcondit in ſinu.* Et infr. *Cui ait: Numquid ego illic præſens non eram, quando ab ancillis Dei mappulas accepiſti? Qui mox ejus veſtigiis provolutus, ſtultè ſe egiſſe pœnituit, & eas, quas in ſinu abſconderat, mappulas abjecit.* Mappularum uſus communis fuit Epiſcopis & Diaconis Eccleſiæ Romanæ. Gregorius libr. 2. epiſt. 54. Unde ſumptus eſt Can. *Illud.* 93. diſt.

Apoſtolicus Pontifex cum camelauco, ut ſolitus eſt Roma procedere, à palatio egreſſus, in Placidias uſque, ubi hoſpitatus erat, properavit. Camelaucum, ſeu camelaugum, eſt pileus quo utitur Pontifex, à Græco καῦμα, quòd proſit ad arcendum calorem. Suidas: Καμηλαύκιον παρὰ τὸ καῦμα ἐλαύνειν. *Quòd calorem arceat.* Etymologic. M. Καυσία εἴρηται μὲν καμαλαύκιον, παρὰ τὸ ἐλαύνειν τὸ καῦμα. *Cauſia dicitur camelaucium, quòd arceat calorem.* Achmes Oneirocritic. cap. 219. Τὸ καμηλαύχιον ἐπὶ βασιλέως εἰς τὴν Αἴγυπτον, κỳ εἰς τέκνον κρίνεται. *Camelaucium Regis ad Auguſtam & ejus liberos refertur.* Camelaucum erat indumentum capitis commune Regibus & privatis, colore diverſum: ſed uſu factum eſt, ut camelaucum Romanis propriè dicatur pileus Pontificis. Papias: *Camelaucus veſtimentum Papæ.*

Hujuſque rei cauſâ zelo fidei accenſus omnis cœtus Romanæ urbis, imaginem, quam Græci Votaream, vel (ut alii legunt) *Pancaream vocant, ſex continentem ſanctas ac univerſales Synodos, in Eccleſia Beati Petri erexerunt.* Imago ſex univerſalium Conciliorum, quam Græci Votaream, vel Pancaream vocant, à Romana plebe erecta in Eccleſia Beati Petri. Hæc imago à Philippico Imp. Hæretico depoſita, à Theodoſio reſtituta Con-

M

Hujus temporibus duo Reges Saxonum ad orationem Apostolorum cum aliis plurimis venientes, sub velocitate suam vitam, ut optabant, finierunt. Hic locus accipiendus est de Anglo-Saxonibus, anno Christi 689. apud *Sedente Sergio Ceadwalla, Rex Anglo-Saxonum, dimisso regno, venit ad limina Apostolorum, ut baptizaretur: & baptizatus est die sabathi Pascha, & in albis positus decessit: & post eum Hun ejus successor, cum triginta & septem annis regnasset, & ipse relicto regno ad limina Apostolorum profectus.* Et his temporibus frequens erat Anglorum peregrinatio ad limina Apostolorum, ut refert Beda libr. 5. cap. 7. *Quod his temporibus plures de gente Anglorum nobiles, ignobilesque, laici & Clerici, viri ac fæminæ certatim facere consueverunt.* Idem antè tradit idem Scriptor libr. 4. cap. 23. *Etiam Romam adire curavit, quod eo tempore magna virtutis æstimabatur.* Idem Anastas. in Benedict. III. *Hujus temporibus Rex Saxonum nomine causâ orationis veniens, relictis omnibus suis rebus, regnum proprium suum dimisit, Romam properans ad limina Apostolorum Petri & Pauli cum multitudine populi, &c.*

Et ex utrisque partibus ampliùs quàm viginti quinque plagarentur, atque interirent. Plagare est vulnus infligere. Augustin. de Civit. Dei libr. 21. cap. 11. *Lacessivit Dominum vel plagavit.*

Donec Pontifex mitteret Sacerdotes cum Evangeliis & crucibus Domini, sicque partes sedarentur. Litaniæ, seu processiones fiebant prælatis Evangeliis & crucibus. Episcopo occurri cum Evangelio moris erat. Ekkeard. Junior de Casib. M. Sancti Galli, cap. 1. *Parat illico basilicam & aram, parat tapetes, & pallio dorsili caminatam, Evangelio Episcopum, aliquos, qui aderant, Presbyteros recipere jubet.* Et infrà: *Post non multum quoque temporis, accidit Petrum etiam Veronensem Episcopum à palatio redeuntem simili loci gratiâ inopinatum venire: fratres autem suscipientes illum, quod melius quidem habebant, Evangelium ei offerebant.* Idem cap. 9. *Ad recipiendum enim Episcopum cum Evangelio, etiam si frater conscriptus non fuerit, æquum esse ut pariter occurrant, omnes concordant. Suscipitur Episcopus, Victor Evangelium obtulit ipsi, quod ubi ille osculatur, Victor revertitur.* In Litaniis cruces præferri moris antiquissimi est. Ne Litaniæ sine crucibus fiant, vetat

Nov. Juſtin. 123. cap. 32. In Litaniis mos erat ut crux aurea à Carolo Magno oblata præferretur ante Pontificem : de quo Anaſtaſ. in Leone IV. Occurſus ſolemnis Cleri Principibus & Dynaſtis cum crucibus fiebat. Gregor. Tur. libr. 10. cap. 9. *Ebraccharius verò uſque Venetias urbem acceſſit : miſerat enim ad eum obviam Epiſcopus Regalis Clericos ſuos cum crucibus & pſallentio, qui eos uſque ad urbem deduxerunt.* Lothario Imperatori obviàm itum cum crucibus & ſignis, id eſt, vexillis. Anaſtaſ. in Sergio II. *Obviam illi ejus Sanctitas dirigens, venerandas cruces, item ſigna, ſicut mos eſt Imperatorem aut Regem ſuſcipere, ita eum cum ingenti honore ſuſcipi fecit.*

IN GREGORIO II.

HIC *in Germania per Bonifacium Epiſcopum verbum ſalutis prædicavit, & gentem illam ſedentem in tenebris, doctrina lucis convertit ad Chriſtum.* Bonifacius à Gregorio II. conſecratus Epiſcopus, & miſſus in Germaniam ad converſionem gentis, fuit primus Moguntinus Epiſcopus. Ad Romanum Pontificem pertinet ordinatio & miſſio Epiſcoporum ad converſionem infidelium. Hoc jure à Gregorio II. in Germaniam miſſus eſt Bonifacius: à Sergio ordinatus eſt Wilibrodus Clemens dictus, & miſſus ad converſionem Friſonum, qui primus fuit Trajectenſis Epiſcopus, de quo Anaſtaſ. in Sergio. Beda libr. 5. cap. 11. Sigebert. in Chronic. ad ann. 697. A Gregorio I. Auguſtinus miſſus eſt in Angliam feliciter ad converſionem Anglorum, de quo Gregorius ipſe lib. 5. ep. 53. & ſeq. Beda lib. 4. c. 23. & ſeq.

Et Longobardos penè trecentos cum eorum Caſtaldo interfecerunt. Caſtaldus, vel Gaſtaldus Longobardis eſt præpoſitus civitatis, vel caſtri. Paulus Varnefrid. de gent. Longobard. libr. 5. cap. 29. *Ipſumque Alzonem mutato dignitatis nomine, de Duce Gaſtaldium vocitari præcepit.* Rainerius Gaſtaldeus Soranæ civitatis memoratur apud Leonem Oſtienſem Chronic. Caſſinenſ. lib. 2. cap. 33. Tacipertus Caſtaldius, & Ramingus Caſtaldus Tuſciæ. Anaſtaſ. in Zachar. Interdum Gaſtaldus pro Procuratore. Urban. II. in Can. *Salvator.* 1. qu. 33. *Defenſoris nomine Advocatum, ſive Caſtaldum & Judicem.* Pandulfus Gaſtaldus nominatur in inſcriptione Joannis VIII. epiſt. 215. Idemque Judex Capuanus, in epiſt. ejuſd. 217.

Anno præmiſſo in benedictionem à prædicto viro eis directis tri-

bus spongiis, quibus ad usum mensæ Pontificis apponuntur. Ante annum quo Sarraceni duce Additamen Rege in Galliam irruerunt, à Gregorio II. Eudoni Duci Aquitaniæ, benedictionis gratiâ missæ sunt tres spongiæ, de his quæ in usu erant ad detergendam mensam Pontificis: his concisis in particulas, & distributis militibus, quotquot eas sumpsere, è prælio in quo Carolus Martellus & Eudo conjunctis copiis Sarracenos ad internecionem fuderunt, incolumes & illæsi evasere. Spongiæ erant in usu ad detergendas mensas, ut probatur hoc loco, quem illustrat Martial. libr. 14. epigr. 144.

Hæc tibi forte datur tergendis spongia mensis Utilis.

Vel ad extergenda pavimenta. L. *Quæsitum. §. Item pertica.* ff. *de instruct. instrum. legat.* M. Tull. pro Sextio: *Meministis tum, Judices, corporibus civium Tyberim compleri, cloacas resarciri, ex foro spongiis effingi sanguinem.* Hinc virgo Ægyptia, quæ fingens se stultam, præ humilitate cæteris ministrabat, dicebatur ἀπότηγος τῆς συνοδίας, *Spongia Monasterii.* Pallad. Hist. Lausiac. c. 40.

Hic Quadragesimali tempore, ut in quinta feria jejunium, atque Missarum celebritas fieret in Ecclesiis, quod non agebatur, instituit. Etiam in Quadragesima jejunium solvi perpetuum ab Apostolis institutum fuit in gratiam Dominicæ Resurrectionis. Gregor. in Evangel. homil. 16. *Quamvis ergo de Quadragesimali tempore, est adhuc aliud quod possit intelligi: à præsenti etenim die usque ad Paschalis solennitatis gaudia sex hebdomadæ veniunt, quarum videlicet dies quadraginta duo fiunt, ex quibus dum sex dies Dominici abstinentiæ subtrahuntur, non plus in abstinentia quàm triginta sex dies remanent.* Præter dies Dominicos etiam feria quinta de consuetudine à jejunio Quadragesimæ immunis erat; sed Gregorius junior restituit jejunium etiam in feria quinta, & Missarum, id est, Officiorum solemnitatem per Quadragesimam. Testis est Anastas. hic & Microlog. de Eccles. obs. cap. 50.

Canistra decem pensantia singula libras duodecim. Canistra erant vasa argentea, in quibus reponebantur vasa, id est, ministeria sacra. Anast. in Benedicto III. *Canistra exafoci duo ex argento purissimo pensantia libras numero quatuor & semis.* Locus est valde corruptus; & ita restituendus videtur, canistra exaphodia, à Græco ἐφόδιον, quod est sacrum Viaticum. Conc. Nic. can. 12. quia erant canistra, in quibus reponebatur Corpus Domini. Hieronym. ad Rusticum de B. Exuperio: *Nihil illo ditius qui corpus Domini canistro vimineo, sanguinem portat in vitro.* Inde re-

Qui dapibus mensas onerent, & pocula ponant:
Veteribus non in manus dabantur pocula, sed mensis apponebantur; & hodie apud plures pocula in canistris argenteis apponuntur, quæ canistra siccaria dicuntur.

Et ante corpus Apostoli poneret mantum, armilausam, balteum, spatam, atque ensem deauratum, necnon coronam auream & crucem argenteam. Luitprandus Rex Longobardorum fractus Pontificis precibus ante altare D. Petri deposuit vestes regias & ornamenta, mantum, armilausam, balteum & spatham. Mantum est breve palliolum, quod regit humeros, & ad manus pervenit tantùm. Isidor. Origin. libr. 19. cap. 24. *Mantum Hispani vocant, quòd manus tegat tantùm: est enim breve amictum.* Mantum ponitur hîc inter ornamenta regia, inter Pontificia ponit Radevic. de gest. Frideric. libr. 2. cap. 62. *Multi ex nostris dicunt vidisse Cancellarium undecimo die ab Vrbe exisse sine manto, sine stola, sine albo equo, & sine omni habitu munitione, cum pellibus regio pallio coopertis, & cum nigro almutio usque ad cisternam.* Inter vestes regias ponitur armilausa. Est vestis militaris, quæ armos, id est, humeros tegit, & pertinet ad genua, ut sit expeditior. Paulin. epist. 7. ad Severum: *Sibi ergo ille habeat armilausam suam, & suas caligas, & suas buccas.* Idem epist. 13. ad eundem: *Cùm præterea facie non minùs quàm armilausa ruberet.* Armilausæ etymon ab armis signat Isidor. Orig. libr. 19. cap. 22. *Armelausa vulgò vocata, quòd ante & retro divisa, atque aperta est, in armos tantùm clausa, quasi armiclausa, c literâ ablatâ.* Suidas: Ἀρμιλαύσιον παρὰ τὸ ἅρμα, τὸ ἐπάνω τῶν ὅπλων. *Armilausæ jungitur baltheum, quod est cingulum militare.* Paulin. epistol. 7. ad Severum: *Nec baltheo, sed reste succincti.* Balteum oblationis causâ super altare deponi moris antiqui fuit. Gregor. Tur. de Mirac. Martyr. libr. 1. cap. 81. *Igitur quodam tempore, homo devotus balteum ex auro purissimo cum omni apparatu studiosissimè fabricatum super altare basilicæ illius posuit, orans ut in causis suis Martyris virtus dignaretur adesse.* Ait crucem argenteam.

Imperatores crucem auream in collo gestabant. De Carolo M. testatur Ditmarus libr. 4. *Crucem auream, qua in collo ejus pependit, cum vestimentorum parte, adhuc imputribilium sumens, catera cum veneratione magna reposuit.*

IN GREGORIO III.

NATALITIORUM *Missas.* Missae natalitiorum, seu natalium Martyrum sunt Missae diei solemnis eorum ultimi agonis, quia eo die nati sunt Christo. Anastas. in Gregorio III. *In die natalitiorum eorum, id est, SS. Apostolorum & Martyrum.* Idem in Adriano: *In natali Apostolorum, & in natali Pontificis.* Ambros. sermon. 72. *Natali, sicut dicunt, imminente vindemia, natalem ejus martyrii procuramus.* Tertull. de Coron. milit. cap. 3. *Oblationes pro defunctis, pro natalitiis annua die facimus.*

In Canone Missae hoc adjecit. Canon Missae est solemnis oratio, quâ conficitur corpus Domini. Ordo Rom. de sacrific. Miss. cap. 12. *Orationem quam Canonem sive actionem, propter regularem Sacramentorum confectionem, Romano more appellamus.* Et ita intelligendus est Gregor. lib. 7. epist. 63. *Quia orationem dominicam mox post Canonem dici statuistis.* Et Leo Ostiens. Chronic. Cassin. lib. 2. cap. 94. *Cumque ad eum Canonis locum pervenisset, quo virorum solent recenseri nomina.*

Quam institutionem in eodem oratorio tabulis lapideis conscribere fecit, in quo faciens pergulam, contulit dona diversarum specierum. Gregorius Pontifex condidit oratorium juxta Basilicam beati Petri, & in eo extruxit pergulam, in qua proposuit varia dona à se oblata. In Ecclesiis donaria oblata proponuntur in pergula. Anastas. infr. hoc loco: *Et super eandem absidem cruces argenteas tres, & catera quae in ornamento pergula, seu ad vestes altaris ordinata sunt.* Eo alludens Tertullian. advers. Valentinian. cap. 7. *Aliis atque aliis pergulis superstructis, & unicuique Deo per totidem scalas distributis.* Pergula est locus seu appendix aedium quâ prospicitur in publicum. Diutino carcere multatus Fulvius tempore belli Punici II. quòd cum corona rosacea è pergula in forum spectare visus esset. Plin. lib. 21. cap. 3. *Lucius Fulvius bello Punico II. cum corona rosacea interdiu è pergula sua in forum prospexisse dictus est, auctoritate Senatus in carcerem adductus, non ante finem belli emissus est.* Apellem tabulas pictas proposuisse in pergula, & post tabulas latuisse, ut trans-

IN ANASTASIUM. 95
euntium judicia exciperet, scribit idem libr. 35. cap. 10. *Idem perfecta opera proponebat in pergula transeuntibus, atque post ipsam tabulam latens, vitia quæ notarentur, auscultabat.* Servi etiam venum exponebantur in pergula. Plautus in Pseudolo:
Te ipsum culleo ego cras faciam deportare in pergulam.
Gabathas aureas duas, alias saxicas numero quinque. Gabathæ sunt patellæ cavæ ex auro vel argento vel ære, in quibus ardebat oleum. Anastas. in Honorio: *Fecit & gabathas aureas quatuor, pensantes singulas libras singulas.* Etymon nominis signat Papias: *Gabatha patella vas quasi cavata.* Hinc à Prasinis derisus Phocas quasi per insaniam gabatha, vice poculi, uteretur. Anastas. in Histor. *Phocas autem fecit Circensem ludum, & Prasini conviciis eum lacess.re præsumpserunt clamantes: In gabatha bibisti, iterum sensum perdidisti.* Est quoddam genus gabatharum quæ dicuntur saxicæ vel saxiscæ. Anastas. in Benedict. II I. *Gabatham saxiscam ex argento purissimo unam, pensantem libras numero tres.* Fortè quasi Saxoniciæ, quòd inventæ essent in Saxonia, quæ est provincia Germaniæ, ut Saxonicia est quoddam genus vestis, petitum à gente Saxonum. Auctor quæst. utriusq. Testam. cap. 127. *Numquid non tunica mediocris hominis, quamvis munda, Imperatori tamen sordida & illicita est, similiter & Saxonicia Senatori.* Vel quia venibant & fiebant Romæ in vico Saxonum. In Urbe fuit vicus Saxonum, cujus meminit Anastas. in Leone IV. *In ipso pontificii sui exordio Saxonum vicum validus ignis invasit.* Aliæ sunt gabathæ, quæ dicuntur interrasiles. Anastas. in Leone III. *Gabathas interrasiles novem, pensantes libras undecim.* Interrasiles dictæ, quia erant quasi derasæ, id est, puræ & simplices sine cælatura. Idem in Gregorio IV. *Gabathas interrasiles quinque cum pedibus suis.* Sic aurum interrasile quasi derasum & æquatum. Plin. lib. 12. cap. 19. *Coronas ex cinnamo, interrasili auro inclusas, primus omnium in templis Capitolii, atque Pacis, dicavit Imperator Vespasianus Augustus.* Hanc interpretationem juvat idem lib. 17. cap. 23. *Deraso cortice quatenus obruatur, unde & rasilem volunt deprimere sulco.* Gabathæ fiebant in modum leonum vel aliarum belluarum. Idem in eodem: *Item gabatham saxiscam habet in modum leonis.* Gabathis insculpebantur gryphes & aliæ belluæ. Anastas. in Leone III. *Gabathas argenteas habentes gryphes deauratos.* Et ibid. *Gabata saxisca in modum leonis.* Gabathæ pendebant in pergula ante altare. Anastas. in Leone III. *Necnon & gabathas fecit ex auro purissimo quindecim cum gemmis pendentes in pergula ante altare.*

Gabathæ genus patinæ veteribus notum. Martial. lib. 7. epig. 47.
Tranſcurrunt gabathæ, volanteque lances.
Amulas ſuperauratas paria duo pendentes. Fibulatoria numero quinque. De amis ſeu amulis dictum eſt ſuprà. Fibulatoria ſunt veſtes eccleſiaſticæ, ut Dalmaticæ, & ſimiles quæ fibulis connectuntur. Anaſtaſ. in Leone IV. *Fibulatoria majora & minora quinque.* Trebell. Pollio in Claudio : *Saga fibulatoria.* Fibula eſt vinculum ex auro, argento vel ære, quo veſtes ſubnectuntur. Eo ſenſu conjunctivam velut fibulam apponi, ad conjungendas partes orationis, ait Tertull. adverſ. Hermogen. *Nam & artem ipſam velut fibula conjunctiva particula ad connexum orationi appoſitum eſt.* Hinc fibula pro ipſa veſte fibulata. Leo Oſtienſ. Chronic. Caſſ. lib. 1. cap. 28. *Phialis quoque & hamulis, bocis, ac fibulis auri puriſſimi.* Virg. 4. Æneid.
Aurea purpuream ſubnectit fibula veſtem.
Valer. Flacc. 1. Argon.
At tibi collectas ſolvit jam fibula veſtes.
His affinia ſunt campeſtria, ſeu ſuccinctoria, quibus juvenes ſuccingebantur, cùm ſe exercerent in Campo Martio : unde & Campeſtrium nomen. Auguſt. de Civit. Dei lib. 14. cap. 16. *Et fecerunt ſibi campeſtria, id eſt, ſuccinctoria genitalium : porro autem campeſtria Latinum quidem verbum eſt, ſed ex eo dictum, quòd juvenes qui nudi exercebantur, in campo pudenda operiebant : unde qui ita, ſuccincti ſunt, campeſtratos vulgus appellat.* Unde campeſtrati, ſuccinctoria habentes. Luitprand. lib. 6. cap. 4. *Adducti ſunt autem duo pueri nudi, ſed campeſtrati, id eſt, ſuccinctoria habentes.*
Aquamanile argenteum par unum. Aquimanile eſt vas è quo aqua funditur manus lavandi causâ. Anaſtaſ. in Sixto III. *Aquamaniles argenteos, penſantes ſingulos libras octo.* Paulus in L. 3. ff. *de ſupellect. legat. Vaſa aquaria, pelves, aquimanilia.* Varro de vit. pop. Rom. lib. 2. *Vrceolum aquamanile vocamus, quòd eo aqua in trulleum effundatur.* Aquamanus Anaſtaſ. infr. in Leone III. *Fecit aqua manus auri pempto deauratas paria duo.*
Et collare aureum cum gemmis pendentibus. Collare eſt monile è gemmis, colli mulierum ornamentum. Virgil. 1. Æneid.
Colloque monile bacatum.
Ammian. lib. 20. *Iubebatur diadema proferre, neganſque unquam ſe babuiſſe uxoris colli, vel capitis, poſcebatur.*
Et faciem altaris & confeſſionem cum regulis veſtivit argento. Regulæ ſunt virgæ ex auro, argento, vel ære, vel ferro, è quibus ducuntur

IN ANASTASIUM.

cuntur vela ante altare vel sacras imagines. Paul. Varnefrid. de gest. Longobard. libr. 3. cap. 6. *Multos in itinere negotiatione sua deceperunt, venundantes regulas æris, quæ ita nescio quomodo erant coloratæ, ut auri probati atque examinati speciem simularent.* Aliis locis regulares vocat Anastas. in Stephano IV. *Fecit enim & tres regulares argenteos super rugas, per quas ingrediuntur ad altare, ubi imagines in frontispicio constitutæ sunt.* Idem in Adriano: *In introitu Ecclesiæ Presbyterii, ubi & regularem ex argento investito fecit, & posuit super eundem regularem præfatas tres imagines. In superiori vero ruga, id est, in medio Presbyterii, faciens aliam regularem ex argento investito.* Idem in Leon. III. *Vela modica de stauraci quatuor, quæ pendent in regulari ante imagines.* Et infrà: *Fecit & columnas argenteas sex, & regulares duos ex argento purissimo, pensantes simul libras octuaginta.* Idem in Paschali: *Fecit etiam ante vestibulum altaris, regularem investitum ex laminis argenteis.*

Coronulas argenteas numero quinque. Coronæ vel coronulæ aureæ, vel argenteæ, erant donaria quæ sæpius offerebantur à fidelibus, ut infrà hoc loco: *Necnon & coronulam auream cum cruce pendentem super altare.* Coronula est diminutivum coronæ: rursus diminutivum coronulæ est cornula. Matth. Paris ad ann. 1247. *Et cornula aurea quæ vulgariter garlanda dicitur.* Inde manavit vernaculum *cornette*.

Hic fecit in Ecclesia Sanctæ Dei Genitricis ad Præsepe per circuitum super columnas regulare candelabrorum ad instar Ecclesiæ Beati Petri Apostoli. Regulare candelabrorum est linea seu ordo candelabrorum, quæ ordine disposita erant.

Vela serica alba ornata blatto, id est, blatteo limbo. Blatta idem est quod purpura. Trebellius Pollio in Claudio: *Quum ab eo uxor peteret ut unico pallio blateo serico uteretur, ille respondit: Absit ut auro fila pensentur; libra enim auri, tunc libra serici fuit.* Gregor. Tur. Hist. lib. 2. cap. 38. *Igitur ab Anastasio Imperatore codicillos de Consulatu accepit, & in Basilica Beati Martini tunicâ blateâ indutus, & chlamyde.*

Construxitque Monasterium erga eundem titulum Sanctorum Martyrum Stephani, Laurentii, atque Chrysogoni, constituens ibidem Abbatem, & Monachorum Congregationem, ad persolvendas Deo laudes in eodem titulo diurnis atque nocturnis temporibus ordinatam, ad instar officiorum Ecclesiæ beati Petri Apostoli. Basilica sancti Chrysogoni Martyris est titulus Cardinalis. In eo Gregorius III. condidit Monasterium, & in eo instituit Abbatem & Congre-

NOTÆ ET OBSERVATIONES

gationem Monachorum, ad celebrandum divinum officium per diem & noctem, ad exemplum Ecclesiæ B. Petri. Ab Ecclesia beati Petri ad alias omnes sæculares & regulares manavit mos celebrandi divina officia suis horis die noctuque. Et hæ sunt quæ dicuntur Horæ canonicæ, quia divina officia recitantur certis horis, videlicet horâ matutinâ, primâ, tertiâ, sextâ, nonâ, vesperâ. Anastas. in Adriano: *Porrò & in Basilica Beatæ Eugeniæ Monasterium puellarum noviter ibidem à fundamentis ædificans, constituit ut jugiter illic Deo canerent laudes, videlicet horâ primâ, tertiâ, sextâ, nonâ, vesperâ, matutinâ.* Augustin. de Tempor. sermon. 55. *Et ideo rogo vos, fratres carissimi, ad vigilias maturius surgite; ad tertiam, ad sextam, ad nonam ante omnia convenite.* Idem serm. 78. de Tempore. *Attentiùs tamen, rogo & admoneo, fratres, ut ad vigilias maturiùs surgere studeatis; ad tertiam, ad sextam, ad nonam feliciter veniatis.* Similiter Gregorius III. Monasterium restituisse memoratur infrà hoc loco, juxta Basilicam Lateranensem, ad celebranda ibi officia diurno nocturnoque tempore, instar officiorum Ecclesiæ Beati Petri. Et Adrianus instituit, ut in Monasterio Honorii Papæ Horæ canonicæ celebrarentur, ut in Ecclesia Lateranensi. Anastas. in Adriano: *Et constituit eos, ut in Basilica Salvatoris, quæ & Constantiniana dicta est, juxta Lateranense Patriarchium posita, officia celebrarent, hoc est, matutinam horam, primam, tertiam, sextam, sed & nonam, etiam & vespertinam.* Idem statuisse memoratur infr. in Monasterio S. Laurentii.

Segregatum videlicet à jure potestatis Presbyteri prædicti tituli. Gregor. III. condidit Monasterium in Ecclesia S. Chrysogoni Martyris, quæ est titulus Cardinalis, exemptum tamen à jurisdictione Presbyteri Cardinalis dicti tituli: quia generaliter servatur in Urbe, ut nullum Monasterium titulo Cardinali sit subjectum, cap. *Dilectus.* extr. *de capell. Monach.*

Fecit autem & tectum noviter, simul & cameram sancti Andreæ Apostoli ad sanctum Petrum Apostolum, quam depinxit. Ecclesias depingi moris antiqui est. Anastas. infr. hoc loco: *Hic etiam Basilicam sancti Calixti Pontificis & Martyris, penè à fundamentis dirutam, novis fabricis cum tecto construxit, ac totam depinxit.* Et infrà: *Item Basilicam sanctæ Dei Genitricis, quæ in Aquiro dicitur, in qua antea Diaconia, & parvum oratorium fuit, eam à fundamentis longiorem & latiorem construxit, atque depinxit.* De quo fusius dixi in Gregor. Tur. lib. 2. cap. 17.

IN ANASTASIUM.

Item accubita quæ sunt ad beatum Petrum, in ruinis posita, à fundamentis noviter restauravit, atque depinxit. Accubitum propriè est lectulus tricliniaris, in quo accumbitur epularum causâ. Lamprid. in Heliogabalo: *Non cubuit in accubitis facilè, nisi iis quæ pilum leporinum haberent, aut plumas perdicum subulares. Sæpe culcitras mutans vilioribus amicis solles pro accubitis sternebat.* Interdum accubitum significabat cœnaculum, in quo accubita disponebantur. Anastas. in Leone III. *Itemque fecit in Patriarchio Lateranensi triclinium miræ magnitudinis, in quo loco & accubita collocavit.* Et infr. eod. *Fecit & atrii domum, in qua etiam & accubitos collocavit.* Idem in Leone IV. *Nam & accubitum quod Domnus Leo bonæ memoriæ tertius Papa à fundamentis construxerat, & omnia ornamenta quæ ibi paraverat, præ nimia vetustate, & oblivione antecessorum Pontificum deleta sunt, & in die natalis Domini nostri Iesu-Christi secundum carnem, tam Domnus Gregorius, quàm & Domnus Sergius sanctæ recordationis, ibidem minimè epulabantur. Isdem verò beatissimus & summus Præsul Leo quartus cum gaudio & nimia delectatione omnia ornamenta sive alimenta, quæ inde deleta fuerant, noviter reparavit, & ad usum pristinum magnificè revocavit.* Inde restituendus locus mendosus ejusdem in Gregorio IV. *Fecit etiam juxta acoliti pro quiete Pontificis, ubi post orationis matutinales, vel Missarum officia, ejus valeant membra soporari, hospitium parvum, sed honestè constructum. Lege juxta accubita,* quæ erant sc. ad Basilicam B. Petri.

Hujus temporibus Galliensium castrum recuperatum est, pro quo quotidie expugnabatur Ducatus Romanus à Ducatu Spoletino, dans pecunias non parvas. Tempore Longobardorum Italia divisa erat in Ducatus: singulæ Provinciæ Ducatus dicebantur, ut Ducatus Romanus, Ducatus Spoletinus, Ducatus Forojuliensis. Paul. Varnefrid. de gest. Longobard. lib. 4. cap. 52. *Circa hæc tempora mortuo apud Forum Julii Grasulfo Duce Forojuliensi, Ducatum Hago regendum suscepit. Apud Spoletum quoque Theudelapis defuncto, Atto eidem civitati Ductor efficitur.* Per hæc tempora Ditio Romana multa passa est à Luitprando Rege Longobardorum, ob causam Trasimundi, Ducis Spoletani, qui Romam Rege persequente confugerat, & à Ducatu Romano obsidione ablatæ sunt quatuor urbes, Ameria, Hortas, Polimartium & Blera, de quo Anastas. in Zachar.

Et hoc constituit ut secundùm constitutum, quod à Collegio Sacerdotum coram sacro corpore Beati Petri factum est, pro celebrandis

NOTÆ ET OBSERVATIONES

solemniis vigiliarum, atque Missarum Domini nostri Iesu-Christi, sanctæque ejus Genitricis, sanctorum Apostolorum, vel omnium sanctorum Martyrum, ac Confessorum, perfectorumque justorum, toto in orbe terrarum requiescentium, ut in oratorio nomini eorum dedicato, intra Ecclesiam Beati Petri Apostoli sub arcu principali à Monachis vigiliæ celebrarentur, & à Presbyteris Hebdomadariis Missarum solemnia. Constitutum hoc continet duo capita Unum, ut vigiliæ SS. Apostolorum, Martyrum & Confessorum toto orbe quiescentium celebrarentur in Ecclesia B. Petri. Alterum, ut Missæ celebrarentur à Presbyteris Hebdomadariis. In Ecclesia B. Petri erant Presbyteri Hebdomadarii, qui per hebdomadas Missas celebrabant: de quibus Anastas. in Hilaro, ubi dixi.

Iisdemque institutis disposuit, ut in cimiteriis circumquaque positis Roma, in die natalitiorum eorum luminaria ad vigilias faciendas, & oblationes de Patriarchio per Oblationarium deportarentur ad celebrandas Missas, per quem præviderit Pontifex, qui pro tempore fuerit, Sacerdotem. Gregorii III. constitutum est ut in die natalium Apostolorum, & Martyrum, in cimiteriis luminaria ad vigilias celebrandas, & oblationes, id est, panis & vinum ad Missas celebrandas, è Patriarchio Lateranensi deportentur per Oblationarium, quod ante institutum à Joanne III. ut observatum est ex Anastas. in Joanne. Oblationarius est Subdiaconus, qui oblationes, id est, panem, vinum destinatum sacrificio Missæ, suscipiebat è manu Pontificis, & deinde eum tradebat Archidiacono. Ordo Romanus de offic. Missæ : *Oblationes autem à Pontifice suscipit Subdiaconus, & ponit in sindonem qui eum sequitur, quam tenent duo Acoliti. Et infr. Deinde Archidiaconus suscipit oblatas duas de Oblationario, & dat Pontifici, &c.*

Ven. VVlcarium partibus Franciæ in Vienna dato pallio Archiepiscopum constituit. Archiepiscopus dicitur constitui dato pallio, quia per pallium confertur plenitudo Pontificalis officii, cap. *Nisi. de auctor. & usu pallii.*

IN ZACHARIA.

E*ODEM verò die dominico, post peracta Missarum solemnia, ad prandium eundem Regem, ad Apostolicam benedictionem suscipiendam, ipse beatissimus Pontifex invitavit.* Benedictio accipitur hic pro refectione seu prandio, vel quia incipit à benedictione mensæ, vel quia per modum eulogiæ, seu benedictionis datur. Vit. Ludovic. P. *Qui quum primo vere à patre dimittere-*

Ipsa verò nubes cum eis, usque ad Basilicam sancti Apollinaris, in Ravennatium urbem tegendo conviavit. Conviare est unà cum alio viam facere. Anastas. infr. eod. *Post hæc autem is ipse Rex, egressus de loco in locum, usque ad Padum eidem sancto viro conviatus eum deduxit.*
Qui viri ingressi in finibus Longobardorum, in civitatem quæ vocatur Imola. Imola civitas Æmiliæ, olim Forum Cornelii, postea Imola dicta, à castro urbis, cui nomen erat Imola. Paul. Varnefrid. de gest. Longobard. libr. 2. cap. 18. *Corneliique Foro, cujus castrum Imolas appellatur.* Forum Cornelii civitas Galliæ togatæ, postea dictæ Lombardiæ, de qua Martial. lib. 3. epigr. 4.
Si quibus in terris, quà simus in urbe, rogabis,
Corneli referas me licet esse Foro.
Cornelii Forum civitas Episcopalis, quæ olim fuit suffraganea Metropolis Mediolanensis. Hinc Ambrosius E. Mediolanensis, vacanti Ecclesiæ Visitatorem dedit unum è suffraganeis. Testis ipse epist. 44. Constantio Coëpiscopo: *Commendo tibi, fili, Ecclesiam quæ est ad Forum Cornelii, quò eam de proximo intervisas frequentius, donec ei ordinetur Episcopus.* Hodie paret Metropoli Ravennati. Gregor. libr. 6. epist. 39. ubi dixi.
Cum quibus Ticinum conveniens, ubi ipse residebat Rex foris muros ejusdem civitatis pertransiens, ad horam orationis nonam, pro vigiliarum Beati Apostolorum Principis Petri celebrandu solemniu Missarum, in Basilicam ejus, quæ vocatur Ad cælum aureum, perrexit. Hora orationis nona signatur, quia officium sacrum certis horis distribuitur, matutinâ, primâ, tertiâ, sextâ, nonâ, vesperâ, completorio. Reg. Benedict. cap. 16.
Hic in Lateranensi Patriarchio, ante Basilicam beatæ memoriæ Theodori Papæ, à novo fecit triclinium, quod diversis marmoribus, & vitio, metallis, atque musivo, & pictura ornavit, sed & sacris imaginibus, tam oratorium beati Silvestri, quamque & porticum decoravit. Locus est corruptus: pro *vitio*, lege *vitreu*. Veteres parietes ædificiorum vitreis bitumine conjunctis vice tectorii inducebant. Vopiscus in Firmo: *Nam & vitreis quadraturis bitumine,*

N iij

NOTÆ ET OBSERVATIONES

aliisque medicamentis insertis, domum induxisse perhibetur. Senec. epist. 86. *At nunc quis est, qui sic lavari sustineat, pauper sibi videtur, ac sordidus, nisi parietes magnis & pretiosis orbibus refulserunt, nisi vitro absconditur camera?*

Hic in Ecclesia Apostolorum Principum Petri & Pauli pendentia vela inter columnas ex palleis sericis fecit. Inter columnas vela ad ornatum Ecclesiarum è palleis seu palliis sericis adhibebantur. Anastas. in Adriano: *Sed & per diversos arcus vela syrica numero quinquaginta septem.* Et infrà: *Vela de palliis syricis numero viginti, & linea viginti.* Idem in Leone III. *Et vela holoserica majora sigillata habentia periclysin, & crucem de bathin, seu fundato.* Lege *blathin.* Idem infr. eod: *Verùm etiam & per arcus argenteos fecit vela Pascalia cum periclysi de stauraci.* Apud veteres etiam signa inter columnas disponebantur. M. Tull. Verrin. 3. *Quæ signa nunc, Verres, ubi sunt? illa quæro, quæ apud te nuper ad omnes columnas, omnibus etiam intercolumniis, in silva denique, disposita sub dio vidimus.* Imò & silvæ inter columnas majorum ædium, id est, arborum lineæ ornatûs causâ consitæ. Horat. lib. 1. epist. 10. *Nempe inter varias nutritur silva columnas.*

Hic in Ecclesia prædicti Principis Apostolorum omnes codices domus suæ proprios, qui in circulo anni leguntur ad matutinos, in armarii opere ordinavit. Zacharias libros proprios reposuit in armario Ecclesiæ Romanæ. Armarium est bibliotheca librorum, *. Sed si bibliothecam. De Legat. 3.* Plin. libr. 2. epist. 17. *Parieti ejus in bibliotheca speciem armarium insertum est.* Sidon. libr. 2. epist. 9. *Videre te crederes aut grammaticales pluteos, aut Athenei cuneos, aut armaria extructa bibliopolarum.* Hac analogiâ armarium S. Martini dixit Lupus Ferrar. epist. 16. *Impendio supplicamus, ut commentarios Boëtii in Topica Ciceronis, quos in chartalio codice Amalricus in armario S. Martini habet.* Armarium S. Galli. Ekkeard. Junior de Casib. Monast. S. Galli cap. 10. *Itur in armarium, sed & in augustum S. Galli thesaurarium.* Aliàs armarium est locus in quo res custodiæ causâ ponuntur. Hieronym. in Ezechiel. libr. 4. cap. 15. *Continent armariis, risco, loculis.*

Hic domum cultam Lauretum noviter ordinavit, adjiciens & massam fonteianam. Domus culta est massa seu prædium instructum ædificiis, colonis, & instrumento rustico. Anastas. infr. eod. *Et domum cultam Beato Petro eumdem locum jure perpetuo statuit permanendum: quæ domus culta sanctæ Ceciliæ usque in hodiernum diem vocatur. Quam videlicet domum cultam usui proprio, dominicæ vide-*

IN ANASTASIUM.

licet traditionis, descripsit. Hic constituit aliam domum cultam in decimo quarto milliario ab hac Romana urbe patrimonium Tusciæ, & constitutionibus obligavit usui Ecclesiæ permanendum. Hic massas quæ vocantur Antrus & Formias, suo studio jure Beati Petri acquisivit, quas & domos cultas statuit. Et de omnibus domocultis, sub anathematis interdictionibus statuit, nulli quoquo modo successorum ejus Pontificum, vel alii cuilibet personæ licere ipsas domos cultas ab usu Ecclesiæ quoquo modo alienare. Idem in Adriano: *Hic beatissimus Præsul fecit atque constituit noviter domos cultas quatuor.* Prædia propria domocultas instituit Leo III. Vit. Ludovic. Pii: *Eadem etiam tempestate, quum Leo Apostolicus gravaretur adverso incommodo, prædia omnia, quæ illi* (Romani) *domocultas appellant, & noviter ab eodem Apostolico instituta erant, sed & ea quæ sibi contra jus querebantur erepta, nullo judice expectato, diripere, & sibi conati sunt restituere.*

Porrò eodem tempore contigit, plures Veneticorum hanc Romanam advenisse in urbem negociatores, & mercimonii nundinæ propagantes, multitudinem mancipiorum, virilis scilicet & feminini generis emere visi sunt, quos & in Africam ad paganam gentem nitebantur deducere. Notatur turpe mercimonium Venetorum emendi mancipia utriusque sexus, ut ea paganis distraherentur in Africa: quod vetuit Pontifex. Hoc genus commercii frequens fuit Paul. Varnefrid. de gest. Longobard libr. 1. cap. 1. *Ab hac ergo populosa Germania sæpe innumerabiles captivorum turmæ abductæ, meridianis populis pretio distrahuntur.* Turpius commercii genus fuit, quo servi à Virdunensibus mercatoribus solebant castrari, quæ dicebantur mancipia Carsamatia, ut Sarracenis venderentur in Hispania. Luitprand. Ticinens. lib. 6. cap. 3 *Obtuli mancipia quatuor Carsamatia Imperatori, nominatis omnibus pretiosiora; Carsamatium autem Græci vocant, amputatis virilibus & virga, puerum eunuchum: quos Verdunenses mercatores ob immensum lucrum facere solent, & in Hispaniam ducere.*

Sicut cætera Pentapoleos oppida. Flaminia est Provincia Italiæ, in qua sunt primariæ Ravenna & quinque civitates Pentapoles dictæ Paulo Varnefrid. de gest. Longobard. libr. 2. cap. 19. Hinc Anastas. antè dixit, *Ravennæ, ac circum tum Pentapoleos & Æmiliæ.*

In venerabili itaque Patriarchio sacratissimum Beati Georgii Martyris iisdem sanctissimus Papa in capsa reconditum reperit caput, in quo & pitacium invenit pariter literis exaratum Græcis, usum esse significantes. Capsis, id est, loculis reliquiarum Sanctorum apponitur pitacium, id est, schedula, seu brevis inscriptio, qua significatur, cujus essent. Gregor. Tur. de Glor. Confess. cap. 36. *Habetur enim ibi tumulus, huic à læva contiguus: in hujus fronte superiore habetur scriptum, Sanctæ memoriæ Galle.* Pitacium est schedula. Augustin. de verb. Apostol. serm. 23. *Memor legis proposuit pitacium publicè.* Cujus diminutivum est pitaciolum. Flodoard. Hist. Rhemens. libr. 3. cap. 23. *Pitaciolum irrationaliter confectum, & manu tua subscriptum.* Hieronym. in Matth. libr. 4. cap. 23. *Pictaciola illa Decalogi, phylacteria vocabant.* Jo. Diacon. libr. 2. cap. 45. *Et scribens orationem in pictatio, dedit uni Diaconorum suorum.* Alibi pictacium est fasciola obligandis vulneribus. Cornel. Celsus libr. 3. cap. 10. *Duo pitacia, quæ latitudinem frontis, longitudinemque aquent.* Veget. art. veterinar. libr. 1. cap. 22. *In plaga verò pitacium imponas, ut diligentiùs claudat.*

   Hic beatissimus Papa *statuit, ut crebris diebus alimentorum sumptus, qui & eleemosyna usque nunc appellatur, de venerabili Patriarchio à Paracellariis, pauperibus & peregrinis, qui ad beatum Petrum morantur, deportari, eisque erogari, &c.* Paracellarii sunt Cellarii præpositi cellæ Patriarchii Lateranensis, è qua quotidie erogabantur stipes pauperibus & peregrinis. Anastas. in Adriano : *Et quinquaginta panes, simulque & decimatas vini duas, & caldaria plena de pulmento erogentur omni die per manus unius fidelissimi Paracellarii eisdem pauperibus.* Unde cellarium Patriarchii Lateranensis dicitur Paracellarium. Anastas. in Adriano I. *Vinum verò, seu diversa legumina, quæ in prædiis ac locis ipsius domocultæ annuè nata fuerunt, simili modo curiosè in Paracellario suncta vestra Ecclesia deducantur, & separatim reponantur; sed & porcos qui annuè in casalibus sæpius dictæ domocultæ inglandati fuerint, capita centum exinde occidantur, & in eodem Paracellario reponantur.*

IN STEPHANO III.

IN *una verò dierum cum multa humilitate sollicitè procedens, in lætania cum sacratissima imagine Domini Dei & Salvatoris nostri Jesu-Christi, quæ Anteropsita nuncupatur.* In letaniis imago Christi Salvatoris circumferri solita cum cruce, dicta est anteropsita, voce fortè composita à Latino *antè*, & Græco ἔψις, visus, spectaculum, quia ante letaniam lata videbatur. Beda Hist. libr. 1. cap. 26. de Augustino primo Episcopo Anglorum, & sociis ejus. *At illi non dæmonica, sed divina virtute præditi veniebant, crucem pro vexillo ferentes argenteam & imaginem Domini Salvatoris in tabula*

IN ANASTASIUM.

tabula depictam, letaniasque canentes pro sua simul & eorum, propter quos, & ad quos venerant, salute æterna Domino supplicabant. Et infrà: *Fertur autem quòd appropinquantes civitati more suo cum cruce sanctâ, & imagine magni Regis Domini nostri Iesu-Christi, hanc letaniam consona voce modularentur.* Imago Salvatoris maximo cultui fuit apud fideles. Novembris 9. celebratur commemeratio imaginis Salvatoris, quæ à Judæis crucifixa ubertim sanguinem fudit: de quo Martyrol. R. Hinc quamplures Ecclesiæ in orbe terrarum dicatæ Salvatori, ut Romæ, & passim alibi. Augustin. libr. 1. contra Julianum: *Unde etiam matres quotidie toto orbe terrarum, non ad Christum tantùm, id est, ad puerum, sed ad Christum ipsum, id est, etiam Salvatorem, cum parvulis currunt.*

Simulque & cum ea alia diversa sacra mysteria recipiens, proprioque humero ipsam sanctam imaginem, cum reliquis Sacerdotibus, idem sanctissimus Papa gestans, nudisque pedibus tam ipse quàm universa plebs incedentes, in Ecclesiam sanctæ Dei Genitricis, quæ ad Præsepe nuncupatur, posito in omnium capitibus populorum cinere, cum maximo ululatu pergentes. In Letania Pontifex cum clero & plebe processit nudis pedibus, & ipse & Presbyteri humeris gestarunt imaginem Christi, & reliquias diverlas Sanctorum. Officium Diaconorum fuit in diebus festis Martyrum, humeris gestare reliquias Sanctorum. Conc. Brachar. III. can. 5.

Illico à regis urbe venit Joannes Imperialis Silentiarius. In Palatio fuit Schola Silentiariorum, qui in aula excubarent. E Schola Silentiariorum ad Imperium evectus memoratur Anastasius. Evagr. libr. 3. cap. 31. Ambros. in orat. funebr. Valentiniani: *Vespere profectus est Silentiarius.*

Unde & cum nimia celeritate, Deo prævio ad Francorum pervenit clusas. Clusæ sunt fauces Alpium, per quas patet transitus. Annal. Franc. *Ad ipsas montium angustias, quas Clusas vocant.* Anastas. infr. eod. *Ad custodiendum proprias Francorum clusas.* Et infrà: *Et clusas funditus eorumdem evertit Longobardorum.* Longobardorum clusæ dicuntur solo evertæ, quia clusæ, ut tutiores essent, erant munitæ propugnaculis. Idem infr. in Adr. *Jam dictus verò Desiderius, & universa Longobardorum exercitus multitudo ad resistendum fortiter, in ipsis clusis assistebant, quas fabricis & diversis maceriis curiosè munire nisi sunt.* Luitprand. Hist. libr. 1. cap. 2. *Quibusdam namque difficillimis separata à nobis erat interpositionibus, quas Clusas vocant.* Idem libr. 5. cap. 18. Clausuras vocat Regino 1. Chronic. *Thermopylas, id est, clausuras*

O

NOTÆ ET OBSERVATIONES

Longobardorum petiit. Radevic. de geftis Frideric. lib. 1. cap. 3. *Claufuras illorum, quas in anguftis locis præcifa denfitate filvarum fecerant, penetravit.* Clufuras Cafliodor. 2. Var. 19. *Vniverfis Gothis & Romanis, & his qui portubus & clufuris præfunt, præcipimus fexaginta militibus in Auguftanis clufuris jugiter conftitutis, annonas, ficut aliis quoque decretæ funt, fine aliqua dubitatione præftare.* Cujac. 3. obf. 24.

Et cœptum gradiens iter, ad venerabile Monafterium fancti Chrifti Martyris Mauritii pervenit. Circa ann. Chrifti 600. Sigifmundus Rex Burgundiæ Monafterium B. Mauritio facrum condidit apud Agaunum in Allobrogibus. Aimoin. libr. 2. cap. 4. *S. Maurice en Chablau fur le Rhofne.*

Ipfeque in Palatio fuo, in loco qui vocatur Pontigone. Pipinus Stephanum III. P. venientem in Galliam, adverfus Longobardos præfidii expetendi causâ, eum fufcepit in palatio fuo, cui nomen erat Ponticone, vel Pontigone. Ponticone vel Pontigone, villa Regia, in pago Catalaunenfi, clara Synodo Pontigonenfi, cujus meminit Aimoin. libr. 5. cap. 33. & quæ refertur inter Capitula Caroli Calvi, edita à Jacobo Sirmondo. Ponticonem appellat Gregor. Tur. libr. 4. cap. 23. & libr. 6. cap. 37. Idem de Miracul. D. Mart. l. 4. c. 40. Pontigonem Fifcum, id eft, villam Fifcalem, Frodoard. in Chronic. ad ann. 952.

Cui & vice Stratoris, ufque in aliquantum locum, juxta ejus fellarem properavit. Pipinus Pontifici functus eft officio Stratoris, juxta ejus fellarem equitans. Strator dicitur qui domino equum ephippio infternit, & afcendentem in equum fublevat. In aula Imperatoris Stratores fuere inter Officia Palatina. Spartian. in Antonino Caracalla: *Quum illum in equum Strator ejus levaret, pugione latus confodit.* Pontius Diaconus in Vit. Cypriani apud Surium Sept. 14. *Venerunt ad eum Principes duo, unus Strator officii Galerii Maximi Procifſ. & alius Equiftrator è cuftodiis ejufdem officÿ.* Stratorum officium erat probare equos militares, qui à Provincialibus conferebantur, L. unic. C. *De Strator.* Ammian. libr. 29. *Conftantinus Strator paucos militares equos ex his aufus mutare, ad quos probandos miffus erat in Sardiniam.* Ludovicus etiam junior, freno equi Nicolai I. prehenfo, pedes equitem deduxit more Stratoris.

In loco qui Carifiacus appellatur. Carifiacus villa Regia, clara Synodo Carifiacenfe, quæ extat inter Capitula Caroli Calvi, & morte Caroli Martelli. Fredegarius in Chronic. cap. 110.

IN ANASTASIUM.

Veniensque Carisiacum villam Palatii super Isaram fluvium, valida febre correptus obiit in pace. Crecy sur Oise.

Quos suscipiens beatissimus Papa, eisdem motionem præfati Francorum Regis nunciavit. Quandoque iter seu motio exercitus edicebatur per tesseram. Ammian. libr. 21. Per tesseram edicto itinere in Pannoniam. Idem libr. 23. Nondum adulto vere, missis per militares numeros expeditionali tessera, cunctos transire jussit Euphratem. Sæpius signum itineris dabatur buccinâ. Curtius libr. 3. Patrio more Persarum traditum est orto sole demum procedere, die jam illustri. Signum è tabernaculo Regis buccinâ dabatur. Idem libr. 5. Tubâ, cùm castra movere vellet, signum dabat. Et infrà: Ipse tertiâ vigiliâ silenti agmine, ac ne tubâ quidem dato signo, pergit ad demonstratum iter callium.

Et ipsas claves tam Ravennatium urbis, quamque diversarum civitatum ipsius Ravennatium Exarchatus, unà cum donatione de eis à suo Rege emissa, in Confessione beati Petri ponens, eidem Apostolo, & ejus Vicario sanctissimo Papæ, atque omnibus ejus successoribus Pontificibus perenniter possidendas, atque disponendas tradidit Pipinus Rex Francorum per Fulradum Abbatem Exarchatum Ravennatem, ab Aistulpho Rege Longobardorum armis ablatum, concessit Petro & ejus successoribus, in signum donationis depositis clavibus super Confessione, id est, sepulcro B. Petri. Traditio clavium est symbolum deditionis, vel donationis. Annales Franc. ad ann. 800. Aran Sarracenus Iresictus Oscæ, claves urbis, cum aliis donis Regi misit, promittens eam se traditurum. Traditione aurearum clavium Basilio Imperatori Capua concessa à Principe urbis. Leo Ostiens. Chronic. Cassinens. libr. 1. cap. 39. Cùm ergo Capuanus Princeps Constantinopolitano Imperatori Basilio clam favens, claves aureas ad illum misit, se & urbem Capuam, imò totum Principatum ejus, per hæc imperio tradens. Claves Sepulcri Hierosolymitani a Patriarcha benedictionis causâ accepit Carolus M. Annal. Franc. ad ann. 801. Eudem die Zacharias Presbyter, quem Rex Hierosolymæ miserat, cum duobus Monachis, quos Patriarcha cum eo ad Regem misit, Romam venit: is benedictionis gratiâ claves Sepulcri Dominici ac loci Calvariæ cum vexillo detulerunt.

Eugubium seu Comiaclum. Eugubium hodie Comiaclum, civitas Episcopalis Umbriæ, quæ pervenit ad sedem Apostolicam, ex donatione Pipini cum Exarchatu Ravennate. Anastas. in Adriano: Seu Comaclium de Exarchatu Ravennate.

O ij

NOTÆ ET OBSERVATIONES
IN PAULO.

CE*LLAS pauperum infirmorum.* Cella est habitaculum seu domuncula tenuiorum. Martial. libr. 3 epigr. 30.
Unde tibi togula est, & fuscæ pensio cellæ.
Cella meretricis, pro fornice ubi prostat. Petron. in Satyrico: *Jam pro cella meretrix assem exegerat.* Cellæ servorum. Columell. de re rustic. libr. 1. cap. 6. *Optimè solutu servus cellæ meridiem æquinoctialem spectantes fient.* Petron. in Satyric. *Non longè ab ostiarii cella.*

IN STEPHANO IV.

ET *ascendentes cum eo in Vicedominio.* Vicedominium est domus Vicedomini, qui erat Vicarius Pontificis in temporalibus. Anastas. infr. hoc loco: *Vnde directus est quidam Christophorus Vicedominus, cum multitudine populi, ad eum comprehendendum.*
Continuò accersito Georgio Episcopo Prænestino, compulerunt eum, ut orationem Clericatus eidem Constantino tribueret. Oratio Clericatus dicitur Ordo Clericatus, quia confertur ab Episcopo fusa oratione seu benedictione super ordinando. Anastas. infrà hoc loco: *Timore correptus, orationem illi Clericatus tribuit, & ita Clericus effectus.*
Sicque jam dictus Sergius & VValdipertus cum Longobardu Romanam Vrbem ingressi sunt, & per muros civitatis cum flammula ascendebant, metuentes Romanum populum. Flammulæ erant signa quæ apponebantur in galeis, vel hastis, vel loricis militum, ut agnoscerentur. Vegetius libr. 2. cap. 1. *Vexillationes vocantur à velo, quia velis, hoc est, flammulis utuntur.* Vel signa seu vexilla militaria: unde vexillum regium Francorum dictum est auriflammula, *Oriflamme.* Guill. Brito. Philippid. libr. 11. *Ast Regi satis est tenues crispare per auras Vexillum simplex condaro simplice textum, Splendoris rubri, Lethania qualiter uti Ecclesiana solet certis ex more diebus. Quod cùm flamma habeat, vulgariter Aurea nomen, Omnibus in bellis habet omnia signa præire. Quod Regi præstare solet Dionysius Abbas, Ad bellum quoties sumptis proficiscitur armis.*
Et nequaquam de genuculo ipsi Longobardi ausi sunt descendere, sed cum nimio tremore ibidem assistebant. Geniculum, vel geniculum est linea seu statio & gradus murorum, in qua milites

IN ANASTASIUM.

de geniculis ſtabant, ſagittas in hoſtem mittendi causâ. Geniculum etiam eſt gradus ſucceſſionis, 1. Feud. cap. 1. Muri habent ſuas partes, pedes, geniculum: ſic articulos montium dixit Plin. lib. 37. cap. ult. pro nexibus & junɕturis, quibus inter ſe cohærent. Sic geniculatio dicitur oratio, quia funditur flexis genibus. Tertull. ad Scapulam: *Quando non geniculationibus & jejunationibus noſtris etiam ſiccitates ſunt depulſa.* Hinc de geniculis adorare diɕtum. Idem de Corona Milit. *Die Dominico jejunium neſas ducimus, vel de geniculis adorare.* Hieronym. in epiſt. ad Epheſ. *Et geniculationes in oratione præceptæ.* Caules plantarum etiam habent genicula, id eſt, nodos quibus diſtinɕti ſunt, ut & ſpicæ tritici. Plin. libr. 27. cap. 8. *Crataogonon ſpicæ tritici ſimile eſt, multis calamis ex una radice emicantibus, multorumque geniculorum.* Idem libr. 25. cap. 13. *Cicuta, caulis, levis hic, & geniculatus, ut calami.* Unde caules plantarum dicuntur geniculati. Plin. eod. libr. 27. cap. 7. *Aɕtæa gravi foliorum odore, caulibus aſperis geniculatis.* Idem libr. 18. cap. 7. *At milium & panicum in culmum geniculatum.* Idem libr. 23. cap. 1. *Hujus* (vitis albæ ſc.) *ſarmenta longis & exilibus internodiis geniculata ſcandunt.* In genuculo erant molæ aquæ. Anaſtaſ. in Adriano: *Forma Sabathena, ex qua diverſa molæ in genuculo machinabantur.* Et infrà : *Et intus civitatem, id eſt, in genuculo, ubi molæ machinabantur.*

Pergenteſque in Monaſterium ſanɕti Viti, abſtulerunt exinde Philippum Presbyterum, quem eligentes, & cum gaudio vocibus acclamantes: Philippum Papam ſanɕtus Petrus elegit; eum in Baſilicam Salvatoris more ſolito deduxerunt. Eleɕtio & ordinatio Epiſcoporum fiebat cum acclamatione populi. Ambroſ. de dignit. Sacerdotali cap. 5. *Et neſcii homines & indoɕti in ordinationibus eorum clamant & dicunt: Dignus & juſtus eſt.*

Vnum ex eis, Theodorum ſcilicet Epiſcopum, in Monaſterio Clivi Scauri retrudi fecerunt. Hoc eſt Monaſterium S. Andreæ in Urbe poſitum ad clivum Scauri. à B. Gregorio conditum in propriis ædibus, de quo Jo. Diaconus libr. 1. cap. 6. & Gregor. ipſe libr. 7. epiſt. 13. & Anaſtaſ. infr. hoc loco : *Sergius verò in Monaſterium Clivi Scauri deportatus.* Idem in Gregor. I V. *At in Monaſterio ſanɕti Andreæ, quod appellatur in Clivo Scauri.* Et ita legendum infrà apud Anaſtaſ. in Leone III. *In Monaſterio S. Andreæ, qui ponitur in clivo Scauri.* Proin clibus Cauri.

In ſella muliebri ſedere ſuper equum fecerunt, & in Monaſterio

Adriano sub fin. *Et Petrum religiosum Abbatem venerabilem Monasterii sancti Sabæ, quæ appellatur Cella nova.* In co educatum Gregorium refert Joann. Diac. libro 1. cap. 9. *Loco qui dicitur Cella nova, quo hactenus oratorium nomini ejus dedicatum, & famosum sancti Sabæ Confessoris Christi Monasterium.*

Factaque ab universo populo Romano pœnitentiæ confessionisque deprecatione apud divinam clementiam, per quam se omnes peccasse in prædicti Constantini invasoris Apostolicæ sedis impia ordinatione confitentes, pro eo quòd non ei restiterunt, ita excelsa voce in ambone beati Petri Basilicæ à Leontio Scriniario eadem relecta est confessio. Reconciliatio publicorum pœnitentium fit ab Episcopo per manuum impositionem ante apsidam. Conc. Carth. III. can. 32. can. *Presbyter.* 26. qu. 6. Syn. Carth. can. 46. apud Balsamon.

Vbi erat Gracilis Tribunus, consentaneus jam dicti Constantini Apostolicæ sedis invasoris. Consentaneus est correus, socius criminis. Anastas. infr. hoc loco: *Paulus Cubicularius, & alii ejus nefandissimi consentanei.* Anastas. in Adrian. *Paulo Cubiculario cognomento Asiarta, & aliis consentaneis impiis satellitibus.* Et infr. *Et Calvulo item Cubiculario, & maligno consentaneo.* Gregor. Tur. de Mirac. Martyr. libr. 2. cap. 13. *Qui verò de consentaneis latentes Regem in patria sunt regressi.* Idem de Glor. Confess. cap. 63. *Statim huius consilii effectus est consentaneus.*

Dum ad Colloseum advenissent, illic ejus oculos eruerunt. Coloseum olim Amphitheatrum, sic dictum, quia Neronis cum capite Colossus in vicinia erat. Vulgò *Coliseo.*

Eumque in teterrimam retrudi fecerunt custodiam, quæ vocatur Ferrata in Cellario majore. Cellarium propriè est cella in qua custodiæ causâ reponuntur res pretiosiores. Hieronymus in Ezechiel. libr. 8. cap. 27 *Et prætoriola de insulis Italiæ, & prætoriola sive cellaria, in quibus merces pretiosissimæ reponuntur.* Vel necessaria victui. Augustin epist. 109. ad Monachas quasdam: *Et sicut pascimini ex uno cellario, sic induamini ex uno vestiario.* Idem de Tempore serm. 61. *Multa enim sunt, quæ de horreo, canabo vel cel-*

IN ANASTASIUM.

lario aliquotiens proferre non possumus. Aliàs cellarium pro carcere seu custodia, ut hic Cellarium majus, pro Cellario Lateranensi. *Et postmodum in Cellarium Lateranense deductus, illicque usque ad transitum prænominati Pontificis extitit.* Idem in Adriano: *Sergium Secundicerium, qui Coccus in Cellario erat.* Et infr. *Convocansque cunctos Cellarios, subtilius eos perscrutatur, quomodo ipse Sergius ab eodem cellario abstractus fuisset.* Cella quoque accipitur pro custodia. Lucianus apud Cyprian. epist. 22. *Et reclusi sumus in duabus cellis.* Conc. Turonens. II. can. 20. *Illi verò Archipresbyteri, qui talem cautelam super juniores suos habere voluerint, ab Episcopo suo in civitate retrudantur in cellam, ibique mense integro panem cum aqua manducent.*

Tunc detectis omnibus ejus rationum gestis, simul & Concilio illo, quod in scriptis de ejus quasi confirmatione editum fuerat, igne combusserunt in medio Presbyterii ipsius Ecclesiæ. In Conc. Romano rescissa electione Constantini, qui ex laïco electus erat Ro. Pontifex, gesta ejus confirmationis igni cremata sunt in medio Presbyterii Ecclesiæ Lateranensis.

Tunc allatis sacratissimis Canonibus, eisque liquidò perscrutatis, prolata est sententia ab eodem Sacerdotali Concilio sub anathematis interdicto, ne ullus umquam præsumat laïcorum, neque ex alio ordine, nisi per distinctos gradus ascendens, Diaconus, aut Presbyter Cardinalis factus fuerit, ad sacrum Pontificatus honorem possit promoveri. Rescissa electione Constantini, in eodem Concilio statutum est, ne deinceps quis ex laïco eligatur Pontifex, nisi per gradus priùs ordinatus fuerit Diaconus, aut Presbyter Cardinalis. Ne laïcus eligatur Episcopus, nisi priùs per gradus Diaconus aut Presbyter ordinatus fuerit, vetuit Syn. Sardic. can. 13. can. Osius. 61. dist. quod repetitum est in Conc. Romano, in causa Constantini ex laïco electi Ro. Pontificis. Constantinus in medium Synodi adductus varia defensione usus est: primò dicendo se per vim populi electum, secundò, nihil se novi fecisse, adductis exemplis Sergii Archiepiscopi Ravennatis, & Stephani Neapolitani, qui è laïcis electi & statim ordinati. Sed rescissa electione Constantini, in futurum lex dicta, ne quisquam laïcus eligeretur in Pontificem.

Statuens ut hi qui ex eis consecrati erant, nequaquam ad fortiorem honorem ascenderent. In eodem Concilio statutum, ne hi qui Diaconi aut Presbyteri ordinati erant à Constantino ex laïco electo, ad altiores ordines, nec ad Pontificatus culmen promo verentur. Ordinati à Schifmaticis ex difpenfatione permanent in fufceptis ordinibus, adempta fpecie promotionis ad majores, cap. *Quia diligentia.de elect.* cap. 2. *de Schifmatic. & ordinat. ab. eis. can. Nos confuetudinem.* 12. dift.

In eodem Concilio ftatutum eft, ut omnia quæ ifdem *Conftantinus in Ecclefiafticis Sacramentis, ac divino cultu egit, iterari debuiffent, præter facrum Baptifma, atque fanctum Chrifma*. In eodem Concilio ftatutum, ut ordinationes, & omnia gefta à Conftantino, irrita effent, & iteranda, præter facrum Baptifma, & Chrifmationem Baptizatorum: quia Baptifmus & Chrifmatio feu Confirmatio Baptizatorum non iterantur.

Illicque in ambonem afcendens *Leontius Scriniarius*, cuncta quæ *in eodem peracta funt Concilio, extenfa voce legit populo*. Acta Concilii per Scriniarium lecta funt & publicata in ambone Ecclefiæ Lateranenfis, coram populo, notitiæ causâ. Eadem de caufa Concilia Africana lecta, & infinuata apud acta Proconfularia. Auguftin. in Pfalm. 57. *Lectum eft Concilium Bagaitanum, ubi damnati funt Maximianiftæ: infertum eft actu Proconfularibus: probatum eft, quòd illi damnati non deberent tenere Bafilicas: & pronunciavit Proconful ex lege.*

Hic ftatuit, ut omni Dominico die *à feptem Cardinalibus Hebdomadariis, qui in Ecclefia Salvatoris obfervant Miffarum folemnia, fuper altare beati Petri celebraretur, & Gloria in excelfis Deo diceretur*. Hebdomadarius eft qui vice fua folemnia Miffarum celebrat. Leo Oftienf. Chronic. Caffin. libr. 3. cap. 21. *Quum enim fratres die quadam in Ecclefia primæ horæ folemnia agerent, fubitò cælitus fulmen elapfum ipfum Hebdomadarium Sacerdotem, cui Manno erat nomen, in choro ftantem extinxit.* Septem funt Cardinales Epifcopi, quibus folis poft Pontificem licet Miffam celebrare in Ecclefia Salvatoris fuper altare B. Petri. Petr. Damian. libr. 2. epift. 2. *Lateranenfis Ecclefia ficut Salvatoris eft infignita vocabulo, qui nimirum omnium caput eft electorum; ita mater & quidam apex & vertex eft omnium per orbem Ecclefiarum. Hæc feptem Cardinales habet Epifcopos, quibus folis poft Apoftolicum facrofanctum illud altare licet accedere, & divini cultus myfteria celebrare*. Septem Cardinales Epifcopi: Oftienfis, ad quem pertinet confecratio Pontificis; Portuenfis; SS. Rufinæ & Secundæ aliàs Silvæ Candidæ; Sabinenfis; Prænestinus; Tufculanus; Albanus.

Fecit enim & tres regulares argenteos fuper rugas, per quas ingrediuntur ad altare, ubi imagines in frontifpicio conftitutæ funt. Regulares

lares vel regulæ quid sint, à nobis obfervatum est suprà in Gregor. III. Rugæ sunt femitæ per quas itur ad altare. Ruga est via, femita, quasi rugæ senili similis. Willel. Tyrius de Bell. Sacr. libr. 12. cap. 25. *Præterea illam ejusdem platea; rugæque Accon partem.* Papias: *Ruga Romæ femitula.*
Pro exigendis à Desiderio Rege Longobardorum justitiis beati Petri. Missi Pontificii legati à Stephano IV. ad Carolum Regem, pro petenda ope ad vindicandas à Rege Longobardorum justitias B. Petri, id est, res beati Petri. Justitiæ B. Petri sunt res quæ jure competunt Romanæ Ecclesiæ. Anastas. infr. hoc loco: *Pariterque pro justitiis beati Petri loquerentur. Prætermittens ipse Desiderius causas de justitiis Beati Petri.* Idem infr. in Adriano: *Pro justitiis sanctæ Dei Ecclesiæ faciendis.* Eadem analogiâ justitia Ecclesiarum pro decimis & oblationibus & aliis juribus Ecclesiarum. can. *Quæsitum.* 16. qu. 1. cap. *Quia diligentia. De elect.* cap. *Certificari. De sepultur.*

Et dum hæc agerentur, subitò conjunxit ad beatum Petrum antedictum Desiderius Rex cum suo Longobardorum exercitu. Conjungere est accedere. Anastas. infr. in Adriano: *Quibus egredientibus ab hac Romana urbe, & Perusiam conjungentibus.*

Prius quidem Sergius eadem nocte, quâ horâ campana insonuit, descendit per murum, & properavit ad beatum Petrum. Signatur hora, quâ campana insonuit, id est, quâ signum datum est ad Matutinas. Campanæ signum datur ad Matutinas & alias Horas canonicas. Gregor. Tur. de Mirac. D. Martini libr. 1. cap. 33. *Mane autem facto, signo ad Matutinas commoto, reversi sumus dormitum.* Idem libr. 2. cap. 11. *Mane autem facto, moto Matutinis signo, super pedem debilem constitit.* Idem cap. 45. ejusd. libr. *Visum est eis, quasi signum, quod Matutinis commoveri solet, audissent.* Idem libr. 3. cap. 23. *Interea Beati signum movetur Horis matutinis; aggregatur & populus, vigiliisque celebratis, virtus Sancti clarificata perpatuit.* Idem de Vit. Patr. cap. 8. *Quod Presbyter audiens, gavisus jussit signum ad vigilias commoveri.* Ingulphus in Chron. Croyland. *Et ad matutinas vigilias de præfato Apostolo persolvendas noster Secretarius nolam pulsavit pro Fratribus excitandis.* Campana est signum quo fideles convocantur ad ædes sacras. Inde campanile, turris ex qua campana suspenditur. Anastas. in Leone IV. *Fecit etiam ibi ipsum campanile, & posuit campanam cum malleo æreo & cruce exaurato.* Vulgò campanarium. Leo Ostiens. Chron. Cass. libr. 3. cap. 26. *In ejus etiam fronte prope valvas majoris Ec-*

P

clesia de quadratis saxis mirificam turrem, quæ campanarium vulgò vocatur, erexit.

IN ADRIANO.

ET *tantummodo per suum iniquum argumentum erui fecit oculos Christophori Primicerii.* Argumentum est dolus, ars, calliditas. Gregor. Tur. libr. de glor. Confess. in præfat. *Aut opus hoc à peritis accipi putas, cui ingenium artis non suppeditat, nec ulla literarum scientia subministrat, qui nullum argumentum utile in literis habes, qui nomina discernere nescis.*

Familias etiam, seu peculia ipsorum. Familiæ sunt greges servorum, peculia sunt pecora. Anastas. infrà hoc loco: *Et prædam multam tam de hominibus, quàm de peculiis abstulerunt.* Et infrà: *Servos, ancillas, & peculia diversa, atque res mobiles.* Gregor. libr. 10. epist. 12. *In peculio capita quindecim.* Ubi dixi. Peculia sunt pecora, quia servi plerumque habent pecudes in peculio. Plaut. in Asinar. *Etiam opilio qui pascit alienas oves, aliquam habet peculiarem, qui spem soletur suam.*

Andream Referendarium & Stabilem Ducem. Referendarius est Cancellarius Regis, qui penes se habet sigillum regium. Aimoin. libr. 4. cap. 41. *Beatus Audoënus Refendarius fuit Dagoberti Regis, qui Referendarius ideo est dictus, quòd ad eum universæ publicæ deferrentur conscriptiones, ipseque eas annulo Regis, sive ab eo sigillo sibi commiss muniret, seu firmaret.* Idem Sigebert. in Chronic. ad ann. 634. *Dado fuit Referendarius Dagoberti Regis. Referendarius autem dicebatur, ad quem publicæ conscriptiones referebantur, ut per eum annulo seu sigillo Regis confirmarentur.*

Vnde ecce sequipedes vestros dirigere studebo, meos Missos ad eundem vestrum Regem. Latinis pedissequus seu à pedibus est, qui pedes sequitur dominum. Plaut. in Pœnul. *Dum ludi fiunt, in popinam pedisequi irruptionem facite.* Idem in Aulular. *Ancillas, mulos, muliones, pedissequos.*

Pardum religiosum Egumenum præfectum Monasterio beati Sabæ. Egumenus est Præpositus seu Prior Monasterii. Anastas. in Leone III. *Sicut ipse Hegumenus Monasterii sancti Erasmi professus est.* Paulus Diacon. libr. 19. *Et Egumenus Flori.* Et infrà eod. *Et Petrum Hegumenum sancti Sabæ.* Et rursus? *Direxit Dorotheum Egumenum Chrysopolitanum.* Idem libr. 24. *Et Petrum Egumenum Gytei.* Et infrà: *Theodorus autem Egumenus studii.* A Græco

IN . ANASTASIUM. 115
ἡγήμενος, Præpositus Monasterii, qui est Prior clauſtralis ſub Abbate. Unde Græci diſtingunt παντος κỳ ἡγύμενον τ̃ μονῆς. Synod Nicæn. II. can. 13, & 14. Inde Egumenarchium pro Monaſterio vel cellæ Abbatis. Anaſtaſ. infr. hoc loco : *Baſilica verò Monaſterii beati Anaſtaſii Chriſti Martyris, unà cum Baptiſterio & Egumenarchio.* Idem in Adriano II. *Et Theogniſto Patriarchali Egumeno.*

• *Albinus Deliciofus ipſius Regis.* Deliciofus est, qui est in deliciis Principis. Aliis auricularius, qui gratiâ valet apud Principem. Lambert. Skafnaburgenſ. de reb. geſt. German. ad ann. 1063. *Quantum Regi, quantum auriculariis, quantum Epiſcopo datum ſit, haud ſatis certò comperimus.* Ekkeard. Junior de Caſib. Monaſt. S. Galli cap. 3. *Auricularem & intimum Epiſcopi.*

Cum Apoſtolicis admonitionum ſyllabis. Syllabæ pro literis, ſeu epiſtolis, quia componuntur ex ſyllabis. Evagr. libr. 3. cap. 16. συνοδικαῖς συλλαβαῖς, literis ſynodicis. Et idem cap. 3. ejuſd. libr. ἐγκυκλίοις συλλαβαῖς, encyclicis literis. Marbod. Red. Epiſc. ad Rainald. Epiſc. Andeg. *Ne quid odio tuo deeſſet, delere nomen meum de Catalogo præcepiſti, prius omnia, meas etiam ſyllabas perſecutus.* Græcis συλλαβος, eſt index libri. M. Tull. 4. ad Atticum : *Iiſque imperes, ut ſumant membranulam, ex qua indices fiant, quos vos Græci, ut opinor, συλλάβους appellatis.*

Spoletini & Reatini ad beatum Petrum confugium facientes, ſanctiſſimo Hadriano Papæ ſe tradiderunt, & in fide ipſius Principis Apoſtolorum, atque prædicti ſanctiſſimi Pontificis jurantes, more Romanorum tonſurati ſunt. Spoletini & Reatini qui erant ſub ditione Longobardorum, erant intonſi & barbati : unde à longis barbis & ferro intactis Longobardi dicti. Paul. Varneſrid. de geſt. Longobard. libr. 1. c. 9. libr. 4. cap. 23. Otho Friſingenſ. de geſt. Frideric. libr. 2. cap. 13. Tradentes ſe Romano Pontifici, in ſignum deditionis more Romanorum tonſurati ſunt, quia Romani erant raſi & tonſi. Et hoc est quod repetit Anaſtaſ. infrà hoc loco : *Tunc poſt præſtitum ſacramentum omnes more Romanorum tonſurati ſunt.*

Et Judices, Duces nempe, & Graphiones. Duces ſunt Præfecti univerſæ Provinciæ, Graphiones Præfecti vel Judices civitatis. Cujus eſſent dignitatis Graphiones, colligere licet, quòd donationi Exarchatus Ravennatis factæ per Carolum M. beato Petro & ejus ſucceſſoribus, Duces & Graphiones ſubſcripſiſſe memoratur. Infrà : *Duces etiam & Graphiones in ea aſcribi fecit.* Frede-

P ij

NOTÆ ET OBSERVATIONES

gar. in Supplem. Gregorii Turonenf. cap. 74. *Scaram de electis viris fortibus de Auftria & Burgundia cum Ducibus & Graffionibus fecum habens.* Quos Graphiones, alii Graviones. Paulus Diaconus de geft. Longobard. libr. 5. cap. 36. *Hic dum Dux effet in Tridentina civitate, cum Comite Bajuariorum, quem illi Gravionem dicunt.*

Vbi eum cum bandora fufceperunt. Carolus Magnus à Romanis fufceptus cum bandora, id eft, vexillo feu figno militari, eunte populo in ejus occurfum. Bandum eft vexillum. Paul. Diac. de geft. Longobard. libr. 1. cap. 20. *Tato verò Rodu'fi vexillum, quod bandum appellant, ejufque galeam, quam in bello geftare confueverat, abftulit.* Suidas: Βανδον ὕπο χαλῶσι Ρωμαῖοι τὸ σημεῖον τὸ ἐν πολέμῳ. *Bannum ita Romani fignum militare appellant.* Idem Procop. de bell. Vandalico libr. 2. Inde bandora Anaftafio. Radevic. de geft. Frideric. libr. 2. cap. 67. *Tunc Domini Cardinales Dominum Electum fignis, banderis præcedentibus, ad Palatium ufque cum jocunditate perduxerunt.* Italis *bandiera*. Aliis banerium. Albert. Argentinenf. in Chronic. *Ecce irruit populus cum baneriis ad Palatium Confulis.* Et infrà : *Rex hoc audito ftatim banerium fuum, quod dicitur Sturmholz, fuper turrim Spirenfis Ecclefie conftituit, & populo civitatis ad arma mandari per Magiftros civium præcepit.* Noftris *baniere*.

Conjungente verò eodem Carolo Rege, omnes gradus figillatim ejufdem facratiffime beatæ Petri Ecclefiæ deofculatus eft. Carolus M. Rex Francorum Romam adventans, ftatim properavit ad Bafilicam Beati Petri, & fingulos ejus gradus religionis causâ exofculatus memoratur. Etiam pagani religionis causâ folebant ofculari limina templorum. Tibull. libr. 1. eleg. 5. *Non ego fi merui, dubitem procumbere templis, Et dare facratis ofcula liminibus.* Quo fe refert Virgil. 2. Æneid. *Amplexæque tenent poftes, atque ofcula figunt.*

Donationis promiffionem Carolus Francorum Rex afcribi juffit per Etherium religiofum ac prudentiffimum Capellanum & Notarium fuum. Capellani funt Clerici Palatini qui miniftrant in facello regio: fic dicti à cappa S. Martini, quam Reges Francorum in expeditione circumferebant, quia erant cuftodes cappæ Ipfius Sancti. Valafrid. Strabo de reb. Ecclefiaftic. cap. 31. *Dicti funt primitus Cappellani à cappa beati Martini, quam Reges Francorum ob adjutorium victoriæ in præliis folebant fecum habere, quam ferentes & cuftodientes cum cæteris Sanctorum reliquiis, Clerici Cappellani cape-*

runt vocari. Idem Sangallenfis de geft. Caroli M. libr. 1. *De pauperibus ergo fupradictis quendam optimum Dictatorem & Scriptorem in Capellam fuam affumpfit, quo nomine Reges Francorum, propter cappam fancti Martini, quam fecum ob fui tuitionem & hoftium oppreffionem jugiter ad bella portabant, fancta fua appellare folebant.* Hinc Annales Francor. *Folradus Presbyter Cappellanus.* Et Archicapellanus facri palatii eft Major feu Præpofitus Clericorum capellæ regiæ, quales fuiffe memorantur Hilduinus Abbas, & Drogo Metenfis Epifcopus tempore Ludovici Pii. De quibus Aimoin. libr. 5. cap. 10. 17. 19. *Etherius fuit Cappellanus & Notarius Caroli M.* Quandoque Reges utebantur Clericis capellæ fuæ in Notarios propter peritiam, ut hoc loco Etherius fuit Capellanus & Notarius Caroli M.

Quam prius fuper altare beati Petri, & poft modum in fancta ejus confeffione ponentes. Donatio Exarchatus Romani, feu confirmatio, ejus quæ olim facta erat à Pipino, depofita fuper altare beati Petri, & fuper ejus confeffione, id eft, fepulcro. Donationes piæ fieri folebant inftrumento donationis impofito fuper altare, ut hic; vel gleba fundi impofita fuper altare, vel tradita in manu Epifcopi vel Abbatis, vel cujufcumque Antiftitis, quod dicebatur fcotatio, cap. 2. *De confuetudin.* Ubi dixi. Moribus Anglicis donatio fiebat per traditionem gladii, galeæ, cornu, vel crateris, calcaris, ftrigilis, arcus, vel etiam fagittæ. Ingulfus in Chronic. Croyland. *Conferebantur antea multa prædia nudo verbo, abfque fcripto, vel charta, tantùm cum domini gladio, vel galea, vel cornu, vel cratera; & plurima tenementa cum calcari, cum ftrigili, cum arcu; & nonnulla cum fagitta.*

Apparem infius donationis per eundem Etherium afcribi faciens. Appar eft exemplum inftrumenti, quòd exemplum ducitur à pari. Apud Gregorium libr. 1. epift. 79. libr. 7. epift. 39. & libr. 10. epift. 7. infcribuntur *à paribus.* Id eft, paribus exemplis fcriptæ ad diverfos Defenfores.

Inter fuper corpus beati Petri, fubtus Evangelia, quæ ibidem ofculantur. Super corpus beati Petri propofita funt Evangelia, quæ orantes ofculantur religionis causâ. Maximus femper fuit cultus Evangeliorum & gratia circa cautiones morborum, maximè febrium. Hinc febris curandæ causâ Evangelium ad caput apponi moris eft. Auguftin. in Joannem cap. 7. *Quid ergo cùm caput tibi dolet, laudamus fi Evangelium ad caput tibi pofueris, & non ad ligaturam cucurreris?* Et infrà: *Gaudemus quando videmus homi-*

NOTÆ ET OBSERVATIONES

nem in lectulo suo constitutum jactari febribus & doloribus, vel alicubi spem posuisse, nisi ut sibi Evangelium ad caput poneret, non quia ad hoc factum est, sed quia prælatum Evangelium ligaturis. Hinc Evangelia collo suspensa gestantur amuleti vice. Joan. Chrysostom. in Matth. Homil. 73. in illa verba, *Phylacteria sua dilatant*: ἀ φυλακτήρια ἐκάλυν, ὡς πολλαὶ νῦν τῶν γυναικῶν, διαγγέλια τῶν τραχήλων ἐξαρτῶσαι ἔχουσι. *Hæc phylacteria vocabant, sicut multæ mulierum modo faciunt, Evangelia ex collo dependentes.* Quæ verba sua fecit Isidorus Pelusiota Chrysostomi discipulus, lib. 2. epist. 150. in illud, *Idem magnificant phylacteria*: ὥσπερ νῦν αἱ γυναῖκες τὰ διαγγέλια τὰ μικρά. *Quemadmodum etiam nunc fœminæ parva Evangelia.* Necnon Evangelium in singulorum ædibus asservari moris erat, præsidii causâ adversus dæmones. Jo. Chrysostom. εἰ γὰρ ἐν οἰκίᾳ ἔνθα ἐν διαγγέλιον ᾖ κείμενον, ὑπολμήσει προσ-ελθεῖν ὁ διάβολος. *Nam si in quacumque domo Evangelium est, illuc diabolus ingredi non audet.* Missu Evangelii incendium compescitur. Gregor. Tur. de vit. Patr. cap. 6. de S. Gallo Arvernensi Episcopo: *Surgensque Evangeliis comprehensis, igni se obtulit.* Juraturi reverentiæ causâ manus non imponebant Evangelio, nisi priùs lotas, Ambros. in Psalm. 61. *Juravit ne pejeraret, lavit manus, cùm Evangelium tangeret, ne quid deesset exemplo.* Jo. Chrysostom. Homil. 7. ad Antiochenos: καὶ εἰ μὲν διαγγέλιον καταχεῖν δεῖν, τὰς χεῖρας ἀπονιψάμενος, μετὰ πολλῆς τῆς αἰδοῦς, καὶ τῆς διαλαβείας κεῖται, καὶ διδοικῶς κατέχεις. *Et si Evangelium quidem capere oporteat, manibus lotis, & cum multa reverentia & religione, tremens & timens sumis.*

Item in eadem Basilica ab introitu de rugas usque ad confessionem, pavimentum vestivit de argento purissimo. Rugæ sunt semitæ per quas proceditur ad altare. Anastas. infr. hoc loco: *Fecit & laudanas duas ex argento, pensantes libras octo, quas posuit super rugas de Presbyterio, ubi arcus de argento existit.* Et infrà: *Fecit etiam imagines sex ex laminis argenteis investitas, ex quibus tres posuit super rugas, quæ sunt in introitu Presbyterii, ubi & regularem ex argento investito fecit.* Idem in Nicolao I. *Porro in purpureis marmoribus, quæ ante corpus beati Petri Apostoli rugas argenteas retinent, dextra lævaque duas cruces argenteas offerens posuit.* Idem in Stephano IV. *Fecit & tres regulares argenteos super rugas, per quas ingrediuntur ad altare. Inde rugulæ diminutivum rugæ.* Idem in Leone IV. *Isdem verò sanctissimus Papa fecit rugulas de argento fusiles cum cancellis in ingressu Presbyterii.*

IN ANASTASIUM.

Fecit etiam in eadem ipsa Basilica beati Petri juxta januas majores argenteas cortinas mirae magnitudinis de palliis stauracin, seu quadrapolis. Cortinæ hic sunt vela. Ambros. epist. 33. *Tradere Basilicam non possum, sed pugnare non debeo; postea vero quàm cognoverim cortinas regias inde esse sublatas.* Et infrà: *Exactus est totus ille dies in mœrore nostro, scissæ sunt ab illudentibus prius cortinæ regiæ.* Augustin. libr. 2. quæst. in Exod. cap. 173. αυλαίας quas Græci appellant, Latini aulaa perhibent, quas cortinas vulgò vocant. Isid. Origin. libr. 19. cap. 26. *Cortinæ sunt aulea, id est, vela de pellibus, qualia in Exodo leguntur, à quibus tabernaculum extrinsecus tegebatur. Dictæ autem cortinæ à coriis, eo quòd prius ex pellibus fuissent factæ.* Idem Anastas. infrà hoc loco: *Item fecit in eadem Basilica beati Pauli Apostoli cortinam majorem juxta januas principales, ex palliis quadrapolis, ad instar cortinæ, quam in Ecclesia beati Petri fecit.* Idem in Leone III. *Cortinas majores Alexandrinas holoserico ornatas in circuitu de fundato.* Pallia stauracina, seu quadrapola, sunt pallia serica auro & argento intexta plumatio opere. Anastas. in Sergio: *Interius plumatium ex holoserico superpositum, quod stauracii dicitur, invenit.* Et idem infrà hoc loco: *Vela de stauraci seu Tyria numero triginta octo.* Et infrà: *Vela de stauracin seu octapli numero viginti duo.* Hujusmodi vela erant variis filis intexta: unde dicta quadrapola, ut hîc, & infrà: *Fecit vestem de stauracin, seu cortinam majorem ex palliis quadrapolis, sed & per diversos arcus vela syrica numero quinquaginta septem, omnia ex palliis quadrapolis seu stauracin.* Stauracium à staurace, quod est genus guttæ malo Sydonio simile conficiendæ purpuræ aptum, deducit Papias: *Stauracium genus palliorum depictorum ex storace, quæ gutta similis est mali Cydonii.*

De palliis Tyriis atque fundatis fecit vela numero sexaginta quinque. Pallia fundata sunt pallia auro intexta, & quasi fundata. Anast. in Leone III. *Fecit in gremio Basilicæ beati Petri Apostoli cortinam majorem Alexandrinam holosericam, habentem in medio aljunctum fundatum, & in circuitu ornatum de fundato.* Fundatum pro auro, inde funda vel fundus est marsupium. Macrob. libr. 2. cap. 4. *Demissa in fundum, id est, crumenam pauperem, manu, protulit paucales nummos, quos Principi daret.*

Fecit in ea Basilica calicem fundatum argenteum pensantem libras quinque. Calix fundatus est calix signis insculptus. *Vela de fundato sunt vela aureis signis intexta.* Idem in Leone IV. *Vela de fundato, quæ ad nitorem ipsius in arcu videntur Ecclesiæ pendere*

NOTÆ ET OBSERVATIONES

duodecim. Alibi fundatum pro fundatione. Gu. Tyr. libr. 12. cap. 25. *Vnde ipse Rex Hierusalem, & nos omnes Duci Venetorum de fundato Tyri, ex parte Regis, festo Apostolorum Petri & Pauli trecentos in unoquoque anno Byzantios Sarracenatos ex debiti conditione persolvere debemus.* Apud aurifices quos vocant inclusores gemmarum, funda est reticulum ex auro, fundæ simile, quo gemmæ includuntur. Plin. libr. 37. cap. 8. de generibus Topazii: *Quamobrem præstantiores fundâ clauduntur, id est, patentes, nec præterquam margines auro amplectente.* Idem c. seq ejusd. libr. *Hiacinthi fundâ includuntur.* Vestes pretiosas etiam fundatas dici, non est quòd æquent pretium fundi, vel plerumque emantur ex pretio fundi. Plaut. in Epidico: *Quasi non fundis exornatæ multæ incedant per vias.*

Nam absidam ipsius Ecclesiæ cernens isdem beatissimus Pontifex jam ruinæ vicinam existentem, cancalis ferreis eandem absidam confirmari fecit. Fortè legendum *cancellis.* Anastas. in Hilaro: *In medio cancellis arcûs.* Et Anastas. ipse infrà hoc loco: *Solarium suum cum cancellis areis construi fecit.* Leo Ostiens. Chr. Cass. lib. 3. cap. 31. *Fecit & cancellos ex ære quatuor ante altare.*

Fecit & laudanas duas ex argento pensantes libras octo, quas super rugas de Presbyterio. Laudanæ sunt Ecclesiastica vasa quæ ornatus causâ ex auro vel argento collocabantur ante altaria. Papias: *Laudanæ Ecclesiastica vasa.* Sic dicta à laude, quia ponebantur in laudem & cultum Apostolorum & Martyrum. Laus, pro cultu; laudare, pro colere, celebrare. Adam. Bremens. Hist. Ecclesiastic. libr. 3. cap. 25. *Sub obtentu fœderis contra Saxones arma laudata sunt.* Ditmarus libr. 3. *Ibi tunc Rex à præfato Comite & à primis illius regionis collaudatur in dominum.* Idem libr. 6. Henrico (Duci Bavariæ) 12. Kal. Aprilis, *cum omnium laude præsentium, cumque hasta signifera Ducatum dedit.* Inde laudamentum pro approbatione, vel assensu, quòd qui alicujus judicium probat, laudare videtur. Radevic. de gest. Frideric. libr. 1. cap. 10. *Laudamentum à Papa Adriano accepisse memoratur, ut & scriptura pariter, atque pictura talis de medio rolleretur.* Idem libr. 2. cap 11. *Accepto de hac probabili petitione fideli laudamento, ad propria reversus est.*

Et quinquaginta panes pensantes per unumquemque panem libras duas, simulque & decimatas vini duas, pensantes per unamquamque decimatam libras sexaginta. Decimata est mensura vini 60. librarum.

Et

IN ANASTASIUM. 121

Et caldaria plena de pulmento. Caldaria, olla seu cacabus, ubi pulmentum coquitur. Noſtris *une chaudiere*. Pulmentum propriè pultem ſignificat, vel cibum in modum pultis conditum. Iſi or. Origin. libr. 20. cap. 2. *Pulmentum verò laxius ſumptum, pro quolibet eduli, vel obſonio, præter panem, ſumitur.* Plin. libr. 18. cap 8. ut pro carne paulò infrà hoc loco: *Necnon & carnem de pulmento.*

Portionem vini, id eſt, cuppam capientem calices duos. Vinum è torculari primùm mitti ſolebat in dolia, quæ plerumque erant defoſſa in cellis vinariis: inde poſtea diffundebatur in amphoras & cados, vendendi, vel utendi causâ, L. *Quod ſæpe.* § ult. ff. *de contrah. empt.* L. pen. *de tritic. vino vel oleo legat.* Rurſus ex amphoris vel cadis vinum transferebatur in cuppas, unde promebatur uſûs causâ. Auguſtin. 9. Confeſſ. cap. 18. *Nam cùm de more tamquam puella ſobria juberetur à parentibus de cuppa vinum depromere.* Et caupones ſolebant vinum cuſtodire in cuppis, quæ erant vaſa minora amphoris & cadis. Et hoc eſt quod Piſoni objiciebat M. Tullius, quòd panem & vinum in penu non haberet, ſed vinum ſumeret à propola, id eſt, caupone, & de cupa: *Piſtor domi nullus, nulla cella, panis & vinum à propola arque de cupa.* Cuppa hîc eſt vas vinarium quod continet calices duos. Et hoc eſt cuppæ genus quod cupellam vocitat Ambroſ. *de Tobia* cap. 14. *Si quis inſtaurandum convivium putat, ad negotiatorem mittit, ut abſynthiaci cupellam ſibi gratis deferat; cauponem dirigit, ut Picenum vinum, aut Tyriacum requirat.* Aliæ erant cuppæ majores, quæ vini ſervandi causâ deponebantur in cellis vinariis. Auguſtin. in Exodum cap. 109. *Anconicos autem dicit, quos vulgò vocamus ancones, ſicut ſunt in columnis cellarum vinariarum, quibus incumbunt ligna, quæ cupas ferunt.*

Cum fundu & caſalibus vineis, olivetis, atque molis. Molæ ſunt molendina, in quibus triticum molitur, id eſt, teritur, ut infrà: *Aineis aquimolis.* Caſalia ſunt prædia ſuburbana, in quibus eſt caſa ſeu tectum. Jacob. à Vitriac. Hiſt. Occidental. libr. 2. cap. 2. *Non ſolùm civitates & oppida, ſed etiam caſalis replererant.*

Et lecticariam quæ vocatur Aſprula. Lecticaria videtur eſſe prædium ſuburbanum, quo paterfamilias ſeceſſûs causâ eundo lecticâ vehi ſolet. Veteres rus petendo ſellâ aut lecticâ vehebantur, L. *Qui ſella aut lectica.* ff. *de ſervitut. ruſtic. prædior.* L. *Item legato. de legat.* 3. Hinc & geſtationes dicebantur loca ipſa, per quæ deambulandi causâ ſellâ vel lecticâ vectabantur, ut in L.

Q

NOTÆ ET OBSERVATIONES

Si cujus. §. Fructuarius. ff. de usufruct. Viridaria vel gestationes. Quod probatur & L. Interdum. ff. Quod vi aut clam.

Vbi & deambulatorium scilicet solarium suum, cum cancellis æreis, nimis pulcherrimè construi fecit. Solarium est tabulatum projectum extra ædes, deambulandi & in sole apricandi gratiâ, L. 12. §. Item illud. C. de ædific. privat. Menianum à nomine inventoris. Hieronym. in Ezech. lib. 12. cap. 42. ἰχϑύας autem Romæ appellant solaria, de cœnaculorum parietibus eminentia, sive meniana, ab eo qui ea primus invenit, quæ nonnulli Græcorum ἐξώςοας vocant. E solario David Bersabeam lavantem aspexit, & concupivit. Petrus Apostolus horâ sextâ in solarium pransurus ascendit, Act. Apost. Hieronym. 2. ad Jovinian. Petrus Apostolus non expectans stellam more Judaico, sed horâ sextâ in solarium pransurus ascendit. Solarium cancellis æreis erat munitum, propter casûs periculum. Solarium à Leone III. extructum restituit Leo IV. Anastas. in Leone IV. Nam & solarium quod beatæ memoriæ Leo tertius Papa construxerat, noviter pulcriùs in meliorem speciem restauravit. Idem in Leone III. Necnon & solarium ab imo usque ad summum noviter restauravit. Idem in Gregorio IV. Domum satis dignam undique porticibus, ab solariis circumdatam.

Fecit etiam imagines sex ex laminis aureis investitas. Investitas dixit, pro factis, ut interpretatur ipse auctor infr. Vtrasque verò sex imagines, de laminis argenteis, nimis pulcherrimè factas deauravit.

Forma quæ vocatur Sabbathina, per quam decurrebat aqua per centenarium in atrio Ecclesiæ beati Petri Apostoli. E forma Sabbathena aqua decurrebat per centenarium in atrium Ecclesiæ B. Petri. Et hoc est quod repetitur infrà hoc loco : Et confestim centenarium illud, quod ex eadem forma in atrio Ecclesiæ beati Petri decurrebat. Centenarium est fistula plumbea per. quam è forma Sabbathena aqua ducebatur in atrium Basilicæ B. Petri, ut indicant verba quæ proximè sequuntur : Dum per nimiam neglectûs incuriam, plumbum ipsius centenarii furtim jam plurima ex parte exinde ablatum fuisset, reliquum plumbum conquassatum, protinus iisdem præcipuus Pastor addita multitudine plumbi ipsum centenarium noviter fecit. Anastas. in Nicolao I. Formam aquæ quæ vocatur Tocia, per quam decurrebat aqua per centenarium in urbem Romanam. Adrianus aquæductum Sabatenum viâ Aureliâ deduxit in Vaticanum è lacu Sabateno, qui est in Tuscia, quem angularem vocant à tribus angulis, quos præ se fert, si credimus Platinæ in Vit. hujus Pontific. vel anguillarium, ab anguillis quibus abundat.

Hodie Lacum Braciani à vicino ejus nominis oppido vocant. Lacus Sabateni meminit L. *Rutilia Polla, de contrah. emp.* Pancirol. variar. Lect. libr. 2. cap. 38.

Dum per olitana tempora. Olitanum idem quod antiquum, à Latino *olim*, ut infrà hoc loco: *Exemplo olitano.* Et rursus: *Olitanus trabes.* Anastaf. in Leone IV. *Per olitana curricula temporum.*

Mittens Ianuarium Vestararium suum. Lege, vestiararium suum: & ita emendandus alter locus infrà: *Ianuarium fidelissimum Vestiarium suum.* Vestiarius est præpositus vestiarii Pontificii. Anastaf. in Leone III. *Qui à parva ætate in vestiario Patriachii enutritus.* Et infrà: *Et dum taliter in ipso vestiario præcipuè degens splenderet, & ejus solertissimam curam ipse Vestiarius diligeret.*

Et constituit, ut per unamquamque hebdomadam quintâ feriâ die, cum psallentio, à diaconiâ usque ad balneum pergeret. Processio cum psallentio, id est, cantu Psalmorum fieri solebat. Gregor. Tur. Hist. Franc. libr. 10. cap. 9. *Ebraccharius verò usque Venetias urbem accessit: miserat enim ad eum obviàm Episcopus Regalis clericos suos cum crucibus & psallentio.* Idem de Mirac. Martyr. libr. 1. cap. 76. *Cùm veneris, audies in psallentio vocem ejus.* Idem libr. 2. cap. 34. *Vigilata nocte cum grandi psallentio.*

Plusquam duodecim millia tufos in litore alvei fluminis in fundamentis ponens. Tufus vel tophus, est genus lapidis quo usi veteres ad ædificia publica & privata. Gallis *Tuf.* De quo auctor infrà: *Monumentum de Tiburtino tufo.* Frontin. de Aquæductib. libr. 2. *Pilæ quoque ipsæ topho extructæ, sub tam magno onere labuntur.* Tophum vocat Virgil. 1. Georgic. *Et tophus scaber, & nigris exesa chelidris Creta.* Plin. lib. 17. cap. 4. *Nam tophus scaber naturâ friabilis expetitur.* Idem libr. 11. cap. 37. *Pilæ rotunditate nigricans tophus nullo pondere.* Papias: *Tophus lapis cavernosus & mollis.*

Diaconiam verò sanctæ Dei genitricis semperque virginis Mariæ, Scholæ Græcæ quæ appellatur Cosmedin, restauravit. Romæ quamplures fuere Diaconiæ: has inter fuit Diaconia S. Mariæ in Cosmedin, aliàs Scholæ Græcæ. Anastaf. in Leone III. *Et in Diaconia ipsius Dei Genitricis, quæ appellatur Cosmedin.*

Et Basilicam Hierusalem quæ in Sessoriano sita est. Hæc est Basilica S. Crucis in Hierusalem, quæ sita est in Sessoriano. Anastaf. in Leone III. *Et in Ecclesia Hierusalem quæ ponitur in Sessoriano, fecit coronam.*

* *Basilicam SS. Rufinæ & Secundæ, quæ ponitur in Episcopio Silvæ*

Q ij

Candidæ. Epifcopus SS. Rufinæ & Secundæ erat unus è feptem Cardinalibus: fed quum civitas propter crebras barbarorum incurfiones exhaufta incolis, unita effet à Calixto II. Portuenfi, nonnifi lex Epifcopi Cardinales fuere. Onufr. Panvin. de Cardinal.

Et in auro folidos mancufos numero ducentos. Mancuſſ nummi aurei & argentei, quafi manu cufi. Anaftaf. in Leone IV. *Multofque ei in argento mancofos præbuit.* Joannes VIII. epift. 89. *Cenfus 25. millium in argento mancuforum annualiter additus, civilis mucro anguftiæ eft.* Hinc facilè emendatur alter locus Anaftafii in Leone IV. *Obtulit crucem de auro unam habentem in medio monocoffium.* Lege, *mancufum.*

Idem verò Præful à novo dedicavit, atque conftituit Monafterium fanctorum Hadriani, atque Laurentii, quòd in ruinis marcefcebat à prifcis temporibus, & tanquam crypta à fæcularibus inhabitabatur. Olim fæviente perfecutione cryptæ erant conditoria Martyrum; reddita pace Ecclefiæ, inde tranflatis reliquiis Martyrum, cryptæ factæ funt habitacula tenuiorum & pauperum: & hoc eft quod dicit Auctor, Monafterium SS. Hadriani & Laurentii Monachis deftitutum, tanquam cryptam à fæcularibus inhabitatum fuiffe. Cryptæ fuere & latibula fefe occultantium. Jo. Diacon. lib. 2. cap. 14. *Retrufas cryptas juxta Flaminium portum invenientes, in eis fefe occultaverunt.* Et infrà mox: *At equi ante cryptas illas venerunt, in quibus fe Monachi abfconderant.*

Bafilica verò Monafterii beati Anaftafii Chrifti Martyris unà cum Baptifterio & Egumenarchio exufta. Bafilicæ B. Anaftafii Martyris adjunctum erat Baptifterium, id eft, Ecclefia baptifmalis, & Egumenarchium, id eft, Monafterium. Ea ætate cura animarum fuit penes Monachos, ex difpenfatione apoftolica. Can. *Doctos.* Can. *Sunt nonnulli.* Can. *in Parochia.* 16 qu. 1. Sed Conftitutione Urbani II. hæc eis interdicta eft, Can. *Sanè quia.* 16. qu. 2.

Et in altari majori Ecclefiæ beati Petri Apoftoli fecit ex auro puriffimo diverfas hiftorias penfantes libras quingentas nonaginta feptem. Hiftoriæ funt figuræ, quæ continent hiftoriam, id eft, vitam, Sanctorum, illuftrium perfonarum, vel figuras animalium. Anaftaf. in Leone IV. *Veftem perfecit habentem hiftoriam fancti Martini jacentis in lectulo.* Et infrà: *Veftem de fundato unam habentem hiftoriam fanctorum Martyrum.* Et infrà: *Coronam ex ar-*

IN ANASTASIUM.
gento cum hiſtoriis à foris circumdatam. Idem in Leone III. *Et alias duas abſidas, diverſas hiſtorias pingens ſuper marmorum incruſtatione.* Idem in Nicolao : *Cum chryſoclavo habente hiſtoriam, leonum figuras.* Vel miracula Chriſti & Sanctorum. Gregor. Tur. de gloria Conſeſſ. cap. 35. *Quia ipſa hiſtoria ſepulcrorum de virtutibus Domini & Apoſtolorum ejus expoſitæ ſunt.*
Ita ut in via lata, amplius quàm duas ſtaturas ejuſdem fluminis, aqua excreviſſet. Statura hic pro ſtatura hominis. Joannes Diaconus lib. 4. cap. 83. *Gordiani patris Gregorii ſtatura longa, facies deducta.* Eginart. in Vit. Caroli M. *Corpore fuit amplo atque robuſto, ſtatura eminenti, quæ tamen juſtam non excederet.*

IN LEONE III.

PARI modo & in baſilica beati Petri Apoſtoli, atque in baſilica Salvatoris inſtar imagines fecit. Inſtar imagines dicuntur ſimiles imagines, ut infr. eodem : *Necnon & in titulo Ceciliæ inſtar fecit coronam ex argento.*
Verùm etiam & cortinas albas holoſericas roſatas, habentes in medio crucem de chryſoclabo, & periclyſin de fundato unam. Cortinæ roſatæ ſunt cortinæ ſeu vela ſerica roſei coloris, ut infrà hoc loco : *Sed & ſuper altare majus fecit vela holoſerica alithina quatuor cum haſtilis & roſis chryſoclabis.* Et infrà : *Veſtem albam roſatam cum chryſoclabo.* Et infr. *Vela alba holoſerica pendentia inter columnas majores dextrâ lævâque, numero quadraginta duo, ex quibus undecim roſata.* Crux de chryſoclavo eſt crux ornata clavulis aureis. Etiam veſtes ſericæ ſolebant ornari clavis aureis. Anaſtaſ. infr. hoc loco: *Sed & ſuper altare majus fecit retra vela holoſerica alithina quatuor cum haſtilis & roſis chryſoclabis.* Idem in Benedicto III. *Et vela duo de olovero cum cruce de olovero, & liſta ſimiliter de chryſoclavo.* Et infrà : *Similiter & veſtem de purpura imperiali munda ſuper altare majus ex omni parte, cum hiſtoria & cancellis & roſis de chryſoclavo.* Et rurſus : *Camiſias albas ſigillatas holoſericas cum chryſoclavo.* E: hoc eſt quod auro clavatum dixit Vopiſcus in Tacito : *Auro clavatis veſtibus idem interdixit.* Periclyſis eſt fimbria ſeu limbus veſtis, à Græco περικλύζω, circumluo. Anaſtaſ. infr. hoc loco : *Cortinam majorem ſericam albam habentem periclyſin.* Et rurſus : *Veſtem albam holoſericam habentem periclyſin de Tyrio.*
Sarta verò tecta Baſilicæ beati Petri Apoſtoli, id eſt, navem majo-

rem, sed & aliam navem super altare cum quadriporticu. Navis pars media Ecclesiæ à forma structuræ, quæ est in modum navis. Veteres glossæ G. L. ναὸς, templum ædis: inde ποπ αον, vestibulum templi. Eædem: πρόναων, ante templum. Anastas. infr. hoc loco: *simulque & in nave qua est super altare, sarta tecta omnia noviter restauravit.* Idem in Benedicto III. *Sarta tecta Ecclesiæ beati Petri Apostoli, id est, navem majorem, & aliam navem quæ super corpus ejus est.* Ingulphus in Chronic. Croyland. *De namque illo meremio adhuc Domino Turketulo Abbate superstite, consummata, est navis Ecclesiæ. Ædes sacræ & opera publica lustrabantur inspiciendi gratiâ, an sarta tecta, id est, integra essent, an refectione indigerent,* L. 7. §. 1. ff. *De offic. Proconf.* Sarta tecta sunt modicæ refectiones, quæ ad onus fructuarii pertinent, L. 7. §. *Hactenus.* ff. *de usu-fruct.* Sarta tecta præcepta habere dixit Plaut. in Trinummo : *Sarta tecta tua præcepta usque habui meâ modestiâ.* Sarta tecta ædium sacrarum locabantur redemptoribus. Plin. libr. 35. cap. 3. *M. Aufidius tutelæ Capitolii redemptor.*

Vestem de chrysoclabo, habentem historiam Nativitatis, & sancti Simeonis, & in medio cheritismon. Cheritismos corruptè legitur pro cherismos, quod est species armillæ ex gemmis vel margaritis. Vox composita à Græco χείρ, manus, vel etiam brachium. Inde dextrocherium, pro armillâ quæ apponitur dextræ: vox composita à Græco & Latino. Capitolinus in Maximino : *Pollice ita vasto, ut uxoris dextrocherio uteretur pro annulo.* Ambros. sermon. 90. *Et annulo fidei subarravit me, ornavit me inæstimabili dextrocherio.*

Item velum alithino rotatu habens periclysin, rotas cum cancellis. Velum habens rotas textiles ex auro. Idem in Leone IV. *Vestem albam cum rosis habentem rotas septem.* Item: *Vestem albam de chrysoclavo cum rotis sex.*

Columnas argenteas octo, & gammadia duo. Gammadium vel gammadia, est vestis insignita vel intexta formis auro expressis in modum litteræ γ, ut infrà hoc loco: *Et tabulas chrysoclabas quatuor cum gemmis ornatas, atque gammadias in ipsa veste chrysoclabas quatuor.* Et infrà: *Vestem de stauraci cum cruce & gammadiis.* Hesichius: γάμμα στολὴ ἔχουσα σημεῖα ὡς γάμμα.

Vasa colatoria argentea deaurata pens. libras quatuor & uncias tres. Colatorium est vas, quo in sacris officiis vinum ex ampullis effundebatur in calicem. Anastas. in Sergio II. *Colatorium*

IN ANASTASIUM. 127

de argento, quod in sacro utitur officio, deauratum unum. Vox desumpta à Latino *colare*, quod est stillatim effundere. Malach. 3. *Colabit eos, quasi aurum & quasi argentum.* Petrus Blesepist. 25. *Isti sunt quasi spongia in manu prementis, quasi quædam colatoria divitias suas dominis influentes, & execrandis acquisitionibus, nihil sibi præter peccati sordem & fæculentiam retinentes.* Hinc colatum vas, quo vinum transfunditur. Isiodor. Origin. lib. 20. cap. 3. *Colatum vas proprium, in quo vinum deportatur.* Colum est tubus seu fistula, per quam vinum è poculo defluit. Virgil. 2. Georgic.
Colaque proclorum fumosis deripe tectis.

Fecit autem & in Patriarchio Lateranensi triclinium, & in circuitu laminis marmoreis ornavit, atque marmoribus in exemplis stravit. Triclinium stratum marmoreis tessellis, quæ dicta sunt exempla. Et infrà: *Et in pavimento marmoreis exemplis stratis.* Et hoc est quod infrà dixit, marmoribus sculptis: *Sed & Presbyterium ex marmoribus sculptis ornavit.*

Vestem albam holosericam ornatam in circuitu blatti Byzanteo. Blatti vel blatta est purpura Byzantina, quæ erat laudatissima, ut infrà hoc loco: *Et in titulo Calixti vestem chrysoclabam ex blattin Byzanteo, habentem historiam Nativitatis Domini, & sancti Simeonis.* Et rursus: *Et in basilica sanctorum Cosme & Damiani fecit vestem de blathi Byfanteo, cum periclyfi de chryfoclabio.* Et infrà: *Vela modica de fundato ornata in circuitu de blatthin Bizanteo, & investita de blattin Neapolitano.* Anastas. in Paschali: *Item aliam vestem de blattin Bizantea.* Byzantium mutato nomine à Constantino, dicta est Constantinopolis: sed in nummis & aliis priscum nomen retinuit, ut Byzantini dicti sunt numi, qui cudebantur Constantinopoli. Baldric. Hist. Hierosolymit. libr. 7. *Constantinopolim quæ vocabulo antiquiori Byfantium dicta fuit, unde & adhuc monetæ civitatis denarios Byfanteos vocamus.* Willelm. Tyrius de Bello sacr. libr. 12. cap. 25. *Trecentos in unoquoque anno Byfantios Sarracenatos.* Byzantini Chironomontæ seu obsoniorum sectores. Sidon. libr. 4. epist. 7. *Inter Apicios epulones, & Byfantinos Chironomontas.*

Cum die quadam more folito in lætaniis, quæ ab omnibus majores appellantur, procederet. Lætania major est ea lætania quæ instituta est à Gregorio I. à Basilica seu titulo Jurentii Martyris ad B. Petrum. Gregorius libr. 2. in pr. & libr. 11. cap. 2. Gregor. Tur. de Gest. Franc. libr. 10. cap. 1. & Joannes Diacon.

NOTÆ ET OBSERVATIONES
libr. 1. cap. 4. cujus meminit Martyrolog. R. 25. Maii: *Romæ litaniæ majores ad S. Petrum.* Ekkehard Junior de casibus Monasterii S. Galli cap 6. *Letaniæ major Dominicam præcedit, fratribus cruces alias sequentibus.* Hæc letania solebat indici per Notarium Ecclesiæ Romanæ. Anastas. infr. hoc loco: *Et secundùm olitanam traditionem, à Notario sanctæ Romanæ Ecclesiæ, in Ecclesia B. Georgii Christi Martyris in ejus natali, ipsa letania prædicata fuisset.* Quàm solemnis esset processus letaniæ majoris, intelliges ex eo quòd historia, id est, species letaniæ majoris effingi solebat in vestibus sacris. Anastas. infr. hoc loco: *Et aliam vestem chrysoclavam habentem historiam letaniæ majoris.*

Vbi dum prædictus venerabilis Pontifex, à Patriarchio egressus fuisset, obviàm illi sine planeta iniquus nec dicendus Paschalis Primicerius occurrit, & in hypochrisi veniam ab illo petebat, dicens: Quia infirmus sum, & ideo sine planeta veni. Notatur Paschalis Primicerius, quòd Leoni III. insidias meditans, de more procedendi in letania majori occurrerit sine planeta, & ut solum tegeret, se excusarit infirmitatis obtentu. Planeta est vestis sacerdotalis, sic dicta à Græco πλάνη, quia circum corpus quasi errans vagatur. Papias: *Planeta vestis dicta, quia errantibus evagatur.* Hac veste usus est Gordianus pater Gregorii. Joannes Diaconus libr. 4. cap. 83. *Cujus Gordiani habitus castanei coloris planeta est: sub planeta dalmatica dicitur & casula, quia totum hominem tegit, quasi casula.* Papias: *Planeta Græcè, Latinè dicitur casula, quia totum tegit, & significat caritatem.* Planeta est vestis Sacerdotum, mappula Diaconorum: inde planetati & mappulati distinguuntur. Jo. Diacon. libr. 2. cap. 43. *Cumque magis ex planetatorum, mappulatorumque processionibus, magnum Pontificem cognovissent.* Et Anastas. in Adrian. II. *Obviati omnibus scholis, omnibusque clericorum planetatis ordinibus ad portam auream veniunt.*

Simul etiam & cunctæ scholæ peregrinorum, videlicet Francorum, Frisonum, Saxonum, atque Longobardorum, simul omnes connexi, ad Pontem Milvium cum signis & bandis & canticis spiritualibus susceperunt. Scholæ peregrinorum per gentes distinctæ, cum signis & bandis, id est, vexillis, obviæ occurrere Leoni III. Romæ peregrini confluentes ad limina Apostolorum erant distincti per scholas, id est, habitacula seu xenodochia, quæ ascripta erant singulis Nationibus. Schola Saxonum fuit Romæ, cujus meminit Anastas. in Leone IV. *Super posterulam quæ respicit ad scholam*

IN ANASTASIUM. 129

scholam Saxonum. Romæ fuit & schola Anglorum pro susceptio-
ne peregrinorum Anglicorum Romam adventantium. Ingul-
ph. in Chronic. Croyland. *Et Romam petens in paucis diebus defunctus, ibidem in schola Anglorum sepultus est.*

*Universi Archiepiscopi, & Episcopi, & Abbates unanimiter au-
dientes dixerunt: Nos sedem Apostolicam, quæ est caput omnium Dei
Ecclesiarum, judicare non audemus.* Ro. Pontifex à nemine judi-
cari potuit: ideo Leo III. falsò insimulatus à quibusdam, jurejurando se purgavit. De quo Can. *Auditum.* & seq. 1. qu.
5. Aimoin. libr. 4. cap. 90.

Et Pontifex unxit oleo sancto Carolum. Pari modo Sergius II.
Ludovicum Lotharii Imperatoris filium unxit & coronavit
in Regem Longobardorum, & regali gladio accinxit. De quo
Anastas. in Sergio II. *Tunc almificus Pontifex manibus suis ipsum H Ludovicum Lotharii Imperatoris filium oleo sancto perungens,
regali ac pretiosissima coronavit corona, Regemque Longobardis
præfecit, cui regalem tribuens gladium, illum subcingere jussit.*

*Obtulit crucem cum gemmis hyacinthinis, quam almificus Ponti-
fex in letania præcedere constituit.* In letaniis Crux præfertur. Ne
letaniæ fierent sine cruce, vetuit Nov. Just. 123. cap. 32. Imò
& in letaniis plures cruces præcedebant. Anastas. in Benedicto
III. *Fecit cruces argenteas septem, quæ per diutana tempora per omnes catholicas Ecclesias more solito præcedebant.* In letaniis etiam
præfertur icona seu imago B. Mariæ Virginis. Anastas. in Leone IV. *Dum hæc agerentur, præclarus & celeberrimus dies advenit,
in quo beatæ Dei Genitricis semperque Virginis Mariæ Assumptio celebratur. Tunc præfatus & universalis Papa à Patriarchio cum hymnis & canticis spiritalibus, sancta præcedente icona, ad Basilicam
sancti Hadriani Martyris, sicut mos est, propriis pedibus cum omni
clero perrexit.*

*Increpabat Campulus Paschalem dicendo: Malâ horâ faciem tuam vi-
di, eo quòd tu me misisti in istud periculum.* Malè ominamur,
cùm, malâ horâ, dicimus. Gregor. Tur. Hist. libr. 6. cap. 45.
*Cùm de porta egrederetur, uno carruca effracto axe, omnes, malâ
horâ, dixerunt.* Simon Comes Montisfortis, apud Matth. Paris
ad ann. 1252. in hæc verba adversus Regem erupisse memoratur,
Malâ horâ, ipsum tale verbum à faucibus ejus misisse. E diverso bene
ominantes dicimus, bonâ horâ, ut in Quætulo : *Bonâ horâ
hoc exaudiat.*

In venerabili Monasterio sancti Saba fecit butronem argen. cum

R

NOTÆ ET OBSERVATIONES

caniſtro ſuo penſantem libras duodecim. Butro eſt cupa ſeu cupella, Gallis *une bouteille.* Anaſtaſ. infr. in Leone IV. *Obtulit in Baſilica beati Petri Apoſtoli butronem de argento puriſſimo, cum gabathis argenteis, pendentibus in catenulis ſeptem.* Et infrà : *Et in Ecclesia beati Petri Principis Apoſtolorum fecit butronem ex argento puriſſimo, qui pendet in Presbyterio ante altare majus.* Inde buticula. Idem in Gregorio IV. *Et buticulas triginta tres.* Cujac. 9. obſervat. 16.

Item & in Monaſterio ſancti Eraſmi fecit veſtem de ſtauraci cum cruce & gammadiis ſimul & paratrapetis ſuis.

Fecit & aliam veſtem de imizino. Imizinum vel mizilum eſt genus ſerici ſubtiliſſimum, de quo infr. hoc loco : *In oratorio verò ipſius Dei Genitricis fecit veſtem albam holoſericam ornatam in circuitu de mizilo.* Anaſtaſ. in Paſchali : *Et de imizilo vela numero quatuor.* Idem in Sergio II. *Obtulit veſtes de imizilo quatuor.* Idem in Leone IV. *Cum velis ex imizino duobus.* Idem in Nicolao I. *Veſtem de fundato unam habentem hiſtoriam leonum, & in circuitu mizinum.* Recentiores vocant hermizinum, noſtri *Almoiſin.* Et hoc eſt quod antiquiores vocant ſericum de Almaria, ſic dictum quòd teneretur apud Almariam Murciæ oppidum. Conrad. in Chronic. Moguntin. *Arnoldus autem primordia ſui conſecrans præſulatus, purpuram optimam de Almaria tollens, ſibi fecit veſtes, tunicam, ſercotium & mantellum, ut in Imperatoris Curia glorioſior appareret.* Roger. Hoveden. in Richardo I. *Deinde per nobilem civitatem, quæ dicitur Almaria, ubi fit nobile ſericum, quod dicitur ſericum de Almaria.* Et infrà : *Et Inſula de Majore reddit ei trecentos pannos ſericos de Almaria per annum de tributo ; & Inſula de Evince reddit ei per annum de tributo ducentos pannos de ſerico de Almaria.*

Necnon & feneſtras ipſius Eccleſiæ mira pulcritudinis ex metallo cypſino decoravit. Lege *cyprino.* Cyprium æs veteribus laudatiſſimum. Anaſtaſ. infr. hoc loco : *Necnon & feneſtras ipſius Eccleſiæ ex metallo cyprino decoravit.* Et rurſus : *Et alias feneſtras Baſilicæ ex metallo cyprino reparavit, & in gremio Baſilicæ fecit.*

Et alias feneſtras de vitro diverſis coloribus decoravit. Feneſtræ Eccleſiarum è vitro verſicolori. Anaſtaſ. infr. cod. *Simul & feneſtras de abſida ex vitro diverſis coloribus concluſit.* Idem in Benedicto III. *Feneſtras verò vitreis coloribus ornavit, & picturâ muſivi decoravit.*

Conſtituit ut ante tres dies Aſcenſionis Dominicæ letaniæ celebra-

rentur. Letaniæ ante tres dies Afcenfionis Dominicæ à Leone III. Romæ inftitutæ. Hujufmodi letaniæ à Mamerco Epifcopo Viennenfi primùm inftitutæ felici exemplo. Sidon. libr. 5. epift. 14. *Quarum nobis folemnitatem primus Mamercus Pater & Pontifex, reverentiſſimo exemplo, utiliſſimo experimento, invenit, inſtituit, invexit.* Ait, *reverentiſſimo exemplo*, quia à Romana Ecclefia & univerfo orbe fufceptæ funt. Can. *Pronuntiandum, de confecr.* dift. 3. Cæfarius Arelatenf. Hom. 33. *Tribus diebus quos regulariter in toto mundo celebrat Eccleſia.*

Fecit crucem anaglypham interfatilem. Lege *crucem anaglypham interraſilem*, ut infrà legitur in Leone III. quæ fanior videtur verfio : *Necnon & crucem anaglypham interraſilem ex auro pendentem in pergula ante altare.* Aurum interrafile. Plin. libr. 12. cap. 19. *Coronas* IX. *cinnamo, interrafili, auro incluſas.* Vulgò Or *bruni.* A Latino interrado, quo ufus eft idem lib. 15. cap. 1. de oleis : *Tondentur, & cùm vites, atque interradi gaudent.* Aurum priùs interrafum pingitur, ut pictura tenaciùs hæreat. Feneſtras templi lignis interraſilibus & vermiculatis fabrefactas defcribit Hieronymus in Ezechiel. cap. 41. *Feneſtræ quoque erant factæ in modum retis inſtar cancellorum, ut non ſpecularis lapide, nec vitro, ſed lignis interraſilibus & vermiculatis clauderentur.*

Veſtem rubeam alithynam, & in circuitu liſtam de chryſoclavo. In re veftiaria lifta eft lymbus, fimbria, ora veftis, ut infrà hoc loco : *Veſtem albam holoſericam, & in circuitu liſtam de chryſoclavo.* Et idem in Leone IV. *Fecit veſtem de ſundato cum orbiculis in circuitu ornatam, cum liſta de chryſoclavo.* Leo Oftienf. Chron. Caff. libr. 1. cap. 21. *Vir nobilis Arnipertus obtulit B. Benedicto tunicam cum liſta aurea, & circulis aureis, & liſtam auream margaritis inſignitam.* Idem libr. 2. cap. 44. *Planetam diapiſtim liſtis aureis ornatam.* Idem libr. 3. cap. 19. *Planeta diacinthina magna aureis liſtis undique decenter ornata.* Imaginibus etiam apponitur lifta ex auro, ut fuprà hoc loco : *Et tres ante imagines, cum liſta.* ἀλιθὺ ὃν eft purpureum.

Veſtem chryſoclavam habentem hiſtoriam tranſitus ſanctæ Dei Genitricis miræ magnitudinis. Mors Sanctorum dicitur tranfitus, quia eft tranfitus ad meliorem vitam, ut tranfitus fancti Martini. Gregor. Tur. libr. 1. cap. 43. ubi dixi.

Fecit imaginem ipſius Apoſtolorum Principis in porta virorum ex auro puriſſimo. Olim in Ecclefiis locus virorum & mulierum

NOTÆ ET OBSERVATIONES

erat distinctus, imò & utriusque sexus ingressus in Ecclesiam fiebat diversis portis, ut patet ex hoc loco, & ex his quæ sequuntur : *Simulque & columnas tornatiles tam in ingressu corporis dextra lavaque, ex parte virorum, ac mulierum.*

Obtulit polycandelum porphyreticum pendentem in pergula ante Confessionem in catenis aureis. Polycandelum porphyreticum est candelabrum, in quo lucent multæ candelæ, à Græco πολύς, multus, & Latino candela. Porphyreticum dicitur à colore, quòd esset ex argento deauratum, ut infrà hoc loco: *Cyborium cum columnis porphyreticis ex argento purissimo.* Columnæ ex argento dicuntur porphyreticæ, quia erant deauratæ.

Fecit aquamanus antipempto deauratas paria duo. Aquimanile antipemptum, aquamanus. Anastasio, aquiminarium, vas aquarium, L. *Cum aurum.* §. *Si quis escarium.* L. *In argent.* §. ultimò, ff. *De aur. & argent. legat.* Vide quæ dixi in Gregorio III.

Super altare sanctæ Dei Genitricis, ubi supra quæ appellatur Mediana. Mediana est pars media Ecclesiæ. Gregor. Tur. de mirac. Martyr. libr. 2. cap. 48. *Procedens autem psallendo, cùm ad Medianam pervenisset.* Anastas. infr. hoc loco: *In oratorio sanctæ Dei Genitricis in mediana, fecit vestem albam holosericam rosatam.* Idem in Gregorio IV. *In mediana plaga Ecclesiæ.* Et infr. eod. *Super oratorium sanctæ Dei Genitricis Mariæ, quæ Mediana dicitur.* Idem in Leone IV. *Obtulit verò in oratorio sanctæ Dei Genitricis semper Virginis Dominæ nostræ Mariæ, quod in mediana consistit.*

Fecit in Basilica Dei Genitricis ad Præsepe, & in ingressu præsepii, Regias vestias ex argento purissimo. Leo III. fecit Regias, id est, majores fores Basilicæ beatæ Mariæ ad Præsepe, vestitas argento : sic enim legendum pro *vestias.*

Et hoc constituit, ut Dominicorum dies, vel in sanctis solemnitatibus, hinc inde juxta lectorium consisterent, & ad legendum sacras lectiones luminis splendore refulgerent. Lectorium est pluteus, è quo Evangelium legitur, legium. Leo Ostiens. libr. 3. Chronic. Cassinens. cap. 32. Græcis ἀναλογεῖον. Suidas: ἀναλογεῖον ἐν ᾧ τίθενται τὰ βιβλία. Inde analogium. Gregor. Tur. de mirac. Martyr. libr. 1. cap. 94. *In cujus Basilica analogius, in quo libro suprà posito cantatur aut legitur, mirabiliter compositus esse refertur.* Idem de gloria Confess. cap. 37. *Est ibi & sepulcrum ipsius sancti venerandi Episcopi, à quo hæc ædes nomen accepit, sub analogio compositum.* Ekkeard Junior de casib. Monast.

IN ANASTASIUM.

S. Gall. cap. 1. *Infantulis deinde per ordinem lectitantibus, & analogio descendentibus.* Diebus Dominicis vel aliis solemnibus lucernæ, vel cerei accenduntur, cùm Evangelium legitur. Hinc semper juxta lectorium ceroſtata vel lucernæ ponuntur, ut infra hoc loco: *Fecit verò ubi supra lectorium ex argento puriſſimo, necnon & ceroſtatos ex argento mundiſſimo, stantes juxta ipsum lectorium : & hoc conſtituit, ut Dominicorum die, vel in ſanctis ſolemnitatibus, hinc inde juxta lectorium conſiſterent, & ad legendum ſacras lectiones luminis ſplendore fulgerent.* Idem in Leone IV. *Similiter & in Monaſterio ſanctorum Joannis & Pauli fecit aliam lucernam argenteam, quæ Dominicis vel feſtis diebus juxta lectorium conſiſtentibus ad legendum ſacras lectiones magno luminis ſplendore lucescat.* Idem in Benedicto III. *Cantharum argenteum ſedentem in pedibus quatuor, in quo in diebus feſtis atque Dominicis lucerna ſimul & cerei ponebantur juxta lectorium, mirifico opere fecit.* Vulgò lectrinum.

Regnum Spanoclyſtum ex auro puriſſimo. Regnum Spanoclyſtum eſt corona ex auro Hiſpanico, quod eſt laudatiſſimum. Aurum vel argentum Spanicum pro Hiſpanico. Anaſtaſ. in Leone IV. *Vela cum argento Spaniſco. Vela de Spaniſco ornata.* Et infra : *Vela Spaniſca duo.* Idem in Benedicto III. *Spaniſcas quæ pendent ſuper altare.* Et infrà : *Veſtem de Spaniſco ornatam.* Spania pro Hiſpania, ut infrà : *Calicem aureum Spanoclyſtum, & patenam auream Spanoclyſtam.* Idem in Paſchali : *Regnum Spanoclyſtum ex auro fulvo.*

Et in muſileo beatæ Petronillæ, quod ponitur ad beatum Petrum Apoſtolum, fecit coronam ex argento. Pro muſileo, lege mauſoleo. Corpus S. Petronillæ à Paulo Papa tranſlatum, in cujus marmoreo ſarcophago inſcriptum legebatur : *Aureæ Petronillæ dilectiſſimæ filiæ.* Sigebert. in Chronic. ad annum 758. Idem error emendandus infrà eod. *Sed in muſileo beatæ Petronillæ, quod ponitur ad beatum Petrum Apoſtolum, fecit vela alba majora tria.*

Sed & in Monaſterio ſancti Stephani quod appellatur Catagalla patritia, pari modo fecit caniſtrum ex argento. Hoc Monaſterium à Leone III à fundamentis reſtitutum narrat. Anaſtaſ. infr. eod.

Necnon & in oratorio ſancti Viti, quod ponitur in Monaſterio quod appellatur de Sardas, fecit caniſtrum ex argento. Monaſterium de Sardis dictum, quòd poſitum fuit in vico Sardorum. Anaſtaſ. in Leone IV. *Fecit in Baſilica ſanctæ Dei Genitricis, quæ ponitur in vico, qui nuncupatur Sardorum, veſtem de fundato.* Et

NOTÆ ET OBSERVATIONES

infrà eod. *Pari modo & in Ecclesia sanctæ Dei Genitricis Mariæ quæ sita est in vico Sardorum.*

Et in oratorio sancti Cesarii quod ponitur in Monasterio de Corsas, fecit similiter canistrum. Monasterium de Corsas sic dictum, quia positum fuit in vico Corsarum. Romæ fuit vicus Corsarum. Anastas. in Leone IV. *Monasterium Corsarum, quod juxta Basilicam beati Sixti Martyris atque Pontificis situm est, &c.* Sardis & Corsis insulis pulsis à Sarracenis locus ad habitandum in Urbe concessus à Pontifice.

Et in oratorio sanctæ Mariæ, quod ponitur in Monasterio Aquæ Salviæ, fecit similiter. Monasterium Aquæ Salviæ est Monasterium S. Anastasii Martyris, quod vocatur Ad Aquas Salvias. Anastas. in Benedicto III. *Obtulit etiam in Monasterio sancti Christi Martyris Anastasii, quod vocatur Ad Aquas Salvias.*

Fecit ubi suprà scuta argentea duo scripta utroque Symbolo: unum quidem litteris Græcis, & alium Latinis. Scutum hic est tabula argentea oblonga in formam scuti, in qua scriptum erat Symbolum. Ut infrà eodem: *Fecit & suprà in ingressu corporis scutum ex argento purissimo, in quo orthodoxæ fidei Symbolum scribi fecit.* Idem infra in Nicolao I. *Calicem de auro ex lapidibus circumdatum cum scutis & diversis lapidibus pretiosis hyacinthinis albis.* Cujus diminutivum est scutulum, quod est signum in modum scuti. Jo. Cassian. collat. 1. cap. 5. *Quemadmodum hi quibus usus est bellica tela tractandi, cùm ante Regem mundi hujus artis suæ cupiunt peritiam demonstrare, in parvissima quadam scuti a, quæ depicta in se continet præmia, jacula, vel sagittas intorquere contendunt.* Scutulæ sunt vestes scutulatæ, id est, scutulis distinctæ. Prudent. in Hamartigon.

Gaudeat & durum scutulis perfundere corpus:

Et hoc est genus vestium quod Plin. libr. 8. cap. 48. vocat scutulatum textum. Et hoc fuisse inventum Galliæ refert Plin. ibidem: *Scutulis dividere Gallia instituit.*

Hic autem præclarus Antistes Hospitalem beato Petro Apostolo, in loco qui Naumachia dicitur, à fundamentis noviter construxit. Naumachiæ fuere Romæ, in quibus edebantur navalium pugnarum spectacula, deducta aquâ è Tyberi. Sidon. libr. 1. epist. 5. *Inter hæc patuit & Roma conspectui, cujus mihi non solùm formas, verùm etiam Naumachias videbar epotaturus:* Hospitale à Leone III. constructum ad Naumachiam, cujus meminit idem suprà hoc loco: *In oratorio sancti Peregrini, quod ponitur in*

Hospitali Dominico ad Naumachiam, fecit caniſtra ex argento. Idem in Paschali : *Hospitale sancti Peregrini poſitum ad beatum Petrum Apoſtolum in loco qui vocatur Naumachia, quod idem prædeceſſor ſuus conſtruxerat, &c.*
Necnon & rotas de chryſoclavo ornatas in circuitu de quadrupulo. Rotæ ſunt circuli aurei, qui ornatûs causâ appendebantur in ſacris ædibus. Hujuſmodi rotæ fiebant ex auro, vel argento, vel ſerico, ut infrà hoc loco : *Et rotas ſericas habentes hiſtorias Annunciationis, ſeu Natalis Domini noſtri Ieſu Chriſti.*
Episcopium verò Albanenſe ſimul cum Eccleſia quæ in nomine beati Pancratii fundata eſt. Episcopi Cardinales habent titulum Cardinalem, id eſt, Eccleſiam in titulum Cardinalem, & juxta Episcopium, id eſt, domum Episcopalem : ut Episcopus Albanenſis, qui eſt unus è ſeptem Cardinalibus Episcopis, habuit in titulum Eccleſiam ſancti Pancratii ; Episcopus Silvæ Candidæ habuit ſuum Episcopium juxta Baſilicam SS. Rufinæ & Secundæ, quæ erat titulus. Anaſtaſ. in Adriano : *Baſilicam SS. Rufinæ & Secundæ, quæ ponitur in Episcopio Silvæ Candidæ.* Eccleſiæ S. Pancratii meminit Gregor. libr. 3. epiſt. 13.

IN STEPHANO V.

LUDOVICUS *Imperator pro illius amore in finibus Franciæ curtem de ſuo proprio fiſco beato Petro Apoſtolo perpetuali uſu, per præceptionis paginam conceſſit.* Curtis eſt villa ſeu prædium. Frodoard. in Chronic. ad annum 937. *Quidam Presbyter de Bononia curte, ſic enim villa vocatur.* Adamus Bremenſis libr. 4. cap. 5. *Quinquaginta ergo curtes dominicales habuit Archiepiſcopus.* Curtis eſt diminutivum curiæ, quæ idem ſignificat, ut in Cap. *Cum Bertholdus. de re judicat. Curiam ſuam ſive fundum Nutneſtanen.* Eodem ſignificatu curtis voce pro prædio uſus eſt Anaſtaſ. in Gregorio. IV. in fin. *In curte quæ cognominatur Draconis, domum ſatis dignam undique porticibus ab ſolariis circumdatam à ſolo noviter fieri ſtatuit. Fecit autem & in curte alia, qua Galeria vocitatur, domum aliam largam ac ſpatioſam, ſatiſque præcipuam, ad opus atque utilitatem Pontificum, ubi obediens opportunum fuerit.* Curti nomen fuit Galeria, fortè à Galeria tribu, cujus meminit Onufrius Panvinius in Civit. Rom.

IN ejusdem venerabili Basilica, ante aditum, quæ ducit ad corpus, in loco Ferrata altare constituit. Corpus Ecclesiæ est chorus Ecclesiæ, ubi Clerici stant inter sacra. Anastas. in Leone III. Simulque & columnas volatiles tam in ingressu corporis dextra lævaque, ex parte virorum, ac mulierum.

Pariterque & concham ad spogiam pro nocturnis diligentiis ibidem ex argento constituit, pensantem libras septem & uncias novem. In Basilica S. Petri constituta fuit concha argentea ad spongiam, id est, ad exprimendam spongiam, cujus usus erat ad hauriendam urinam, cùm necesse esset de nocte surgentibus ad sacrum Officium. Veteres spongiis utebantur ad obscœna tergenda: Senec. epist. 70. *Nuper in ludo bestiariorum unus è Germanis, cùm ad matutina spectarent, secessit ad exonerandum corpus; nullum aliud illi dabatur sine custode secretum; ibi lignum id quod ad emundanda obscœna adhærente spongia positum est, totum in gulam farsit, & vi præclusis faucibus spiritum elisit.* Earumdem usus fuit ad urinam excipiendam, & vesicam exonerandam. Martial. libr. 12. epigram. 48.

Quod scis at infælix damnata spongia virgæ.
Spongiarum etiam multus usus fuit ad detergenda & fovenda vulnera & ulcera. Plin. libr. 31. cap. 11. *Usus earum ad abstergenda, fovenda, operienda vulnera.* Jo. Chrysostom. homilia 27. ad Antiochen. διὰ τοῦτο οἱ σοφοὶ τῶν ἰατρῶν, μαλακῇ τινὶ σπογγιᾷ τὰ τραύματα καταψήχουσιν ἕλκη. *Proinde periti Medici spongia quadam præmolli & humefactata ulcera leniter tractant.* Earumdem usus fuit ad exhauriendam aquam. Idem in 1. ad Timoth. Homil. 14. καὶ δίσκους καὶ ἀμφορίας καὶ σπόγγους καὶ ἕτερα πολλὰ ἐπινοοῦνται, ὡς τὸ ἀπαντλῆσαι. *Et discos atque amphoras & spongias & alia plurima ad exhauriendam aquam excogitata.* Spongiis usi etiam retiarii ad sistendum sanguinem vulnerum. Tertull. de spect. cap. 25. *Poteris & misericordia moveri defixus in morsus ursorum, & spongias retiariorum.* Spongiis madefactis foventur vulnera. Apuleius 1. de Asino aureo: *Vulnus spongia effulciens.* Idem libr. 8. *Ille spongiis madidatis tumores comprimere.* Spongiarum etiam usus fuit ad extergenda pavimenta, unde spongiæ censentur in instrumento domus, L. *Quæsitum. §. Item pertica. ff. De instruct. instrum. legat.* Quod jam observatum est alio loco. Anastas. in Gregorio

IN ANASTASIUM.

Gregorio II. Ait, *pro nocturnis diligentiis*, id est, pro nocturnis necessitatibus, quæ sæpius diligentiam desiderant. Veteres res obscœnas honesta appellatione velabant, ut fures diligentes vocabant. Hieronym. 1. adversus Rufinum: *Solemus & argutissimos fures diligentes vocare*. Aleatores volebant se dici tesserarios. Ammian. libr. 28. *Quidam aleatorum vocabulum declinantes, ideoque se cupientes appellari tesserarios*. Veteres non nominabant lotium sine præfatione & verecundia. Plin. libr. 7. cap. 51. inter signa mortis recenset *neglectum effluvium profundi humoris*, id est, urinæ. Diligentiæ opponitur indiligentia. Plin. libr. 9. cap. 36. *Fraudatam profectò se luxuria credat, nosque indiligentiæ damnet*. Idem libr. 10. cap. 23. *Grues excubias habent pro nocturnis temporibus, lapillum pede sustinentes, qui laxatus somno & decidens indiligentiam coarguat*.

Propitiatorium etiam altaris ex laminis argenteis exornatum circumduxit. Propitiatorium altaris est pars media altaris, ubi sacrificium propitiationis, id est, pacis, offertur. Papias: *Propitiatorium dictum, quasi propitiatoris, oratorium*. Et ipse Anastas. infr. hoc loco: *Et propitiatorium sacri altaris ex argenteis laminis mirificè exornavit*.

Per quorumdam gentis Anglorum desidiam ita est omnis illorum habitatio, quæ in eorum lingua burgus dicitur, flamma ignis exundante combusta. Burgus est castrum, munimentum: inde Burgundiones dicti à burgis, in quibus habitabant; quæ erant castra per limitem disposita. Orof. libr. 7. cap. 32. Isid. lib. 9. cap. 2. Luitprand. libr. 3. cap. 12. Paul. Diacon. Hist. libr. 12. Veget. de re militar. libr. 4. cap. 10. *Castellum parvulum quem Burgum vocant*.

In qua & sanctam Græcorum Congregationem aggregans. Paschalis Cœnobium nomine sanctæ Praxedis posuit Græcis Monachis, qui die noctuque Græcè Deo psallerent. Monasterium SS. Stephani & Cassiani pariter condidit Leo IV. in quo instituit Monachos Græcos. Anastas. in ipso Leone IV.

Vestem de blattin cum psellis. Vestis de blattin est vestis blattea, id est, purpurea. Gregor. Tur. libr. 2. cap. 38. *Et in Basilica B. Martini tunicâ blatheâ induras*. Nomen à blatta, quod est conchylium, quo conficitur purpura. Cassiodor. 1. Variar. *Cum blatta quam nostro cubiculo dare annis singulis consuevisti, venire festina*. ψάλια Græci, armillas, brachialia. Cujac. 10. obs. 17.

In Ecclesia beatæ Cæciliæ Martyris fecit concham ex argento, ubi

& pretiosum ejusdem Virginis caput condidit. Concha est vas cavum à similitudine concharum maris, ut suprà hoc loco: *Concham ac Spongiam pro nocturnis diligentiis ex argento constituit.* Idem in Hilaro: *Lacus & conchas triantas duas aquam fundentes.* Et infrà: *Lacum porphyreticum cum concha assita in medio aquam fundentem.* Alibi concha est vas marmoreum in vestibulo Ecclesiæ, in quo pueri expositicii deponi solebant, ut à matriculariis Ecclesiæ colligerentur. Wandelbert. Diacon. in Vit. S. Goar. apud Surium 8. Julii: *Moris quippe tunc Trevirorum erat, ut cùm casa quælibet femina infantem peperisset, cujus nollet sciri parentes, aut certè quem præ inopia rei familiaris nequaquam nutrire sufficeret, ortum parvulum in quadam marmorea concha, quæ ad hoc ipsum statuta erat, exponeret.*

IN EUGENIO.

QUID *aliud pertinentes, nisi quod ipse suis honestis gerebat moribus, & ipsi pariter gerebant.* Pertinentes sunt cognati & propinqui, qui ad nos pertinent, id est, pertinent ad affectum nostrum, ut pertinentiæ sunt res quæ ad nos pertinent, tanquam accessiones rei majoris, cap. *Cùm ad sedem. de restit. Spoliat. Cum possessionibus & pertinentiis.* Impertinentes sunt alieni. Martianus Capella libr. 1. *Post hos quamplures alii, pro suis gradibus coclites, ac Deorum omnium populus, absque impertinentibus convocandi.* Pertinentia sunt, quæ proximè pertinent & juvant ad rem. Plin. libr. 29. cap. 7. *Quonam modo exoleverint in Medicinæ usu, quæ tum parata, atque pertinentia erant.*

IN GREGORIO IV.

OBTULIT *vestem de fundato unam habentem mucrones per circuitum.* In re vestiaria mucrones sunt acumina fimbriæ vestis, ut infrà hoc loco: *Cortinam Alexandrinam unam, vela alia habentia mucrones de fundato quatuor.* Aliàs mucro est acumen teli vel gladii. Papias: *Mucro non tantùm gladius est, sed cujuslibet teli acumen.* Hieronym. ad Heliodor. *Nunc verò inobediens spiritali mucrone truncatur,* Mucrones unguium leonis, acumina unguium interpretatur ipse Solin. Polyhist. cap. 30. *Gradientes mucrones unguium vaginis corporum claudunt, ne acumina attritu retundantur.* Et ante eum Plinius libr. 8. cap. 15. *Mirum par-*

IN ANASTASIUM. 139

dos, pantheras, leones & similis, condito in corporis vagina unguium mucrone, ne refringatur, hebetetur ve, ingredi. Mucrones cornuum, Plin. libr. 11. cap. 37. *Omnia in mucronem migrantia.*

Vela de rodino quatuor, quæ sacrum altare circumdant. Vela rodina sunt, vela rosei coloris. Anastas. in Benedict. III. *Vestem rubeam de rhodina.* Idem in Zacharia: *Vela alithina, quæ & ornavit cum rhodicis.* Leo Ostiens. Chronic. Cassinens. libr. 1. cap. 58. *Planetam diarodinam Byfantiorum* XX. *Pallium altaris diarodinum Byfant.* XVI. Idem libr. 3. cap. 19. *Pluviale diarodinum magnum, undique auro contextum. Pannum diarodinum cum aureis listis.*

Gemmas albas trecentas & octuaginta. Gemmæ albæ sunt margaritæ, ut infrà eod. *Gemmas diversas albas numero septuaginta tres.* Et infrà: *Albas majores numero viginti & novem.* Et rursus: *Albas modicas habens circum capitis coronam diversè philopares.* Lege *filopares.* Sic interpretatur Anastas. in Leone IV. *Cum gemmis albis, id est, margaritis septem.* Lamprid. in Heliogabal. *Orizam cum albis exhibens. Albas præterea in vicem piperis piscibus & tuberibus conspersit.*

Fecit vestem auro textilem habentem in circuitu alvaviras legente de nomine Domni Gregorii quarti Papæ. Lege *albas virias.* Viriæ sunt armillæ manuum. Isidor. Origin. libr. 19. cap. 31. *Armillæ propriè virorum sunt collatæ victoriæ causâ militibus, ob armorum virtutem, unde & quondam vulgò virilis dicebantur.* Inde viriæ Celticæ Plin. libr. 33. cap. 3. *Viriæ Celticæ dicuntur, viriles Celtiberica.* Tertull. de Pallio: *Vestigia cæstuum viria occupavit.* Ambrosius 1. de Abraham: *Inaures habebat quæ non gravarent aurem, sed demulcerent: virias quæ manum non materiali auro onerarent, sed spirituali actu levarent.* Viriæ diminutivum viriola. Inter ornamenta censentur viriolæ, quæ erant brachialia ex auro, vel smaragdis, aut aliis gemmis, L. *Quod tamen.* ff. *De contrah. empt.* L. ult. §. ult. *De auro & arg. legat.* L. 8. *De opt. legat.* Inde emendandus locus Anastas. in Benedict. III. *Retefactum miro opere totum ex gemmis alvaberis.* Lege *albis viriis,* id est, ex gemmis dispositis in modum albarum viriarum, id est, armillarum. Ait: *Legente de nomine Domni Gregorii IV.* quia donariis inscribebatur nomen donantis, ut infr. eod. *Legente de donis Dei & sanctæ Mariæ quod vocatur Præsepe trans Tyberim, Domni Gregorii Papæ quarti.* Ut infrà eod. *Canistra argentea quatuor, legente sanctæ Dei Genitrice Gregorii IV. Papæ.*

S ij

NOTÆ ET OBSERVATIONES

Item fecit & in Diaconia beati Hadriani Martyris in tribus satis vestem de fundato. Diaconia S. Adriani Martyris fuit in vico de tribus satis. Ibidem fuit Basilica sanctorum Cosmæ & Damiani. Anastas. in Adriano: *Pariter & Basilicam sanctorum Cosmæ & Damiani sitam in tribus satis restaurauit.* Fortè legendum *in tribus satis.*

In quo etiam Monachos Canonicos aggregavit, qui inibi officium facerent. Gregorius IV. restituit Basilicam S. Mariæ, quæ dicta est Calisti trans Tyberim, & ibi constituit Monachos Canonicos, id est, Canonicos regulares, & in eadem fecit sanctum Præsepe, id est, oratorium Præsepis illius instar, quod est in Basilica sanctæ Mariæ Majoris, quæ inde ad Præsepe dicta est; de quo suprà in Eugenio.

Albas modicas habens circum capitis coronam, diversè philopares. Lege *filopares*, id est, lineam margaritarum quæ filo pariter pendebant. Ut infrà eodem: *Gabathas aureas purissimas interrasiles philopares.* Lege *filopares*.

Cercelli paria duo habet gemmas pretiosissimas. Lege *circelli*, quod est diminutivum circuli. Circelli aurei vel argentei offerri solebant ornati variis gemmis. Gloss. G. B. ἐλλια, κερκίλλια, δακτυλίδια. Circuli aurei sunt inter ornamenta mulierum. Hieronym. 4. in Ezechiel. cap. 16. *Et usque hodie inter cætera ornamenta mulierum solent aurei circuli in os ex fronte pendere.*

Murenas prasinales pretiosissimas duas. Murenæ sunt torques aurei, seu monilia ex auro gemmis ornata, in longum ducta ad similitudinem murenarum, quod est genus piscis, ut infrà eod. *Item murenam trifilem auream. Et rursus: Murenam in qua pendent gemmæ hyacinthinæ tredecim.* Hieronym. ad Marcellam de laudibus Asellæ: *Aurum colli sui, quod quidem murenulam vulgus vocat.* Murenæ erant textæ auri & argenti virgulis. Hieronym. in Esaiam cap. 3. *Et murenulas quæ auri & argenti texuntur virgulis.* Murenulas prasinales dixit Auctor noster, quia erant ornatæ gemmis prasinis. Hic enim gemmas solet sæpius notatione coloris, quàm nominis designare, & passim facit simul mentionem gemmarum prasinarum, hyacinthinarum & albarum.

Item murenam trifilem auream, quæ habet gemmas diversas albas numero septuaginta, & buticulas triginta tres. Murenam trifilem vocat, quæ erat contexta tribus filis, id est, lineis margaritarum. Murenam filatam vocat infrà: *Item murenam filatam, ex qua gemma pendent quatuordecim. Et quæ infrà habebat plures buti-*

IN ANASTASIUM.

culas, id est, orbiculos vel bullas aureas, *des bouïllons d'or.* Anastas. in Sergio II. *Gabathas interrasiles deauratis cum bullis duabus.* Idem in Leone IV. *Vela habentia cruces, & gammadias de chrysoclavo, & gemmis de bullis aureis 23.* Et infrà: *Fecit coronas ex argento purissimo duas pendentes in catenulis aureis cum gemmis & bullis deauratis.* Et infrà: *Cruces & gammadias de chrysoclavo cum orbiculis.* Hieronym. in Esaiam cap. 3. in illa verba, *& lunulas & torques: Habent mulieres in lunæ similitudinem bullulas dependentes, quas nos ad Ecclesiæ ornamenta transferimus.*

Digitia aureæ novem pendent in filo aureo. Digitiæ hîc sunt murenæ aureæ seu annuli, in modum murenularum, quæ digitiæ dicuntur, quia digitis inseri solent, instar annulorum. Gregor. Tur. de glor. Confess. cap. 35. *Aiebant etiam annulos murenulasque aureas circa eam repertas.*

Signum Christi habet navicellas duas, & murenas tres. Id est, signum crucis, Crucifixus ex auro habet pendentes navicellas, id est, naviculas ex auro. Leo Ostiens. Chr. Cass. libr. 3. cap. 57. *Quinque pallia, & naviculam auream.* Et murenas, id est, torques ex auro & gemmis pendentes ornatus causâ.

Omnes morenas cum pertinante eorum. Lege *omnes murenas cum pertinente eorum*, id est, cum pertinentiis suis. Pertinentia murenarum erant gemmæ, & buticulæ, id est, buticulæ seu pilulæ, orbiculi aurei, qui pendebant ex eis, ut suprà observatum est. Vel, si mavis, lege *cum pectinante*, id est, pectinato opere. Pectinatum opus. Festus.

Signum Christi habet historiam in modum leonis incapillatam, cum diversis operibus purissimis aureis pendentibus in catenulis quatuor & uncino uno. Signum Christi est signum crucis, quod dicitur habere historiam incapillatam, quia tegi solebat velo cilicino, quod dicitur capillatium, quia contextum est capillis, id est, pilis hircorum: sic tabernaculum opertum erat capillatio, Exod. 26. *Et facies vela capillacia operire super tabernaculum.* Quem in locum Augustin. Quæst. in Exod. cap. 108. *Quæ capillatia, inquit, vela sunt, id est, cilicina.* Idem de Civit. Dei libr. 22. cap. 8. *A quodam Judæo dicit sibi fuisse persuasum, ut annulum capillatio vinculo insereret, quo sub omni veste ad nuda corpori cingeretur.* Et mox: *Surgens ut iter peragerет, ante pedes suos illum jacentem annulum vidit, & capillatiam zonam qua fuerat alligatus, mirata tentavit.* Statuæ & signa Deorum velis operiri solebant, quæ obducebantur & reducebantur. Apuleius de Asino aureo lib.

NOTÆ ET OBSERVATIONES

11. *Sic ad inſtar ſolis exornato, & in vicem ſimulacri conſtituto, repente velis reductis, in aſpectum populi errabam.* Vela cilicia etiam præfigebantur ædificiis, putà foribus, vel feneſtris, ne vento aut pluvia laborarent. L. *Fundi.* §. *Reticuli.* ff. *De act. empt.* L. *Quæſitum.* §. *Vela. de inſtr. inſtrum. legat.* Vela cilicia etiam texta in caſtrorum & nautarum uſum. Virgil. 3. Georgic.

> *Nec minus interea barbas incanaque menta*
> *Cinyphii tondent hirci, ſetaſque comantes*
> *Uſum in caſtrorum, & miſeris velamina nautis.*

Et ibi Servius: *Quia de ciliciis poliuntur loricæ, & teguntur tabulata turrium, ne jactis facibus ignis poſſit adhærere.* Signum Chriſti memoratur habens hiſtoriam in modum leonum incapillatam, quia opertum erat velo cilicino intexto figuris textilibus leonum. Ait, *uncino uno.* Uncinum eſt diminutivum unci, ex quo pendebant orbiculi ſeu bullæ aureæ, quæ ornatûs causâ apponebantur murenis. Anaſtaſ. in Leone I V. *Coronam obtulit cum catenulis quatuor & delphinis decem, habentem lilium & uncinum penſantem libras duas.*

Nam priùs altare in humili loco ſitum fuerat, penè in media teſtudine. Teſtudo eſt camera fornicata. Apud veteres omnia templa erant facta in modum teſtudinis. Virgil. 1. Æneidos: *In foribus Divæ media teſtudine templi.* Et ibi Servius: *Quidam tradunt apud veteres omnia templa in modum teſtudinis facta.* Similis ferè erat forma ſacrarum ædium. Media pars ædii aſſurgebat in teſtudinem, ſub qua altare collocari ſolebat.

Gemmiliones octo penſ. ſinguli libras duas. Gemelliones, ut legunt Lacerda & Voſſius, ſunt unci pares formâ, quaſi gemelli fratres.

Necnon & in fronte paradyſi jam fata Eccleſia. Paradyſus eſt atrium Eccleſiæ, de quo ſuprà in Dono.

Et alia nova adjecit, in quibus tres caminatas fieri juſſit. Gregorius IV. Paracellario B. Petri adjecit tres caminatas. Caminata eſt camera habens caminum. Sangallenſ. de geſt. Carol. M. libr. 1. cap. 5. *Finitis autem laudibus matutinis, cùm Rex ad Palatium vel caminatam dormitoriam, calefaciendi & ornandi ſe gratiâ, pro tanta feſtivitatis honore rediret.* Helmold. Hiſt. Slav. libr. 1. cap. 14. *In loco qui dicitur Neronna, ubi etiam fuit oratorium & caminata muratore opere facta.* Et Anaſtaſ. ipſe in Nicolao I. *Fecit triclinium cum caminatis ad honorem & decorem ejus.*

Siclonem unum penſantem libras tres. Siclonem perperam pro *ſcyphonem.* Scyphus vel ſcypho eſt genus vaſis vinarii. Scyphus

IN ANASTASIUM. 143

est vas ansatum, è quo vinum funditur in pocula, L. *Sed si meis.* *§. Proculus. de adquir. rer. aom.* Anastas. in Leone III. *Item calicem majorem fundatum cum scyphone pens. libras triginta & septem.* Veget. de re veterinar. libr. 1. cap. 10. *Ad scyphonem paulatim infundes, non semel à cornu.* Idem libr. 2. cap. 20. *Paululum aquæ frigidæ cum foliis hederæ diutissimè contundes, succum exprimes, & per siphonem ei in oculum defundes.* Hispanis guillones vascula vinaria. Paul. Diacon. de Vit. Patrum Emeritens. cap. 2. *Vascula vinaria, quæ usitato nomine guillones, aut flasconès appellant.*

Portis *simul ac seris, & catharactis eam undique permunivit.* Cataracta est crates ferrea, portæ urbis vel castri munimentum, *une berse.* Livius libr. 27. cap. 30. *Porta cataracta dejecta clausa erat, eam partim vectibus levant, partim funibus subducunt.* Aliàs cataracta est suffusio oculorum. Gregor. Tur. de Mirac. D. Martini libr. 2. cap. 15. *Lucescente autem die reseratis cataractis luminum lumen videre promeruit.* Idem de Vit. Patr. cap. 19. *Statimque reseratis cataractis mundum latè patentem, quæ fuerat cæca, prospexit.*

Petrarias nobili arte compositæ. Petraria est machina bellica graviores lapides mittens ad quatiendos muros. Paulus Diaconus de gest. Longobard. libr. 5. cap. 8. *Cumque hoc dixisset, caput ejus abscissum est, atque cum belli machina quam petrariam vocant, in urbem projectum est.* Ademarus Monachus S. Eparchii Engolismensis in Vita Caroli M. *Deoque volente petrarias quas paraverunt, in suo plus damno senserunt, quàm illi de castello.* Turpin. in Vit. ejusd. cap. 9. *Apratis juxta murum petrariis & manganellis & Troiis & arietibus.* Matth. Paris ad annum 1215. *Petrariam*, quæ Malveisine *Gallicè nuncupatur*, id est, malus vicinus.

Fecit velum Alexandrinum habens phasianos duodecim. In deliciis hac ætate erant vestes belluatæ, id est, variis figuris animalium intextæ. Ammian. libr. 14. *Longiores fimbriæ tunicæ, perspicua lucent varietate liciorum, effigiatæ in species animalium multiformes.* Anastas. ipse suprà eod. *Vela Alexandrina tria, ante portas majores pendentia, habentia homines & caballos.* Alexandrina tapetia variis belluarum, avium, hominum figuris intexta erant. Plaut. in Pseudolo: *Neque Alexandrina belluata conchyliata tapetia.* Hoc genus vestium polymitas appellant, vel Alexandrinas, quia fuit inventum Alexandriæ. Plin. libr. 8. cap. 48. *Plurimis verò liciis texere, quæ polymita appellant, Alexandria instituit.*

Vbi obediens opportunum fuerit. Fecit domum in curte, cui nomen erat Galvia, ut ibi cum suis hospitaretur, ubi obediens, lege *obediens*, vel *obdiescens*, id est, diem habens, opportunum fuerit. Sic *dietim* pro *in dies* dixit idem in Adrian. II. *Sed dietim fervore sancti Spiritus temperati, ad unitatem sacrae Synodi reversi sunt.*

IN SERGIO II.

TUNC *Praesul eum Scholae Cantorum ad erudiendum communibus tradidit litteris.* Schola Cantorum est Ordo Cantorum, vel locus ubi Cantores instituebantur, ut infrà hoc loco: *Ut omnes ipsius praecelleret Scholae puerulos.* Anastas. infrà in Leone IV. *Hic pius Antistes in Basilica beati Pauli Apostoli vespertinas publicè à cuncto Clero & Schola constituit die natali ejus psalli laudes.* Et idem ante in eodem: *Scholam Cantorum quae pridem orphanotrophium vocabatur, à fundamentis restauravit.* Scholam Cantorum Romae instituit Gregorius I. & eis ædes disposuit in Basilica S. Petri, & Lateranensi Patriarchio. Jo. Diaconus libr. 2. cap. 6. *Scholam quoque Cantorum, quae hactenus eisdem institutionibus in sancta Romana Ecclesia modulatur, constituit, eique cum nonnullis praediis duo habitacula, scilicet sub gradibus Basilicae beati Petri Apostoli, alterum verò sub Lateranensis Patriarchii domibus fabricavit, &c.* Hinc Magister Scholæ est Præfectus Scholæ seu Ordinis Cantorum. Ademar. in Vit. Caroli M. *Domnus verò Rex revertens in Franciam misit unum Cantorem in Mettis civitate, alterum in Suessior is civitate, praecipiens de omnibus civitatibus Franciae Magistros Scholae Antiphonarias eis ad corrigendum tradere, & ab eis discere cantare.* Eadem analogiâ Scholæ palatinæ dicuntur Ordines militantium in Palatio, L. 22. C. Th. De *erogat. milit.* annon. L. 8. C. eod. De annon. civilib. & pane gradili. Ambros. 1. ad Timoth. cap. 12. *Scholae enim sunt, quae positis in se dant dignitatem, ut loci honor hominem faciat gloriosum, non propria laus.* Coripp. de laud. Just. libr. 3.

Acciti Proceres omnes, Scholaque palati est.

● Anastas. ipse infrà hoc loco: *Universas militiae Scholas unà cum Patronis direxit.* Et infrà: *Tunc suo universo cum populo omnibus Romanis Judicibus & Scholis antecedentibus, ad beatum Petrum studuit properare.* Idem infrà in Adriano II. *Obviati omnibus Scholis, videlicet Sphathariorum, Cnadidatorum, Strategorum, Mandatorum, ceterorumque palatinorum Ordinum.*

Dixit quòd nullo maligno animo, aut aliqua pravitate, vel male ingenio

IN ANASTASIUM.

ingenio advenisset. Malum ingenium, vel ingenium simpliciter, pro malo animo & consilio. Anastas. in Leone IV. *Videntes itaque quia in Anastasium Christi unitas, almaque concordia nullo flectebatur ingenio.* Idem in Nicolao I. *Nihilominus præcipimus tibi, ut nunquam res cujuscumque personæ qualicumque ingenio vel carthulâ acquisitas, & pssessu olim, modò occupes.* Alias ingenia sunt machinæ bellicæ, quibus muri urbium & castrorum quatiuntur. Jo. Bromton. in Ricardo I. ad ann. 1189. *Ingenia verò præparata Christianorum ita retro fussata erant, quod nullus ex parte adversa poterat eis nocere.*

Post hæc verò Ebbo quidam, & *Bartholomeus Archiepiscopi, qui pro criminibus suis privati honore, ab Ecclesia fuerant expulsi, à sanctissimo Summo Pontifice postulabant, ut eos reconciliare, ac Pallium eis tribuere dignaretur.* Ebbo Rhemensis Episcopus depositus ob conjurationem in Ludovicum P. Imp. Flodoard. Hist. Rhemens. libr. 2. cap. 20. Baldric. Nov. libr. 1. cap. 41. Ebbo depositus redactus ad communionem laicam, postulabat à Pontifice se restitui communioni Ecclesiasticæ ; sed non est auditus. Et hoc est quod sequitur : *Quos etiam idem Præsul nec communionem inter Clerum dignos esse suscipere dicebat, sed inter communem populum communicandi licentiam tantummodo haberent.* Sic Guntherus Archiepiscopus Coloniensis, & Thietgaudus Archiepiscopus Trevirensis, à Nicolao I. depositi & excommunicati, quòd Thietbergam Lotharii uxorem illegitimam pronunciassent, in Italia exulantes mortui laica communione sibi tantùm concessa. Regin. 1. Chronic. Sigebert. ad ann. 883. Can-Scelus. 2. qu. 1. Nicolaus I. epist. 58.

IN LEONE IV.

HIC *primùm à parentibus ob studia litterarum in Monasterium beati Martini Confessoris Christi, quousque sacras Litteras plenitus disceret, sponte concessus.* Hac ætate Scholæ erant in Monasteriis, in quibus nobiles pueri instituebantur. De quo satis dixi in Asceticis.

Peregrinos ac pauperes, minusque habentes. Minus habentes; sunt tenuiores facultatibus. Daniel. 5. *Appensus es in statera, & inventus es minus habens.* Habere est opum copiam habere. Solin. Polyhist. cap. 34. *Troglodytæ specus excavant, illis teguntur, nullus ibi habendi amor. A divitiis paupertate se abdicarunt volun-*

146 NOTÆ ET OBSERVATIONES
taria. In jure habere dicitur, qui rem obtinet jure dominii, L. *Habere licere.* ff. *De evict.* L. *stipulatio ista.* §. *Hi qui sunt.* ce V. O. L. *Nomen filiarum.* §. ult. *de* V. S. Pomp. Mela de sit. orbis libr. 1. cap. 4. *Et Satyri sine tectis passim & sedibus vagi habent potius terras, quàm habitent.* Senec. de Benefic. libr. 7. cap. 10. *Cautiones vacua habendi simulacra.* Inde vulgare *avoir.* Eo pertinet quod dicitur in L. 4. §. *Inopes. de muner. & honor.* inopes onera patrimonii ipsa non habendi necessitate non sustinere.

 Ipse solertissimus Pontifex secundùm antiquam consuetudinem, canonica auctoritate decrevit, atque constituit, ut dum sacra Missarum solemnia in Ecclesia celebrantur, nullus ex laïcis in Presbyterio stare, vel sedere aut ingredi præsumat, nisi tantùm sacra plebs, quæ in administratione sacri officii constituta videtur. Idem refert Sigebert. in Chronic. ad ann. 847. in hoc deceptus, quòd id tribuit Leoni V. Idem refertur ex Concilio Moguntino in cap. 1. *de vit. & honest. Cleric.* Hoc decreto ne laïci stent intra Presbyterium, jus novum non est statutum à Leone I V. sed antiquum comprobatum. Antiquissimus enim mos Ecclesiæ fuit, ut laïci starent extra cancellos altaris. Augustin. de Civit. Dei libr. 22. cap. 8. *Venit & Pascha atque ipso die Dominico mane, cùm jam frequens populus præsens esset, & loci sancti cancellos, ubi Martyrium erat, idem juvenis orans teneret.* Et notatur sequior usus Donatistarum, quòd laïci cum Clericis promiscuè starent intra cancellos. Idem epist. 168. *Minatur & transit ad partem Donati, rebaptizatur furens, & in maternum sanguinem fremens albis vestibus candidatur. Constituitur intra cancellos eminens atque conspicuus.* Communicaturi laïci tantùm admittebantur intra cancellos. Idem Homil. 49. *Ego scio quia sapientes amant me: in hoc à communione se cohibent, qui sciunt quia novi peccata ipsorum, ne de cancellis projiciantur.* Et hoc est quod in Capit. Moguntino modò laudato integrum servatur, ut laïcis ad communicandum, sicut mos est, pateant sancta sanctorum. Uni Imperatori licuit sanctuarium ingredi, cùm dona oblaturus esset, Synodi VI. in Trull. can. 69. Vertigine correptum Valentem Imperatorem, dum in die Epiphaniæ dona oblaturus ex more intra velum altaris stetisset, εἴσω τοῦ παραπετάσματος, tradit Gregor. Nanzianz. orat. 20.

 Fecit coronas ex argento purissimo, habentes una clamacterios argenteos subter pendentes triginta & septem. Clamacterii sunt tintinnabula, seu crepitacula, quæ pendebant è coronis ornatûs causâ.

IN ANASTASIUM. 147

Anastas. in Sergio II. *Regnum de argento cum tintinnabulis.*
Sancta praecedente icona, ad Basilicam sancti Hadriani Martyris, sicut mos est, propriis pedibus, cum omni Clero perrexit. Icona seu icon est imago. Anastas. infr. eod. *Calicem sanctam Evangelistarum habentem iconam.* Et infrà: *Cum beatissimi Stephani primi Martyris icona.* Idem in Benedicto III. *Dominique Jesu-Christi, ejusque semper Virginis genitricis iconam bipenni, quod non debuerat, ad ima dejecit.* Et infrà: *Ex argento purissimo, auroque perfusam fecit iconam.* Iconia. Papias: *Iconia imago, à Græco εἰκών.* Robertus Montensis in Supplemen. Sigebert. ad ann. 1183. *Et obtulit ei sigillum iconiæ suæ.* Matth. Paris ad ann. 1204. *De iconia Dei Genitricis.* Jo. Bromton. in Ricardo I. ad ann. 1190. *Faron dicitur locus, ubi civitas sita est: & Christiani qui eam ædificaverunt, sic eam nominaverunt, qui in nomine Dei Genitricis Mariæ quamdam iconiam supra murum statuerunt.*

Et crucis propriis faciens signaculum digitis, ampliùs ignis extendere flammas non potuit. Vico Saxonum flagrante, Pontifex signo crucis ignem extinxit.

Octavam Assumptionis beatæ Dei Genitricis diem, quæ minimè Romæ antea celebatur, vigiliis sacris matutinisque cum omni Clero pernoctans laudibus in Basilica ejusdem semper Virginis Dominæ nostræ, quæ foris muros juxta Basilicam beati Laurentii Martyris sita est, celebrari præcepit. Octava Assumptionis B. Mariæ à Leone IV. instituta. Assumptio B. Mariæ inter majores festivitates anni. Capitular. libr. 1. cap. 164.

Omnes qui aderant huic celebritati, plures argenteos erogavit. In die Assumptionis B. Mariæ Leo IV. largitionem fecit in plebem: quod fuisse moris Pontificii, jam observatum est suprà in Theodoro. Sic in die benedictionis Leoninæ urbis largitio in plebem facta à Leone IV. ut infrà: *In qua scilicet civitate magnam sive Romanis, sive diversis nationibus, in summa solemnitatis die rogam distribuit.* Et in die benedictionis alterius urbis Leopolis dictæ, æquè largitio facta in plebem, ut subjungitur infrà hoc loco: *Et non modicam manibus propriis, præ amoris magnitudine, universo populo rogam distribuit.*

Fecit isdem benignissimus crucem auream noviter, & ipsa crux, ut mos antiquitas est, Subdiaconi manibus ferebatur ante equum prædecessorum Pontificum. Crux ubique præfertur ante Romanum Pontificem. Patriarchæ habent, jus præferendæ crucis ubique, nisi in urbe Roma, &c. ubicumque Pontifex præsens extiterit,

T ij

NOTÆ ET OBSERVATIONES

vel Legatus ejus utens infignibus Legationis, Cap. *Antiqua. de privilegiis*. Ro. Pontificem equo vectari moris fuit. Anaftaf. in Benedict. III. *De qua exeuntes, cum super equum ovantes, in quo Leo Præful federe confueverat, pofuerunt*. Idem in Adriano II. *Plerique in equo, cujus feffione fanctiffimus Papa Nicolaus ad fanctum Petrum pergens, ufus fuerat, cum cum Pontificali Pallio impofitum præcedentibus Axiomaticis, in urbem redire, Patriarchiumque fubire confpexerant*.

Fecit denique tabulam de fmalto, opus ducentas fexdecim auri obrizi penfan. libras Smaltum eft genus picturæ encaufticæ. Anaftaf. in Benedict. III. *Rete factum miro opere totum ex gemmis alvaberis, & bullis aureis, conclufas etiam auri petias in fe habens fmaltitas*. Leo Oftienf. Chronic. Caffinenf. libr. 1. cap. 20. *Super altare autem S. Benedicti argenteum cyborium ftatuit, illud auro & fmaltis fimul exornans*. Et cap. 56. ejufd. libr. *Crucem etiam pulcherrimam cum gemmis ac fmaltis ad præcedendum fecit*. Idem lib:. 2. cap. 24. *Hic Abbas fecit capfam argenteam magnam inauratam, cum fmaltis coloris varii & gemmis*. Vulgò *email*, Italis *fmalto*.

In Bafilica fancti Sebaftiani Martyris, quæ in Frafcata confiftit. Frafcata eft vicus fuburbanus hortis & aquis irriguis amœniffimus. Anaftaf. in Benedicto III. *Necnon & in Bafilica fancti Chrifti Martyris beati Sebaftiani, quæ ponitur in loco qui vocatur Frafcata*. Idem in Nicolao: *In Principis Apoftolorum æde Frafcata conftructa*. Antiquis Tufculum.

In Monafterio S. Silveftri, fanctique Benedicti, & fanctæ Scholafticæ, quod nuncupatur fub Lacu, veftes de fundato tres. Monafterium fancti Benedicti fub Lacu, eft primum Monafterium quod condidit Benedictus, & unde migravit Montem Caffinum. Sigebertus in Chronic. ad ann. 559. Leo Oftienf. libr. 1. cap. 1. Extat celeberrima Conftitutio Innocentii III. in cap. *Cùm ad Monafterium, de ftat, Monachor*. ad Abbatem & Conventum Sublacenfem.

Necnon & in Eccefia fancta Genitricis Dei Mariæ, quæ ponitur in Morenico Narrano, fecit veftem de fundato unam. Perperam Morenicum legitur, pro Marenico. Marenicum eft regio maritima Latii, vulgò *Marefme*. Natranum dicitur, quâ Nar amnis influit in Tyberim, cujus meminit Plin. libr. 3. cap. 5.

Chrifto folatiante. Solatiari eft folatio levare. Gregor. libr. 1. epift. 13. *Huic vos folatiari, in quo fibi neceffe fuerit, admonemus*.

IN ANASTASIUM. 149
Et idem epift. 19. ejufd. libr. *Solatiante Domino nobis.* Thom.
Cantiprat. libr. 1. cap. 10. *Si Moniales fuas ad folatium educebat, in medio omnium confidebat, & aliquid de Deo, vel de Scripturis, vel etiam de moribus proponebat.*
Ut prædicta civitas, quæ à proprio conditoris fui nomine Leoniana vocabatur. Leo IV. collem Vaticanum, ubi eft Bafilica B. Petri, muris cinxit, adverfus Sarracenorum irruptiones, & Leoninam urbem de fuo nomine appellavit : quam Corfis à Sarracenis patriis fedibus pulfis habitandam & tuendam tradidit, ut ait Anaftaf. hic. Luitprand. Ticinenf. Hift. libr. 1. cap. 8. Sigebert. ad annum 836. Leo Oftienf. libr. 1. cap. 29. Hoc factum eft collatis operis civitatum, maffarum & Monafteriorum, ut paulò antè indicat Anaftaf. *Tunc omnibus ita vifum eft, ut de fingulis civitatibus maffifque univerfis publicis, ac Monafteriis per vices fuas generaliter advenire feciffet, ficut & factum eft.* Leoninæ urbis meminit Gunter. Ligurin. libr. 3.
     qui facra beati
Corripiant pofitâ formidine limina Petri,
Atque Leoninæ munimina fortiter urbis.
Vaticanum hodie nobile Bafilicâ S. Petri, & Pontificio Palatio, olim domicilium vilis plebiculæ. Tacit. 2. Hift. *Poftremò ne falutis quidem curâ, is famibus Vaticani locis magna pars tetendit.* Ammian. libr. 17. *Ut liberalem fe & multitudinis oftenderet contemptorem, accitos è Vaticano quofdam egentes opibus ditaverat magnis.*
Et inter cetera ab Epifcopis Cardinalibus aquam fieri benedictam præcipit. Leo IV. cum Clero univerfo Leoninam urbem femel exædificatam nudis pedibus circuivit, & benedixit aquâ benedictâ ad hoc per Epifcopos Cardinales. Idem aliam urbem de fuo nomine Leopolim dictam condidit, & pedes circuivit, & benedixit aqua benedicta per muros fparfa, ut infrà fubjungitur.
Super pofterulam, ubi mirum in modum Caftellum præminet, quæ vocitatur fancti Angeli. Pofterula eft poftica, ut infr. eod. *Tertiam verò orationem cecinit fuper pofterulam aliam, quæ refpicit ad Scholam Saxonum, quæ ex eorum vocabulo Saxonum pofterula appellatur.* Idem in Benedict. III. *Et ingreffus eft per pofterulam, quæ appellatur fanctæ Agathæ, in urbem Romanam.* Porta pofterula hîc eft una è feptem portis urbis Leonianæ. Pofticam Græci ψευδόθυρον, unde tranflatum eft Latinum pfeudothyrum. Am-
T iij

NOTÆ ET OBSERVATIONES

mian. libr. 14. *Per Palatii pseudothyrum introductus.* Alii posticulam. Leo Ostienf. Chron. Cass. libr. 3. cap. 1. *Ecclesiæ posticulam.*

Castellum sancti Angeli, ad Tyberim. Olim moles Adriani. Baron. in Martyrolog. R. Sept. 29. Leo IV. Adriani molem munivit, & ex ea castrum fecit, quod dictum est S. Angeli. Leo Ostienf. Chronic. Cassinens. libr. 2. cap. 18. *Quo tempore idem Imperator Crescentium Romanum Senatorem, qui se in Castello sancti Angeli, juxta pontem sancti Petri, adversus eum rebellando se munierat, sacramento deceptum cepit.*

Super posterulam aliam quæ respicit ad Scholam Saxonum. Romæ fuit Schola Saxonum, quam ab omni censu liberavit Marinus Pontifex, rogante Elfredo Rege. Rogerus Hoveden. ad ann. 887. *Marinus Papa Scholam Saxonum in Roma morantium, pro amore & deprecatione Regis Elfredi ab omni tributo & telone liberavit benignè.* Romæ quamplures & diversæ fuere Scholæ peregrinorum, ut Francorum, Frisonum, Saxonum & Longobardorum, de quibus meminit Anastas. in Leone III. *Simul etiam & cuncta Schola peregrinorum, videlicet Francorum, Frisonum, Saxonum atque Longobardorum, &c.* Et idem infr. hoc loco: *Et in Ecclesia sanctæ Dei Genitricis Mariæ, quam ipse beatissimus Pontifex, à fundamentis super Scholam Saxonum noviter construxit, obtulit vestes de fundato tres.*

In exordio sui Pontificii. Pontificium pro Pontificatu, vel summa potestatis. Arnob. adverf. Gent. libr. 2. *Ita unius Pontificium Christi est, dare animis salutem.* Idem vel alius in Psalm. 68. *Ergo hi accipiunt Pontificium judicandi.* Idem in Psalm. 113. *Dabat Pontificium dominandi Sacerdotibus templorum.* Solin. Polyhist. cap. 21. *Devotionis quam peregrè prosequebantur, Pontificium mox intra fines suos receperunt.* Symmach. libr. 10. ep. 44. causæ Pontificium; & in L. 1. C. Th. *de Episc. judic.* Pontificium. disceptationis; & in L. 1. C. eod. *De bon. matern.* fruendi Pontificium.

In hac denique post cætera Synodo Anastasius Presbyter Cardinalis tituli beati Marcelli, ab omnibus canonicè est depositus, eo quòd Parochiam suam per annos quinque, contra Canonum instituta, deseruit. Anastasius Presbyter Cardinalis tit. B. Marcelli in Synodo Romana depositus ob moram quinquennii in aliena Parochia, propriâ relictâ, ut constat ex hoc loco Anastas. & ex d. Synodo. Unde desumptum est cap. 2. *De Cleric. non residentib.* Ejusdem Anastasii meminit Auctor noster in Adriano II.

Inter quos ipse Præsul civitatem quam fieri jusserat, Petro inter-

IN ANASTASIUM.

veniente, offert depictam. Leo IV. Leoninam urbem à se conditam in tabula depictam Petro obtulit. Romæ urbis imaginem specie mulieris ponit Corippus de laud. Justin. libr. 1. *Addidit antiquam tendentem brachia Romam, Exerto & nudam gestantem pectore mammam. Obtulit tres oleas mazoricas admirabilis pulcritudinis, serico textas, coloreque depictas, quæ videlicet festis diebus in circuitu altaru majoris dependerent.* Obtulit oleas majoricas: sic legendum existimo, id est, majores, id est, pallia serica majora, intexta majoribus oleis, & coloris oleæ, id est, viridia. Oleæ majores regiæ & majorinæ dictæ. Plin. libr. 15. cap. 3. *Indicio sint, quæ regia vocantur, ab aliis majorinæ.* Sic calcei hederacei dicti à colore hederæ, id est, virides. Trebell. Pollio in Claudio: *Calceos mulleos, & cereos, & albos, & hederacios viris omnibus tulit, mulieribus reliquit.* Herbarum colorem pro viridi dixit Martial. libr. 5. epigr. 24.

Herbarum fueras indutus, Basse, colores.

Majorica pro major. Duæ sunt Baleares insulæ, quarum altera major, Majorica; altera minor, Minorica dicta est.

* *Fecit autem & in Ecclesia sancti Marciani, quæ sita est in Domucella, quæ vocatur Balnearola, vestem de fundato unam.* Ecclesia S. Marciani Martyris fuit Romæ, sita in loco, cui nomen Domucella. Domucella, Domuncula, οἰκίσκος: inde nomen loco, quia ibi fortè erant humiliores ædes, in quibus tenuiores habitabant. Eidem loco nomen fuit Balneorola, quia ibidem erant balneola, id est, minora balnea publica in usum plebis. Romæ in singulis regionibus urbis erant balnea. Lamprid. in Alexandr. Severo: *Alexander balnea omnibus regionibus addidit, quæ fortè non habebant.* Inde sublatis balneis quamplura loca, balnei vel balneoli ibi olim positi nomen retinuerunt. Balneola sunt minora balnea. Senec. epist. 86. *Balneolum angustum tenebricosum ex consuetudine antiqua.*

Baucas exauratas tres. Biuca est genus armillæ. Anastas. in Benedict. III. *Baucas ex auro purissimo duas pens. libras.* Papias: *Bauca, armilla.* Aliis baugæ. Capitulare. appendic. 2. cap. 5. *Ut baugæ & brunia non dentur negotiatoribus.* quod redditur armillæ. Capitul. libr. 6. cap. 212. *Ut armillæ & brunia non dentur negotiatoribus.*

Antiphonarium, Psalterium, & Sacramentorium, Gestorum & Sermones, sed & Evangelium cum tabulis argenteis Antiphonarium est codex antiphonarum, quo utuntur in Ecclesiis antiphonis canendis. Antiphonarium Ecclesiæ Romanæ compoſuit Gregorius I. Jo. Diacon. libr. 2. cap. 6. *Antiphonarium centonem Cantorum ſtudioſiſſimus nimis utiliter compilavit.* Pſalterium eſt codex Pſalmorum Davidis: Sacramentorium eſt liber Sacramentorum, continens rationem & ordinem Sacramentorum adminiſtrandorum; & hic eſt libellus officialis, qui Preſbyteris ordinandis tradi debet ab Epiſcopo, ut ex eo diſcant ritum & ordinem adminiſtrandorum. Syn. Tolet. IV. can. 25. *Quando Presbyteri in Parochiis ordinantur, libellum officialem à ſuo Sacerdote accipiant, ut ad Eccleſias ſibi deputatas inſtructi ſuccedant, ne per ignorantiam in ipſis divinis Sacramentis offendant.* Can. Quando. 38. diſt. Codex geſtorum eſt codex actorum ſanctorum Martyrum & Confeſſorum: is cenſetur inter codices Eccleſiaſticos, quia geſta ſanctorum Martyrum & Confeſſorum legi ſolebant in Eccleſiis, in die anniverſario eorum. Concil. vulgò dictum African. can. 13. *Liceat etiam legi Paſſiones Martyrum, cùm anniverſariis dies eorum celebrantur.* Gregor. Tur. de mirac. Martyr. libr. 1. cap. 86. *Dies Paſſionis erat Polycarpi Martyris magni, & in Ricomagenſi vico civitatis Arvernæ ejus ſolennia celebrabuntur. Lectis igitur Paſſione cum reliquis Lectionibus quas canon ſacerdotalis invexit, tempus ad ſacrificium offerendum advenit.* Idem de mirac. Martyr. libr. 2. cap. 16. *Procedente verò Lectore qui beatæ Paſſionis recenſeret hiſtoriam, ut revolvit librum, & in principio Lectionis ſancti Iuliani protulit nomen, &c.* Idem de mirac. B. Martini libr. 2. cap. 49. *Denique Sacerdotibus qui advenerant, ad agenda ſolennia procedentibus, cùm Lector cui legendi erat officium, adveniſſet, & accepto libro, Vitam Sancti cœpiſſet legere Confeſſoris, &c.* Conſcribebantur quoque libelli de miraculis ſanctorum Martyrum, qui publicè legebantur in Eccleſiis. Auguſt. de Civit. Dei libr. 22. cap. 8. *Canon quippe ſacrarum litterarum, quem diffamatum eſſe oportebat, illa facit ubique veritati, & memoriæ cunctorum inhærere populorum.* Et infrà: *Si enim miracula ſanitatum, ut alia taceam, modò velim ſcribere, quæ per hunc Martyrem, id eſt, glorioſiſſimum Stephanum facta ſunt in Colonia Calamenſi, & in noſtrâ, plurimi conficiendi ſunt libri, nec tamen omnia colligi poterunt; ſed tantùm de quibus libelli dati ſunt, qui recitarentur in populis.* Et infrà: *Sed libellorum dandorum ibi conſuetudo non eſt, vel potius non fuit: nam fortaſſe nunc eſſe jam cœpit.* Et rurſus: *Nam & ubi diligentia eſt, quæ nunc apud nos eſſe cœpit, ut libelli eorum qui beneficia percipiunt, recitentur in populo.* Sermones ſunt Homiliæ SS. Patrum, quæ per

anni

IN ANASTASIUM.j
anni circulum Dominicis & aliis feſtis diebus recitantur, Can. *Quæ ipſis.* 38. diſt. Conc. Vaſenſ. II. can. 2. *Si Presbyter aliqua infirmitate prohibente, per ſe ipſum non potuerit predicare, ſanctorum Patrum Homilia à Diaconibus recitentur.*

Gratianum eminentiſſimum Magiſtrum militum, & Romani Palatii egregium Superiſtam. Magiſter militum Superiſta, id eſt, Superior ſeu Præfectus Palatii, ut infrà eodem: *Gratianus Romanæ urbis Superiſta.* Ejuſdem meminit Anaſtaſ. in Benedicto III. *Gratianum verò ſacri Superiſtam Patriarchii.*

Illico clementiſſimus Imperator nolens contra inſtituta veterum Auguſtorum peragere Romanorum, eos ſecundùm Romanam legem inſtituit judicare. Gratianus Magiſter militum rem poſtulatus à Daniele, de ſtudio pro Græcis, adverſus Francos, Ludovico Imperatore permittente judicatus juxta legem Romanam. Conſpiratores adverſus Leonem III. æquè annuente Carolo M. damnati ſunt juxta legem Romanam. Ademar. in Vit. Caroli M. *Poſt paucos autem dies juſſit eos, qui Papam anno ſuperiori dehoneſtaverant, exhiberi, & habita decies quæſtione, ſecundùm legem Romanam, ut majeſtatis rei, capite damnati ſunt.* Idem Aimoin. libr. 4. cap. 28. cap. 90. Si Presbyter vel Diaconus redarguatur falſam ab apoſtolica Sede epiſtolam detuliſſe, conſulendus eſt Pontifex, quid de talibus juſto ordine lex Romana ſtatuat definire, ex Capitulis Caroli, unde deſumptus eſt Can. *In memoriam.* 29. diſt. ideo jam dicto Gratiano ante omnes eſt traditus, ut quicquid de eo facere vellet, poteſtatem haberet. Daniel inſimulatus de calumnia adverſus Gratianum Magiſtrum militum, ultro confeſſus de crimine, traditus eſt Gratiano, ut de eo faceret quicquid vellet.

IN BENEDICTO III.

E*T cuidam Balneo-Regienſi Epiſcopo, qui vocitabatur nomine Romanus.* Balneo-Regium civitas Epiſcopalis Thuſciæ, cujus meminit Gregor. l. libr. 8. epiſt. 38 *In caſto Balneum-Regis dicto.* Paul. Diaconus de geſt. Longobard. libr. 4. cap. 3ʃ. *Civitates quoque Thuſciæ, hoc eſt, Balneum Regis, & urbs vetus, à Longobardis invaſæ ſunt.*

His itaque peractis, Clerus & cuncti Proceres decretum componentes propriis manibus roboraverunt, & conſuetudo priſca, ut poſcit, invictiſſimis Lothario ac Ludovico deſtinaverunt Auguſtis. Eâ conſuetudine
V

NOTÆ ET OBSERVATIONES

decretum electionis Rom. Pontificis folebat deftinari, id eft, mitti ad Imperatorem, & ab eo confirmatio petebatur. Hoc jure electio Benedicti III. deftinata eft Lothario & Ludovico Auguftis.

Altera verò die prædicti Epifcopi cum univerfo Clero., in Æmilianæ titulo convenerunt. Hæc eft Ecclefia fanctæ Æmilianæ Martyris, quæ eft titulus Cardinalis, cujus fit mentio in Concilio Romano fub Symmacho, & apud Anaftaf. in Gregorio IV. *Pari modo & in titulo Æmilianæ obtulit vestem de fundato.*

Et impetu facto, abfidam, in qua Epifcopi pfallentes refidebant cum Clero. Abfis eft fedes Epifcopi ad quam gradibus datur afcenfus. Auguft. epift. 203. *Transit honor hujus fæculi in futuro Chrifti judicio, nec abfidæ gradatæ, nec cathedræ velatæ.*

Candelabra feptem cum cornibus ex argento puriffimo obtulit. Candelabrum cum cornibus, id eft, brachiis hinc inde, quæ cornua vocantur, quia habent fpeciem cornuum: fic cornua antennarum navis, extremitates antennarum. Valer. Flac. libr. 1. *Antennaque lævo prona dehifcentem cornu, cùm fuftulit undam.* Tertull. adverfus Marcion. libr. 3. cap. 18. *Nam & in antenna navis, quæ crucis pars eft, extremitates cornua vocantur.* Virgil. 5. Æneidos. *Una ardua torquent, cornua detorquent.* Sic cornu menfæ dextrum vel finiftrum, quia apud veteres menfæ erant efformatæ in fpeciem hemicycli, qui habet duplex cornu. Sidon. libr. 1. epift. 11. *Primus jacebat cornu finiftro.* Gregor. Tur. de mirac. Martyr. libr. 1. cap. 80. *Difcumbentibus autem ad convivium, vir ille cum Presbytero dextræ partis cornu occupat.* Idem in Nicolao iifdem verbis.

Ac inde afcendit per plateas & vicos, ufque ad clivum argentarii. Romæ fuit vicus argentarius, is eft vicus argentariorum, feu nummulariorum, de quo Auguftin. in Pfalm. 37. *Hîc in terra fi velles fervare divitias, quæreres horreum: non fortè crederes domui tuæ, propter domefticos tuos commendares ad vicum argentarium: difficilis eft enim ibi cafus, fur non facilè accedit, bene omnia fervantur.* Vel eft vicus argentariorum, qui vafa argentea conflant. Idem de Civit. Dei libr. 7. cap. 4. *Vel tanquam opificum in vico argentario, ubi unum vafculum ut perfectum exeat, per multos artifices tranfit, cùm ab uno perfecto perfici poffet.* Capitolin. in Macrin. *Argentariorum, aurificum.*

Die fexto Apparitionis Domini noftri Iefu Chrifti fecundùm carnem, id eft, Theophania. Ἐπιφάνεια, id eft, apparitio appellatur,

IN ANASTASIUM.

dies qua Chriſtus baptizatus eſt, quia in hunc uſque diem incognitus fuit. Eo die Chriſtus aquas ſanctificavit: idcirco in hac ſolemnitate ſub mediam noctem, omnes cùm aquati fuerint, domum latices referunt, ac per integrum annum conſervant, quòd hoc die ſanctificatæ ſint aquæ. Jo. Chryſoſtom. homil. 24. ad Antiochen. Eamdem Græci vocant Θεοφάνεια, inde Latini Theophania, veteribus Francis *la Tiphaine*. Celebratur die 6. Januarii Martyrolog. R. ubi Baron. Epiphaniam vocat Ammian. libr. 20. *Et ut hæc interim celarentur, feriarum die, quem celebrantes menſe Januario, Chriſtiani Epiphania dictitant, progreſſus in eorum Eccleſiam ſolemniter numine orato diſceſſit.* Et Ambroſ. ſermon. 17. *Quomodo igitur poteſtu religioſi Epiphaniam Domini procurare, qui jam Kalendas, quantum in vobis eſt, devotiſſimè celebraſtis.*

Ad cooperiendum billicum confeſſionis, fecit cooperculum ex auro puriſſimo. Lege *umbilicum*, id eſt, medium confeſſionis. Sic rectè reſtituit Lacerda Adverſ. cap. 95. num. 18. Umbilicus eſt medium corporis, vel regionis, vel cujuſlibet rei. Plin. libr. 3. cap. 12. *In agro Reatino Cutiliæ lacum, in quo fluctuet inſula, umbilicum eſſe M. Varro tradidit.* M. Tull. Verrin. 6 *Ex Ennenſium nemore, qui locus, quòd in media eſt inſula ſitus, umbilicus Siciliæ nominatur.* Umbilicus libri eſt medium libri. Martial. libr. 3. epigram. 2. *Cedro nunc licèt ambules perunctus, & frontis gemino decens honore, pictis luxurieris umbilicis.* Umbilici etiam ſunt alveoli ex auro, qui monilibus ex utroque capite inter gemmas adhibentur. Solin. Polyhiſt. cap. 55. *Indici Reges hoc genus gemmarum, & ad monilia habent, quæ plerumque ex utroque capite inſertis aureis umbilicis incendunt ad nitelam pinguiorem, ut pro induſtria metallo hinc inde addito, fulgentiorem trahant lucem.* Umbilicus etiam ovis tribuitur Plin. libr. 10. cap. 52. *Umbilicus ovis à cacumine ineſt, ſeu gutta eminens in putamine.* Umbilicus diei, eſt tempus meridianum diei. Plautus in Menæchm. *Dies quidem jam ad umbilicum eſt dimidiatus mortuus.*

Obtulit veſtem Annunciationishabentem hiſtoriam, & Hypopanti, qualiter ipſe unigenitus Dei Filius, templum ingreſſus, Doctorum in medio reſidebat. Hipopante eſt feſtum Purificationis B. Mariæ, quòd Græcis ὑπαπαντὴ ab occurſu Symeonis, cujus ſolemnitatis imago intexta erat in veſte quæ oblata eſt à Pontifice. Hujus feſti meminit Auctor noſter ſuprà in Sergio, ubi dixi.

Rete factum, miro opere totum ex gemmis albaveris & bullis au-

NOTÆ ET OBSERVATIONES

reis, *conclusas etiam auri petias in se habens smaltitas.* Rete seu reticulum contextum ex auro & gemmis alvaberis, id est, ex gemmis dispositis in modum albarum viriarum seu armillarum, habens inclusas auro petias smaltitas, id est, segmenta seu plagulas ex smalto, quod fit ex vitro fusili. Reticulum est velum ex auro & gemmis confectum opere reticulato, quo mulierum capilli constringuntur. Servius in illum vers. 4. Æneid. *Crines nodantur in aurum. Retiolum dicit, quod colligit comas, quæ Græcè* χρωβύλη *dicitur.* Lamprid. in Heliogabalo: *Erant amici improbi & senes quidam & specie Philosophi, qui caput reticulo componerent.* Idem in Alexandro Severo: *Matronas autem regiæ contentas esse debere uno reticulo, atque inauribus & baccato monili.* Capitolin. in Maximino Juniore: *Manserunt autem apud eam arræ regiæ monilium de albis novem, reticulum de prasinis undecim.* Calicem cum reticulo pendente de gemmis albis, id est, margaritis, obtulit Imperator. Anastas. in Benedicto III. *Calicem reticulo pendente de gemmis albis.* Basilisci cadaver in Æde Apollinis reticulo aureo suspensum, refert Solin. Polyhist. cap. 30. Lecti etiam Principum reticulo inclusi, ne offenderentur. Spartian. in Vero: *Nam lectum eminentibus quatuor anacliteriis feceret, minuto reticulo undique inclusum.* Reticuli quoque circa columnas ponebantur. Bullæ aureæ pendebant ornatûs causâ. M. Tull. Verrin. 6. *Bullas omnes aureas ex his valvis, quæ erant & multæ & graves, non dubitavit auferre.* Leo Ostiens. Chronic. Cass. libr. 3. cap. 31. *Alteram etiam iconam argenteis bullis extrinsecus in gyro circumdatam.* Auri petia, est auri bracteola ornatûs causâ reticulo inclusa. Hinc petiolus est pediculus, quo ficus, mala & alii fructus hærent ramis arboris. Apitius de re culinar. libr. 1. *Ficum recentem, mala, pruna, pira, cerasia, ut diu serves, omnia cum petiolis diligenter legito.* Columell. de arborib. cap. 23. *Cùm jam matura mala fuerint, antequam rumpantur, petiolos quibus pendent, intorqueto.*

Necnon & amendulas aureas numero undecim. Amygdalæ, quæ vulgò amendulæ, ex auro ornatûs causâ proponebantur in sacris ædibus. Leo Ostiens. Chron. Cassin. libr. 2. cap. 38. *Amygdala quæque & inauratas nuces.*

Pauli Apostoli & aliorum Apostolorum Epistolæ atque Prophetarum ordinabiliter constitutæ Lectiones, quæ à Subdiaconibus leguntur per cunctas Ecclesiarum stationes more solito sursum in ambone, raptum vel perditum. Lectiones à Subdiaconis leguntur in ambone per stationes. *Græcæ & Latinæ Lectiones, quas die Sabbatho sancto Paschæ, simulque*

IN ANASTASIUM.

& sanĉto Pentecostes Subdiaconi legere soliti sunt. Die Sabathi sanĉti & Pentecostes Græcæ & Latinæ Lectiones lectitantur in Ecclesia Romana, ut ostendatur concordia & communio Ecclesiarum inter se.

Per manum Lazari Monachi, & pictoriæ artis nimiè eruditi, genere verò Chazai. Lege *Chazari.* Cazari sunt Turci Orientales. Paul. Diacon. libr. 18. *Turcos ab Oriente, quos Cazaros vocant, in auxilium advocat.* Idem Anastas. in Hist. iisdem verbis.

Saraca de olovero cum chrysoclavo. Saracum genus est pallii serici auro clavati. Alibi saracum est genus vehiculi Gallici. Hieronym. in Esaiam libr. 18. cap. 66. *De Sarraco Gallico, covinisque Belgicis.* Chrysoclavum est auro clavata vestis. Trebell. Pollio in Tacito: *Auro clavatis vestibus idem interdixit.*

Camisias albas sigillatas holosericas cum chrysoclavo. Camisiæ albæ sigillatæ, id est, sigillis seu parvulis signis asperæ non erant ad usum, sed offerebantur ad ornatum sacrarum ædium. Camisia est tunica interior linea. Isidor. Origin. libr. 19. cap. 22. *Camisias vocamus, quòd in his dormimus in camis, id est, in stratis nostris.* Idem Papias. Hieronym. ad Fabiolam de veste militari: *Solent militantes habere lineas, quas camisias vocant, si captas membris, & astrictas corporibus, ut expediti sint vel ad cursum, vel ad prælia, divigere jacula, tenere clypeum, ensem librare, & quocumque necessitas traxerit.* Gregor. libr. 6. epist. 27. *Duas autem camisias & quatuor oraria vobis transmisi, quæ prædictus viris ex benedictione sancti Petri peto humiliter offerri.* Ubi dixi. Sic scyphi sigillati erant signis insculpti. M. Tull. Verrin. 6. *Jubet me schyphos sigillatos ad Prætorem statim afferre.* Et putealia sigillata, erant opercula puteorum, quæ erant sigillis exornata. M. Tull. 1. ad Attic. 8. *Et putealia sigillata duo.* Hinc & Sigillaria vicus in urbe, in quo vasa cælata, quæ erant sigillis aspera, venibant. L. penult. §. *Paterf. de legat.* 3. Cujac. 11. obs. 36. Et sigillaria sunt ipsa sigilla. Senec. epist. 12. *Ego sum Felicio, cui solebas sigillaria afferre.*

IN NICOLAO I.

FECIT *in confessione ipsius Basilicæ jugulum de auro mundissimo pensant. libris numero duas.* Jugulum confessionis B. Petri est jugum minus. Jugum confessionis B. Petri est summum confessionis, ut jugum montis. Eadem analogia jugulum causæ, pro summo causæ. Plin. 1. epist. 20. *Tu omnia quæ sunt in causa, putas exequenda, ego jugulum statim video, hunc premo.*

NOTÆ ET OBSERVATIONES

Calicem de auro ex lapidibus circumdatum, & in circuitu pendentes hyacinthinos in filo aureo, & repidis duobus in typo pavonum. Repida funt figilla feu parva figna, quæ ornatûs causâ propendebant ex calice aureo, à Græco ῥέπω, propendeo. Suidas : ῥέπει, κλίνει, propendet, inclinat.

Cautiones & indiculos qui foliti funt ab Archiepifcopis Ravennatibus in fcrinio fieri, in initio confecrationu fuæ, more Felicis decefforis fui falfavit. Epifcopi tempore ordinationis folebant indiculum, id eft, defcriptionem feu inventarium rerum Ecclefiæ facere, & cautionem, id eft, chirographum in fcrinio Ecclefiæ deponere de rebus Ecclefiæ tuendis & reftituendis, ne impune in his graffarentur. Eifdem moris erat & defcriptionem rerum propriarum facere, ut liqueret quæ effent propria Ecclefiæ, quæ Epifcopi. Can. *de Syracufana.* 18. dift. Balfamo in can. 22. Conc. Calched.

Item fancimus ut Epifcopos per Æmiliam non confecres, nifi poft electionem Ducis, Cleri & populi, per epiftolam Apoftolicæ Sedis Præfulis acceperis eos confecrandi licentiam. Nicolaus I. Joannem Archiepifcopum Ravennatem regradatum reftituit, ut Epifcopos Æmiliæ etiam legitimè electus non confecraret, nifi priùs acceptâ licentiâ eos confecrandi per litteras Pontificias. Hinc defumptus eft Can. *Epifcopos.* 63. dift. Rem narrat Hieronym. Rubeus Hift. Ravenn. libr. 5. ad ann. 866. Epifcoporum Æmiliæ confecratio pertinet ad Archiepifcopum Ravennatem. Ravenna eft caput & metropolis Æmiliæ provinciæ, can. *Denunciamus.* 25. qu. 2. Paul. Diacon. de geft. Longobard. libr. 2. cap. 18.

Confuetudinem, quæ à quibufdam tricefimalis dicitur. Vetat ne Epifcopi Æmilæ confuetudinem, quæ tricefimalis dicebatur, exhiberent Archiepifcopo Ravennati. Confuetudo tricefimalis erat tricefima redituum, quam Epifcopi Æmiliæ præftabant Archiepifcopo Ravennati. Ex confuetudine vel privilegio nonnulli Epifcopi, vel Archidiaconi, fuos faciunt fructus primi anni vacantium Beneficiorum, deportûs feu annatæ nomine. Cap. *Si propter. de refcript.* in VI. Innocent. libr. 1. epift. 126. Hoc jure utuntur Epifcopi Normanniæ, necnon Epifcopus Parifienfis. Gloff. in Pragmatic. tit. de annat. §. 1. v. *Confuetudinis.* & §. *Noluit tamen.* v. *Permutationis.* Confuetudo fæpius occurrit pro vectigali, quod confuetudine inductum eft, ut funt pleraque, cap. *Super quibufdam. de V. S.* Hoc fenfu confuetudo de fecundis

IN ANASTASIUM.

auxiliis, quam reprobat Jo. Sarisber. epist. *Domino vovimus inter cætera, quòd consuetudinem de secundis auxiliis, quam fræter noster Archidiaconus Ecclesiis imposuit, destrueremus.*
Præcipimus tibi, ut nunquam res cujuscumque personæ qualicumque ingenio, vel chartula acquisitas, & possessas olim, modò occupes, aut titulum superimponas. Nicolaus I. vetuit Joanni Archiepiscopo Ravennati, ne rebus alienis titulos imponat sine judicio Pontificis, vel Missi ejus. Hoc sumptum est de jure, ne quis prædiis alienis titulos vel vela regia, id est, signa imponat, in signum possessionis vel pignoris, sine auctoritate Judicis vel Principis, L. unic. C. *De his qui potent. nomine titul. præd. affig.* Augustin. in Psalm. 21. *Quid ad defensionem possessionis tuæ titulos Christi posuisti? nonne hoc faciunt nonnulli in domo sua, ne domum ipsius invadat aliquis potens? ponis ibi titulos potentis, titulos mendaces.* Idem de verbis Domini sermone 62. de hæreticis & schismaticis: *Planè in ipsis deprædationibus suis titulum illius posuerunt, ut præda ipsorum quasi defenderentur per titulum potentis.* Et infrà: *Titulum non deponit, & possidet domum, quia invenit ibi titulum suum.* Cortinas regias vocat Ambros. epist. 33. Ne Ecclesia fisci more titulos imponat prædiis alienis, vetuit Gregorius libr. 4. epist. 44.

Tunc è latere suo duos Episcopos Radualdum Portuensem, & Zachariam Anagninum, quos idoneos ad hoc opus esse putavit, direxit. Ignatio Patriarcha C P. deposito, & Photio ex laïco sublecto, Pontifex duos Legatos è latere misit, Rodoaldum Portuensem, & Zachariam Anagninum Episcopos, ut de causis depositionis Ignatii cognoscerent, & ad eum referrent. Hac ætate Legati à latere dicebantur quicumque Episcopi missi essent ex Curia Romana: & hi sunt quos Græci vocant Legatos ἐκ προσώπου, ut notat Balsamo ad Syn. VI. in Trull. in princ. Hodie Legati à latere dicuntur Legati Cardinales, cap. 1. *de offic. Legat. in VI.*

Pontifex quendam Deponem Diaconum à Pandulpho Episcopo Sedem Apostolicam appellantem, injustè depositum officio suo restitui jussit. Per hoc tempus ab Episcopis appellabatur ad Pontificem, omisso medio. Can. *ad Romanam.* can. *Qui se scit.* 2. qu. 6. can. *Cuncta per mundum.* 9. qu. 3. -

Denique convocata Synodo in Lateranensi post hæc Palatio sub Apostolis, inventi sunt iidem, ut dictum est, Archiepiscopi, unde damnationis notam incurrerent. Thetgaudus Trevirensis, & Gunthe-

NOTÆ ET OBSERVATIONES

rius Colonienſis Archiepiſcopi, à Nicolao in Synodo Lateranenſi depoſiti, quòd divortio Lotharii & Thetbergæ ſuffragium accommodaſſent in Synodo Metenſi, ut mox Valdradam uxorem duceret, de quo Nicolaus epiſt. 58. unde deſumptus eſt can. *Scelus.* 2. qu. 1. can. *Theugualdum.* can. *Ita corporis.* 11. qu. 3. 2. Regino 2. Chronic. Jo. Diacon. libr. 1. cap. 94.

Et ſententiam quam in Ingeltrudin uxorem Boſonis Papa tulerat, quæ eundem virum ſuum Boſonem per ſeptenne tempus reliquerat, atque excommunicata etiam, & à ſummâ Sede Pio Papa legata & anathematizata extiterat. Inter cauſas depoſitionis Thetgualdi & Guntherii fuit & altera, quòd Engeltrudi excommunicatæ ob diſceſſum à Boſone Comite marito, communicaſſent, de quo Nicolaus præd. epiſt. 58. Engeltrudem uxorem Boſonis non ſolùm excommunicatione, ſed etiam anathemate crebrò percuſſam, fertur in can. *Engeltrudem.* 3. qu. 4. quem Gratianus malè tribuit Joanni VIII. Eſt enim reddendus Nicolao I. qui in Synodo Lateranenſi Engeltrudem hanc à ſe fuiſſe bis excommunicatam refert. Engeltrudis crebrò excommunicata dicitur, id eſt, iterum denunciata, excommunicata. Aliàs ſemel poſitus extra Eccleſiam, non poteſt ampliùs extra poni. Hoſtienſ. in cap. *Ita quorumdam de Iudæis.*

In hac quidem Synodo benignus Præſul Metenſem Synodum, ubi geſta illa contra voluntatem Dei & ſuam digeſta fuerant, caſſavit. Nicolaus in Synodo Lateranenſi irritam pronuntiavit Synodum Metenſem, in qua divortium Lotharii & Thetbergæ comprobatum fuerat.

Nam reliquis pauperibus, ut viciſſim eos paſceret, ſapienter reperit modum, ſcilicet bullas ſuo nomine titulatas, & has eu dari præcepit. Pontifex paſcebat pauperes, datis eis bullis inſcriptis ſuo nomine, quarum ſigno ſtipes eis pro modo cujuſque erogabantur. Et hoc eſt quòd dicitur mox : *Per ſignum bullarum faciliùs noſceretur.* Bullæ ſunt chartulæ ſigno munitæ. *Bulletins.* Bullæ ſunt ſigilla aurea vel plumbea tympano incluſa, diplomatibus Regiis vel Pontificiis apponi ſolita ob fidem publicam. Willelmus Rex Siciliæ apud Robert. Montenſ. in Supplem. Sigebert. ad ann. 1178. & apud Roger. Hoved. ad ann. 1176. *Privilegium per manus Alexandri Notarii noſtri ſcribi, & bullâ aureâ tympano impreſſâ roboratum noſtro ſigillo juſſimus decorari.* Et Fridericus II. apud Petrum de Vineis, ejus Cancellarium, libr. 6. epiſt. 26. *Præſens privilegium fieri, & bulla aurea typario noſtræ majeſtatis*

IN ANASTASIUM. 161
majeſtatis impreſſa juſſimum communiri. Tympanum eſt loculus ceu cellula qua includitur bulla ſeu ſignum, vel gemma. Hieronym. in Ezechiel. libr. 2. cap. 28. *Denique auri tympanum vocat, in quo infixi ſunt lapides.* Inde bullatus. Anaſtaſ. in Adriano II. de libro Photii: *Quem bullatum quaſi verè contagioſum, à ſua urbe penitus propulere.*

Sicuti *veniente de inſula Sardiniæ relatione, quod etiam & per domeſticos ſuos genere Sardos agnoſcens, hujuſcemodi verbis ei relatum fuit.* Sardos inceſtis nuptiis fœdatos compeſcuit, re cognita relatione, id eſt, epiſtola ad ſe miſſa, & per domeſticos genere Sardos. Pontifices utebantur domeſticis genere Sardis, ut eos quaſi obſides haberent fidei, quia Sardinia erat Patrimonii Eccleſiæ Romanæ, ex donatione Conſtantini, ut ſuprà obſervatum eſt in Conſtantino.

Quidam præterea Hincmarus Remorum Archiepiſcopus Rhotadum Sueſſinicæ urbis Epiſcopum Sedis Apoſtolicæ judicium appellantem contra Sardicenſis Concilii regulas depoſuit, cuſtodiaque rectè ſervari præcepit. Nicolaus Rothadum Sueſſionenſem Epiſcopum reſtituit, quòd ab Hincmaro Rhemenſi Archiepiſcopo depoſitus eſſet, & cuſtodiæ traditus, ſpreta ejus appellatione ad Sedem Apoſtolicam, de quo Nicolaus epiſt. 44. unde deſumptus eſt can. *Arguta.* 2. qu. 6.

Calices argenteos duos, & ſtaupos argenteos duos. Staupi ſunt vaſa, è quibus aqua & vinum funditur in calicem, à Græco ϛαζειν, ſtillare, fundere. Hinc ſtaupi adjunguntur, calicibus, quaſi acceſſiones calicum.

Et in ciborio Conſtantinianæ Baſilicæ, optimos de ſiſori, & de fundato quatuor pannos appendit. Quid ſint panni de ſiſori, hæret Lacerda Adverſar. cap. 95. num. 25. Mihi ſi quis divinationi locus, ſunt panni peregrini barbarici, id eſt, Babylonici verſicolores & bellnati, ſic dicti, quia foris, id eſt, peregrè advehebantur: de quibus Senec. de Benefic. libr. 7. cap. 9. *Video ſericas veſtes: hâ ingenti ſumma, ab ignotis etiam ad commercium gentibus accerſuntur.* Sidon. libr. 9. epiſt. 13. *Peregrina det ſupellex Cteſiphontis ac Niphatis juga texta, belluaſque rapidas vacante panno.* Hinc exoticum plumatile, quod erat veſtis peregrinæ genus plumatili opere contextum. Plaut. in Epidica: *Aut exoticum cumatile, aut plumatile.* Leo Oſtienſ. Chron. Caſſ. libr. 1. cap. 28. *Sericam itidem ſtericam de ſilphori, cum auro & gemmis.* Panni de fundato ſunt panni auro contexti, quia fundi pretium æquant.

X

NOTÆ ET OBSERVATIONES

Eo alludens Plautus in Epidico: *Quasi non fundis exornatæ, multæ incedunt per vias.* Tertull. de habit. muliebri. *Saltus & insulas tenera cervix fert, graciles aurium cutes Kalendarium expendunt.* De his Anastas. supr. in Gregor. IV. *Obtulit vestem de fundato unam habentem mucrones in circuitu.* Inde Leo Ostiens.

IN HADRIANO II.

PRACEDENTIBUS *Axiomaticis.* Axiomatici sunt Senatores, & alii positi in dignitate, à Græco ἀξίωμα, dignitas: inde ἀξιωματικὸν est salarium quod præstatur dignitatibus. Gloss. B. libr. 1. cap. 8. & 28. *Fundatos duplices.* Vel panni auro texti dicuntur de fundato, quia fiunt ex auro quod funditur. Idem in Histor. *Tribus quidem Comitibus, duobus verò Axiomaticis.*

Domno nostro Hadriano à Deo decreto summo Pontifici, & Universali Papæ, Vita dictum est ter. Adclamari solebat Episcopis. Hieronym. in Matth. cap. 22. *Sacerdotes audientes populum & pueros clamantes Christo, Osanna filio David, testimonium verisunt in calumniam, quod hoc non dicatur nisi Filio Dei. Videant ergo Episcopi, & quantumlibet sancti homines, cum quanto periculo dici ista sibi patiantur, &c.* August. de verb. Apostol. serm. 30. *Quasi verò parvus sit fructus sudoris hujus mei, si omnes qui me acclamaverunt; clament & contra se, ne falsum jurent adversum se.*

Et Spatharius calce suo enseque librum percutiens nihilominus ait. Liber Photii pseudo-Patriarchæ damnatus pedibus conculcatur, tum igni crematur, ut infrà eod. *Ad extremum præ foribus graduum, nefandi dogmatis librum, cunctorum pedibus conculcatum excussit, quem nimirum rogus, ut fomentum quoddam ignis, excussit.*

Legati sanctæ Romanæ Ecclesiæ textum Synodi, ne quid Græca levitas falsum in eam congesserit. Anastasio sanctæ Sedis Apostolicæ Bibliothecario, subtiliter inquirendum, antequam subscriberent, committunt. Acta Synodi VIII. in qua restituto Ignatio P. C. Photius damnatus est à Legatis Sedis Apostolicæ, antequam subscriberent, dispungenda mandata sunt Anastasio Sedis Apostolicæ Bibliothecario, quia erat peritus utriusque linguæ, ut mox subjungitur, & idem probatur Syn. VIII. act. 1. quæ refertur in can. *Adrianus.* 63. dist,

Sed intueri nec decet, quia aliud ordinant jura sedium, aliud patiuntur divisiones regnorum. Divisio regni non mutat statum Ecclesiarum. Innocent. I. epist. 18. Gelas. epist. 6. ad Darda-

IN ANASTASIUM.

num, Nicolaus I. epift. 32. quæ refertur in can. *Lege.* 10. dift. Syn. Calched. can. 12. Can. *Pervenit*, 101. dift. Syn. VI. in Trull. can. 38.

Acodyrcharium usque perducti. Lege, *à quo Dyrrachium usque perducti.* Dyrrachium hodie *Durazzo*, urbs Illyrici in ora maris Ionii, è qua transfretatur Brundusium. Tranquill. in Julio cap. 58. *A Brundusio Dyrrachium inter oppositas classes hieme transmisit,* Plin. lib. 3. cap. 11. *Dyrrachium* CCXX. M. *trajecta à Brundusio.* Tempore belli civilis eo sceffit M. Tullius. Teftis ipse libr. 14. famil. epift. 1. *Dyrrachium veni, quòd & libera civitas est, & in me officiosa, & proxima Italie.* Nomina locorum facilè corrupta invenies etiam apud ipsos Romanos, ut Brundusium dictum Brentefium, L. *Qui Roma.* §. *Callimachus. de V. O.*

F I N I S.

X ij

ERRATA, ET APPENDIX.

Pag. 1. lin. 23. αγλαj lege αγλά.
P. 18. lin. 15. spectacula, lege spectaculo.
P. 23. lin. 26. Subdiaconatum, lege Diaconatum.
P. 34. lin. 30. maximè, lege proximè.
P. 48. lin. 3. post templum, adde : M. Tull. 4. ad Atticum epist. 1. Cùm venissem ad portam Capenam, gradus templorum ab infima plebe compleri erant.
P. 51. lin. 19. post servus deest utcretur.
P. 55. lin. 21. venirct, lege vetuiret.
P. 70. lin. 18. è Vistiaco, lege à Vistiaco.
P. 78. lin. 28. circi, lege citri.
P. 85. lin. 19. vera, lege vela.
P. 90. lin. 8. post apud, adde Bedam.
P. 99. lin. 22. orationi, lege orationes.
P. 108. lin. 19. coidato, lege cendato.
P. 112. lin. 2. ipoese, lege ipse.
P. 115. l. 20. post Atticum adde epist. 4.
P. 117. lin. 33. Ititer, lege Intus.
P. 120. lin. 10. post non est, adde alicubi.
P. 130. lin. 20. teneretur, lege texeretur.
P. 135. lin. 28. Numestanum, lege Numestanum.
P. 136. lin. 7. spogiam, lege spongiam.
P. 138. lin. 10. casa, lege casu.
Ibid. lin. 22. coelites, lege calites.
P. 141. lin. 24. ædii, lege ædis.
P. 144. lin. 36. Cændidatorum, lege Candidatorum.
P. 151. post lineam 5. adde : Galliam & specie muliebri depinxit Claudian. de laudibus Stilichon. lib. 1.

Tum flava repexa
Gallia crine ferox, evinctaque torque decoro,
Binaque gæstiferas, summoso pectore fatur.

P. 153. lin. 24. Ita et ideo jam dicto Gratiano ante omnes est traditus, ut quicquid de eo facere vellet, potestatem haberet. cùm sons è textu Anastasii, ponenda erant à capite, Itaque obliteratione cusa.
Ibid. lin. 31. casto, lege castro.
P. 155. lin. 20. post umbilicum adde Italia.
P. 157. lin. 26. scitphos, lege scyphos.
P. 159. lin. 2. post epist. adde 159.
In Indiculo Romanorum Pontificum, post Epistolam nuncupatoriam, post Adrianus I. adde Adrianus II. 169.

INDEX
RERUM ET VERBORUM

A

Abbas Presbyter. 87
Absis, absida. 28. 54
Aclamationes Vita. 163
Acephali. 77
Acolythi ne tangant reliquias Martyrum. 60. 61.
Accubitum, lectulus triclinii*is*. 99
Acta Concilii publicata. 112.
Adoptio per tonsuram capillorum. 78
Adoratio S. Crucis per osculum. 81
Ætas velandarum virginum varia pro temporibus. 40
Agaunum oppidum Allobrogum. 106
Agenda, sacrificium pro defunctis. 77
Agentes in rebus. 28. 33
Alabandinæ gemmæ. 24
Albæ, margaritæ. 139. 140
Alexandrina tapetia. 143
Almariæ sericum. 130
Amæ, vasa aquaria: inde deminutivum Amulæ. 20
Anaglypha cælata. 30. 130
Anastasius B. peritus utriusque linguæ. 162
Anteropta, Salvatoris imago. 124
Annatæ seu deportus jus. 158
Antiphonarium. 151
Apocrisiarii seu Responsales, Missi Apostolici. 53. 54
Appar, exemplum instrumenti. 117

Appellationes ad S. Pontificem. 159. 161
Aquæ benedictæ institutio & gratia. 5. 6
Aquimanile. 96. 132
Arcarius Ecclesiæ. 72
Archidiaconi officium & potestas. 14
Arcus argentei ad ornamentum sacrarum ædium. 46
Area sepulturæ. 27
Arenarium, cœmiterium. ibid.
Argentum dolaticum. 24
Argumentum, dolus. 114
Armilausa, vestis militaris. 93
Articuli montium. 109
Aurea Virgo & Martyr, eadem quæ Petronilla. 84
Auricularis. 115
Aurum trimme. 24
Autocephalia Ecclesiæ Ravennatis. 71. 75
Axiomatici. 162
Asyla Ecclesiarum. 60

B

Balneorum usus Christianis permissus. 33
Balneoregium, civitas Thusciæ. 153
Biltheum, *Baudrier*. 93
Bandora, Bandum. 116
Baptisterium. 25
Baptisterium in limine Ecclesiæ. 27
Baptisteria habebant sua altaria. 43
Basilica S. Pancratii, titulus Cardinalis. 68

X iij

INDEX

Basilica S. Mariæ ad Præsepe, hodie Majoris. 68
Basilica S. Mariæ ad Martyres, hodie Rotundę. 69
Bauca, armillæ genus. 151
Benedictio novarum frugum & uvarum. 16
Benedictio pontificis. 55
Benedictio pro refectione. 100. 101
Bibliothecæ in majoribus Ecclesiis. 43
Bibliothecarius Ecclesiæ Romanæ. ibid.
Blattea vestis, Blatta. 51. 97
Boia, vinculi genus. 64
Bonifacius Germaniæ Apostolus. 91
Bullæ. 160
Bullæ aureę. 156
Burgus, castrum. 137
Butro, Buticula. 130
Byzantini, nummi genus. 127
Byzantini Sarracenati. ibid.

C

CABALLUS, Caballicare, Caballicata. 72
Calcaria. 87
Caldaria. 111
Calices communicales, cum syphone, seu fistula. 30
Calices communionis causa pro modo baptizatis. 57
Calices ministeriales, calices majores ad ornatum. 29. 30
Camelaucum, pileus Pontificis. 89
Caminata. 141
Camisia sigillatæ. 157
Campanę datur signum ad Matutinas, Campanile. 10. 113
Campestria, Campestrati. 96
Cancelli ablidæ. 120
Canistra exaphodia, Canistra siccaria. 92. 93
Canonici regulares. 140
Canon Missæ. 94

Capella, synthesis sacrarum vestium. 32
Capellani, Clerici Palatini. 17
Capillatium. 141
Capiti, Capitationes. 69. 72. 80
Capitulum varie acceptum. 75
Carisiacus, villa regia. 106
Carnis esus in Nativitate Dominica, etiam si incidat in feria sexta. 8
Carsamatia. 103
Casalia, prædia suburbana. 70. 111
Castellum S. Angeli. 150
Castra in urbe. 85
Catabulum, equile Cæsaris, ad quod damnari solebant Martyres. 19
Cataracta. 143
Catatumbæ, locus ubi condebantur corpora Martyrum. 12. 13
Cauponis interdictum Clericis. 38
Cazari. 157
Cella, Cellarium. 108. 110. 111
Cellarium Lateranense, Paracellarium. 104
Centenarium. 111
Cercus Paschalis. 38
Cerostrata, vasa quibus imponebantur cerei, vel lucernæ. 22
Chartophylax, custos archivi Ecclesiæ. 73
Cherismos, dextrocherium. 126
Chrismatis consecratio est Ordinis Episcopalis. 21
Chrysoclavum, vestis ornata clavulis aureis. 125
Ciborium, operculum Altaris. 46. 47
Cincinnorum fimbriæ. 78
Circelli. 140
Circus, locus concionum. 86
Clamacterii. 146. 147
Clavium traditio. 117
Clerici debent esse in obsequio Episcopi, testes ejus conversationis 40
Clerici vetantur sistere apud Judicem laicum. 2
Clerici tonsi in coronam. 8
Clusæ, fauces Alpium. 105. 106

RERUM ET VERBORUM.

Colatorium, Colum. 117
Collare, monile aureum. 96
Colosseum, Coliseum. 110
Columnæ ragiatæ, id est, reticulatæ. 41
Columnæ Aquitanicæ. 42
Commercium servorum. 105
Communia laica. 145
Confessores quid distant à Martyribus. 54
Confessiones sunt sepulcra Apostolorum & Martyrum. 39
Confirmatio electi Rom. Pontificis. 153
Conjungere. 113
Consignatio, seu confirmatio baptizatorum est Ordinis Episcopalis. 21.22
Consuetudo tricesimalis. 158
Consuetudo de secundis auxiliis. 159
Constitutiones Apostolicæ, custodiæ causâ depositæ in archivo Ecclesiæ. 35
Cornua candelabri, antennarum. 154
Corona Domini, Ordo Ecclesiæ. 15
Coronæ Deo & Martyribus oblatæ. 17
Corona consecrata est Eucharistia. 10
Corpora Martyrum condita in loculis plumbeis. 53
Corpus Ecclesiæ. 146
Cortinæ, vela. 119
Crux in collo. 94
Crucis præferendæ jus. 147
Cryptę, loca subterranea in quibus condebantur corpora Martyrum. 13. 124
Cubicularii, Matricularii Ecclesiæ. 40
Cubicula, oratoria. 47
Cultus lucorum, arborum & fontium. 82
Cuppa, Cuppella. 121
Cymelium, Vestiarium Ecclesiæ. 63

Cyprium æs. 130

D.

DALMATICA, vestis Diaconorum. 16. 12
Damnatorum corpora publicè preposita ad exemplum. 64
Decimata, mensura vini. 110
Defensores Ecclesiæ Romanæ. 145
Delitiosus. 115
Delegatum pro legato. 33
Depositio solemnis Episcoporum. 78
Detrusio in Monasterium pœnitentiæ causâ, pœnæ genus. 36. 74
Diaconi septem instituti in Ecclesia R. 4
Diaconi divisi per septem regiones Urbis, horum officium. 12
Diaconorum manipulum. 38
Diaconorum est baptizare. 61
Diaconiæ sunt loca, in quibus annonæ egentibus erogabantur. 78. 123
Diagrapha, descriptiones census. 69
Dies anniversarius ordinationis Episcoporum. 76
Diligentiæ nocturnæ. 137
Diligentia, indiligentia. ibid.
Diplomata Imperatoris, aureâ bullâ obsignata. 86
Divisio provinciarum non mutat statum Ecclesiarum. 162. 163
Domoculta. 102. 103
Domucella. 151
Donariis inscriptum nomen donantis. 138
Donationis piæ solemnia. 117
Dypticha Ecclesiæ. 74
Dyrrachium. 163

E

ECCLESIA S. Angeli in monte Gargano. 45
Ecclesiæ tectæ plumbo. 60. 63. 84

INDEX

Ecclesiæ depictæ. 38
Egumenus, Præpositus Monasterii. 114
Egumenarchium. Præpositura Monasterii. ibid.
Electio Rom. Pontificis. 59
Electio libera Rom. Pontificis restituta. 78
Electio Rom. Pontificis in Ecclesia Lateranensi. ibid.
Electio Rom. Pontificis per adorationem & osculum. 81
Electio Episcopi cum acclamatione plebis. 109
Elevatio reliquiarum Sanctorum. 65
Epiphania. 155
Episcopi & Presbyteri sedent in Concilio, adstant Diaconi. 60
Episcopus dat pacem, id est, benedictionem. 67
Equitii Ecclesia, titulus Cardinalis. 19
Evangelii lectio, ejusque solemnitas. 36
Evangelii codex in cista aurea, vel argentea. 51
Eucharistia datur Clericis per Episcopum, plebi per Presbyterum. 10
Eugubium, seu Comiaclum. 107
Exarchatus Ravennatis donatio per Pipinum. 107
Excommunicatio repetita. 160
Exempla, tessellæ. 127

F

FAMILIA, grex servorum. 80. 114
Fastigium batutile ædium sacrarum. 23
Fastigia, capitella columnarum. 42
Fermentum, panis fermentatus per Ecclesias missitari solitus vice eulogiæ. 29. 35
Fibula, Fibulatorium. 96
Flammula, vexillum. 108
Formatæ, signa communionis Ecclesiæ. 6

Formæ, aquæductus. 31
Forma Sabathena. 61. 62. 122
Fossata, castra militum. 85
Frescata, olim Tusculum. 148
Fundá, marsupium. Fundatum pro auro. 120. 162

G

GABATHA, patella genus. 95
Gabatha Saxisca. ibid.
Gallinæ albæ, id nomen loco urbis. 57
Galli cantus. 71
Gammadium. 116
Gemelliones. 124
Genuculum, Geniculatio, Genicula. 108. 109
Gestationes. 121
Gloria & laudes. 50
Gradus Ecclesiarum & Templorum. 47. 48
Grafiones, Judices municipales. 115
Gremium Basilicæ. 38

H

HABENTE, Habere. 145
Hæretici flagellis cæsi. 50
Hastilia. 77. 78
Historiæ, variæ figuræ. 115
Historia incapillata. 141
Honorati, functi muneribus. 55
Horæ canonicæ. 98. 101
Hostis, manus militum. 85
Hymnus Angelicus in sacrificio Missæ. 8. 48
Hypante, seu Hypopante, festum Purificationis. 84. 85. 155
Hypogæum, locus subterraneus in quo condebantur mortui. 13

I

ICON, Iconia, imago. 147
Imagines Principum in Templis. 86

Imago

RERUM ET VERBORUM.

Imago Urbium vel Provinciarum specie muliebri.
Imaginum sublatio. 75
Jejunium Quadragesimæ. 7
Jejunium Sabati. 10-11
Imizinum, Hermizi... 130
Imminere, obser... quempiam. 12
Imola olim For... Cornelii. 110.
...
...gemmæ, Inclusores, Exclusores. 24
Inclyti, Senatores. 75
Ingenium. 145
Intartizare, Intarta. 63-64
Inter duas Lauros, id nomen loco viâ Lavicanâ. 29
Intercrasile aurum. 95
Instar, Imagines. 125
Inventarium rerum initio ordinationis Episcopi. 153
Italia divisa per Ducatus. 99
Iter exercitus indictum per tesseram vel per buccinam. 107
Judex cinctus, id est, civilis. 22. 23
Judicium juxta legem Romanam. 153
Jugulum confessionis. 157
Jugulum causæ. ibid.
Justitiæ B. Petri. 113

L

LABARUM variè accipitur. 16
Lacus & conchæ trientes. 41
Laïci ne testes audiantur adversus Episcopum. 22
Laïci ne stent intra cancellos. 145
Largitio in plebem. 65. 147
Lateranensis Basilica dicta Salvatoris. 53. 66
Lateranense Palatium diripitur in electione Pontificis. 62. 63
Laudamentum, Laus, Laudare. 120
Laudanæ, vasa Ecclesiastica. ibid.
Lectio Passionis Christi semel in an-

no in Sacrificio Missæ. 5
Lectionum lectio, munus Subdiaconorum. 156
Lectiones Græcæ & Latinæ. ibid.
Lecticaria. 121
Lectorium, analogium, Letrin. 133
Legati à latere. 159
Leonina urbs. 149
Letaniæ cum evangeliis & crucibus. 91-129
Letania, processio solemnis. 57
Letaniæ indictæ ob varias causas. 70
Letania ante Ascensionem. 130
Letania ante Ascensionem instituta à Mamerco in Galliis. 131
Letania major. 128
Levæ, prædationes eorum Ecclesia in morte Pontificis. 62
Libellus officialis. 88
Libri damnati publicè cremati. 45
162
Linea vestis propria Sacerdotum. 23
Lista, ora vestis. 131
Loculus pro feretro, *une Biere.* 53
Lucernæ ardentes ante sepulcra Martyrum. 29

M

MAGISTRIANI. 82
Majoricæ oleæ. 151
Mala hora, Bona hora. 119
Mallones capillorum. 78
Mancusi, nummi genus. 124
Mansionarii, ædituii sacrarum ædium. 78
Mantum, breve pallium. 91
Manumissiones in Ecclesia. 33
Mappulæ, linteolæ albæ. 89
Martyria sunt oratoria posita super sepulcra Martyrum. 15
Martyrarii, Presbyteri impositi hujusmodi oratoriis. ibid.
Martyres sepulti cum dalmatica, vel colobio. 16

Y

INDEX

Martyrum bona fisco addicta. 29
Matroneum, pars mulierum in Ecclesiis. 48
Mediana. 122
Medimnus continet modios sex. 6
Memoria Passionis Christi in Sacrificio Missæ. 4. 5
Memoriæ Apostolorum & Martyrum. 3
Menianum. 121
Metallum pro marmore. 26
Metreta, mensura liquidorum. 24. 25
Ministeria sunt vasa sacra. 6
Ministeria debent esse argentea. 11. 39
Missa nocturna in Nativitate Dominica. 7
Missæ tres in Nativitate Dominica. 7. 8
Missa publica. 60
Missio Episcoporum ad conversionem infidelium. 90
Molæ. 121
Monasteria non subjecta titulis Cardinalibus. 98
Monasterium in clivo Scauri. 109
Monasterium Græcorum Romæ. 137
Mucrones. 138
Mulieres velatæ in Ecclesia. 1
Mulieribus locus tabulato distinctus in Ecclesia. 1. 2
Murena, Murenula. 140
Musivum opus, id est, tessellatum. 42
Myxum, ellychnium. 26

N

Natales Martyrum. 48. 94
Navis Ecclesiæ. 126
Navicellæ. 141
Naumachia Romæ. 114
Nomenclator. 72. 87
Non nominandus. 70
Notarii per septem regiones Urbis dispositi, qui gesta Martyrum exciperent. 2
Notariorum officium. 2. 3
Notarii regionarii unde dicti. 3
Notitla in Ecclesiæ. 32
Nymphæum varie acceptum. 40. 53

O

Oblationarius. 10
Obscœna honesta appellation velantur. 137
Octava Assumptionis. 147
Occursus honor cum cereis. 68
Olitanum. 123
Olovera vestis. 51
Oraculum pro oratorio. 66
Orarium, insigne Diaconorum. 22
Oratio Clericatus. 108
Oratoria in cemiteriis. 80
Ordinatio non sine titulo. 4
Ordinationes ne fiant sine assensu Cleri & plebis. 9. 10
Ordinationes per gradus. 17. 111
Ordinator. 88
Ordines Ecclesiæ distincti. 8
Osculum liminis Templi. 116
Osculum pedum S. Pontificis. 81. 82
Ostiensis Episcopus consecrat S. Pontificem, & ad hoc utitur jure pallii. 31. 32

P

Palergium. 77
Pallacenis, id nomen cloacæ Urbis. 31
Pallium, signum plenitudinis Pontificalis officii. 100
Pallium gratis dandum. 76
Panni de sifori. 161
Pantheon, hodie Ecclesia S. Mariæ Rotundæ. 59
Paradysus, atrium Templi. 141

RERUM ET VERBORUM.

Parochiæ divifæ à Dionyfio. 15 Pfeudomartyrum. 149
Pafcha femper celebrandum Dominica. Pulmentum. 122
9 - Purgatio in ambone Ecclefiç. 57
Patena chrifmatis. 20.30
Patricius & Comes. 55
Peculium, Pecus. 114
Pentapolis. 113
Peregrinatio fratrum ad limina Apoftolorum. 64
..., exedra ante Altare, in qua exponebantur donaria. 31-32. 94. 95
Pergula, pars projecta ædium. 95-
Periclyfis, limbus veftis. 125
Pertinentes, Pertinentiæ. 138
Petalum, corona aurea. 85
Petia, Petiolus. 156
Petraria. 145
Pharus, lychni genus. 10.81
Piftica nardus. 21
Pitacium, fchedula. 103
Plagare. 90
Platinæ, Platoniæ, tabulæ marmoreæ. 34
Planeta, veftis facerdotalis. 128
Plematium, velum fericum. 82. 83
Plumbatæ, flagelli genus. 13
Pœræ ad exemplum. 18
Pœnitentiarii. 43
Polycandelum. 132
Pontia, infula in ora maris Tyrrheni. 54
Pontificium. 150
Pontigone villa regia. 100
Pofterula. 149
Presbyteria, annonæ Presbyterorum. 67
Primatus Ecclefiç Rômanæ. 44
Proceffio cum pfallentio. 125
Proceffus Imperatoris ad Bafilicam Petri. 78
Profeffio fidei Imperatoris. 51
Propitiatorium altaris. 157
Pfalterium Romanum & Gallicanum. 34
Pfellia. 137

R

Ravenna metropolis Æmiliæ. 158
Reconciliatio pœnitentium. 19. 110
Referendarius, Cancellarius Regis. 114
Regiæ, fores majorum Ecclefiarum. 61
Regnum pro corona. 50. 65
Regnum Spanoclyftum. 133
Regulæ, regulares virgæ. 96. 97. 112
Regulæ Monachorum. 37
Relatio pro delatione, vel confultatione. 44
Reliquiarum loculis apponebatur pitacium. 103
Repida, parva figna. 158
Refpectare. 85
Reticulum. 156
Roga, erogatio folemnis. 60
Rom. Pontifex non poteft defignare fuccefforem. 52
Rom. Pontifex à nemine judicatur. 119
Romipetæ funt fub protectione Apoftolica. 65
Romani rafi & tonfi. 115
Rotæ textiles. 116. 135
Ruga, via femita. 113. 118

S

Sacillarii officium. 64. 87
Sacra, epiftola Principis. 49
Sacramentorium. 152
Sanctimoniales vafa facra vel pallium altaris ne contingant. 9
Saratum. 157
Sardinia, infula juris Ecclefiæ Rom. 30. 80

Y ij

INDEX

Sarta tecta. 116
Saxonicia, vestis genus.
Scara, turma equeſtris. 88
Scebrum, horreum. 82
Scholę in Monaſteriis. 145
Scholæ peregrinorum Romę. 128. 150
Schola Cantorum, Magiſter Scholæ. 144
Scholaſtici. 150
Schola Palatina. 144
Scribonum varium manus. 55
Scutella pro annona, quæ erogatur per scutellas, id est, per signa seu teſſeras. 51.52
Scutum, Scutulum. 34
Scyphus. 142.143
Scyphi ſtationales. 51
Secretarium Ecclefię. 58
Secretarium pro Prætorio. ibid.
Sella, Sellare. 88
Sequipedes. 114
Signa inter columnas. 102
Signa deorum velata. 141
Sigilla, parvula signa. 69
Sigillatę veſtes. 25
Sigillum, præceptum figillo munitum. 88
Silentiarius. 105
Silvę inter columnas ædium. 102
Smaltum, Email. 148
Solarium. 122
Solatiari. 148
Soracte, mons vicinus Urbi. 19
Spatharius, Spatha. 67
Spongiarum varius uſus. 92. 136
Spongiæ pro nocturnis diligentiis. 136
Spongiæ miſsę benedictionis causâ. 92
Sportulę menſurnę, Sportulantes. 52
Stationes die Dominica. 169
Stationes, Stationum miniſteriales. 43.44
Stauracis, velum sericum. 83.119

Strator, ejus officium. 106
Statura, pro statura hominis. 125
Staupę, 161
Sublata, prius Monaſt. S. Benedicti.
Suggeſtio, Suggerenda monitio. 56
Superiſta.
Suſceptum, securitas à portu.
Syllabę pro literis.
Synodi Romanę in Ecclesia Lateranenſi.

T

Tesserae frumentarię. 52
Teſtudo, camera fornicata. 142
Textus pro libro seu codice. 49
Thecæ reliquiarum obsignatæ. 82
Thuris suffitus. 25
Thymiamateria. ibid.
Tituli seu vela regia. 159
Tituli Cardinales inſtituti in Eccleſia Romana. 4. 135
Tituli Cardinales requirunt reſidentiam. 150
Tractatus, Tractatores. 40
Tranſenna. 39
Tranſitus, obitus Sanctorum. 131
Tria Fata, locus in Urbe. 62
Trullus, Palatium C. P. 73
Trulla, vas vinarium. 83. 84
Turris cum columba ob custodiam SS. Euchariſtię. 26
Tympanum, cellula bullę. 161
Typus, pragmaticum edictum.

V

Vacante Sede nihil innovandum. 45
Vaſa sacra non attingenda ab aliis quàm à sacris Miniſtris. 6
Vaticanum. 149
Vectigal pro confirmatione S. Pon-

RERUM ET VERBORUM.

tificis remissum. 71 Virginibus proprius locus in Eccle-
Velum ad fores.   siæ. 2
Vela inter columnas ædium sacra- Viriæ, armillæ manuum. 139
rum. 102 Visitator Sedis Apostolicæ datus in
Vela Rhodina. 139 schismate. 46
Vela cilicia. 142 Vitreæ vice tectorii. 105
Vestes sacræ ne sint in usu quotidi- Votarea vel Pancarea, imago Synodi
no. 14 sextæ. 89
Vestiarium. 113 Umbilicus. 155
Vicarius Episcopi in Uncus, Uncinum. 142
temporalibus. 56 Ursus pileatus, id nomen vico Ur-
Vicedominus, Vicedominium. 108 bis. 36. 37
Vigiliæ non sine jejunio. 56   Y
Vigiliæ in cemiteriis. 100
Vigiliæ omnium Sanctorum cele- YPATI, Consules. 43
brantur in Ecclesia B. Petri. ibid.

FINIS.

SUMMA PRIVILEGII.

LUDOVICI XIV. Franciæ & Navarræ Regis Chriſtianiſſimi Diplomate cautum eſt, ne quis in ipſius regno, aliiſve locis ejus ditioni ſubjectis, intra proximos ſex annos à die editionis perfectæ inchoandos, excudat, vendat, vendendum aut excudendum quovis modo ac ratione curet, Librum qui ſic inſcribitur : ANTONII DADINI ALTESERRÆ *Notæ & Obſervationes in Anaſtaſium de Vitis Romanorum Pontificum* ; ſub pœnis in originali Diplomate contra delinquentes expreſſis, præter illum Typographum aut Bibliopolam quem Auctor elegerit. Apud Sanctum Germanum in Laya 23. Aprilis 1679.
Sic ſignatum, JUNQUIERES.

Ipſe verò Auctor ANTONIUS DADINUS ALTESERRA hoc Privilegium transfudit in LUDOVICUM BILLAINE, Typographum Bibliopolam Pariſienſem.

Hocce Diploma in Codicem Typographiæ Pariſienſis relatum eſt à CAROLO ANGOT, *Syndico, die* 18. *Decembris anni* 1679.

Hæc Editio abſoluta fuit die 23. Decembris ejuſdem anni 1679.